地球の歩き方

Plat P10 ぷらっと

シンガポール

SINGAPORE

地球の歩き方編集室

TO DO LIST
GOURMET
SHOPPING
AREA GUIDE
RELAXATION
HOTEL
INFORMATION

CONTENTS

地球の歩き方 P10 ぷらっと

Plat シンガポール SINGAPORE

11 THINGS TO DO ☑ IN SINGAPORE

GOURMET

SHOPPING

AREA GUIDE

RELAXATION

HOTEL

TRAVEL INFORMATION 

MAP

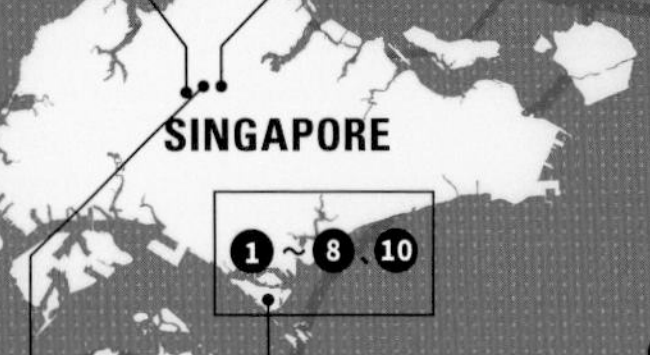

8 シンガポール・ボタニック・ガーデン

ノスタルジックな街並み
10 チョンバル
Tiong Bahru ▶P.86

1930年代に建てられた白壁のHDB（住宅団地）が建ち並ぶおしゃれエリア。

シンガポール動物園、リバーワンダー、ナイトサファリ、バードパラダイスへ

SINGAPORE AREA NAVI

シンガポール 早わかり エリアナビ

東京23区とほぼ同じ広さのシンガポール。
観光スポットはマリーナ・エリア周辺に集中している。
ほんの少しの移動でいくつかの国を訪れたような
気分になれるのも、多民族国家ならではの魅力だ。

オーチャード・ロード
3
シティ・ホール周辺 2
10 チョンバル
チャイナタウン
4

旬のスポットが集結する
1 マリーナ・エリア
Marina Area ▶P.88

海沿いにマーライオンをはじめ、マリーナベイ・サンズ、ガーデンズ・バイ・ザ・ベイなど人気の観光スポットが集結。光のショーや夜景観賞も楽しめる。

コロニアルムード漂う
2 シティ・ホール周辺
City Hall ▶P.90

シンガポール川沿いに立つラッフルズ像周辺は、近代シンガポール発祥の地。歴史的建築物を改修した美術館、博物館などが集まるアカデミックなエリア。

買い物ストリート
3 オーチャード・ロード
Orchard Road ▶P.95

街路樹が茂る大通りに一流ブランドからローカル雑貨までが入居するショッピングセンターや高級ホテルが連なる、シンガポール随一のショッピングスポット。

9 セントーサ島

動物たちを間近で観察
11 シンガポール動物園
Singapore Zoo ▶P.35

餌やり体験など、動物たちと触れ合えるオープン型展示が人気。リバーワンダー、ナイトサファリとも隣接。

12 ナイトサファリ
Night Safari ▶P.36

13 バードパラダイス
Bird Paradise ▶P.40

5 リトル・インディア

6 アラブ・ストリート周辺

マリーナ・エリア

1

7 カトン

チャンギ国際空港へ

N

華人パワーを感じる
4 チャイナタウン
Chinatown ▶P.102

古くから中国系の人々が暮らし、最古の道教寺院や老舗も残る。ショップハウスではみやげ物店や飲食店が営業し、商人町の活気にあふれている。

インド世界にワープ!
5 リトル・インディア
Little India ▶P.104

極彩色のヒンドゥー教寺院や、店先にカラフルな品々が並ぶインド系ショップが軒を連ねる。深夜まで営業のショッピングセンター、ムスタファ・センターもある。

イスラム文化花盛り
6 アラブ・ストリート周辺
Arab Street ▶P.00

黄金のモスクを中心に、エスニック料理やカフェ、エキゾチックなおしゃれ雑貨の店や生地屋などが並び、イスラムの世界に迷い込んだような気分に。

大都会のオアシス
8 シンガポール・ボタニック・ガーデン
▶P.50
Singapore Botanic Gardens

2015年に世界遺産に登録された国立植物園。ランの研究、品種改良でも有名。

1日中遊べる大型リゾート
9 セントーサ島
Sentosa Island ▶P.42

リゾート・ワールド・セントーサや野外アクティビティ施設があるエンタメアイランド。

パステルの家並みが美しい
7 カトン
Katong ▶P.24

マレーと中国、ヨーロッパの文化が融合して生まれたプラナカン文化が息づくエリア。凝った装飾のプラナカン住宅が並び、雑貨ショップが点在する。

シンガポール観光モデルプラン

SINGAPORE

新スポットが続々登場し、見どころ満載のシンガポール。
3泊5日で効率よく定番の観光スポットから旬の街カトンにも足を延ばし、シンガポールを楽しみ尽くそう！

DAY 1

チェックイン後、マリーナ・エリアを観光

早朝 シンガポールチャンギ国際空港到着

9:00 ホテルにチェックイン ▶P.108

10:30 ガーデンズ・バイ・ザ・ベイ観光 ▶P.16

ジュラシック・ネスト・フードホール

スーパーツリーの展望台に上り、ドーム型植物園を回り、ジュラシック・ネスト・フードホールでランチ。

ローカル料理の名店がラインアップ

13:30
サンズ・スカイパーク展望デッキ
▶P.13

マリーナベイ・サンズの屋上から絶景ビューを満喫。

14:30 **ショップス・アット・マリーナベイ・サンズへ**
▶P.14

ショップを巡りバシャコーヒーでコーヒーブレイク。

19:00
シンガポール・フライヤーで夜景観賞 ▶P.89

エアコン完備のカプセルに乗り込みパノラマ夜景をひとり占め。

20:00 ディナー

マリーナベイ・サンズの光のショー「スペクトラ」は20時～と21時～の回がある（金・土曜は22時～もあり）。

DAY 2

オーチャード散策後、動物の楽園を訪ねる

10:00
マーライオン・パークを見物
▶P.88

マリーナベイ・サンズが正面に。ビル群の眺めもよい。

11:00
オーチャード界隈でショッピング
▶P.95～97

大型S.C.が建ち並ぶ買い物ストリート。髙島屋S.C.、アイオン・オーチャードなどをチェック。

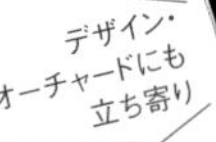

デザイン・オーチャードにも立ち寄り

13:00
チャターボックスでランチ ▶P.59

名物の豪華版チキンライスを堪能。ラクサやホッケンミーもある。

14:30
バードパラダイスへ移動
▶P.40

自然を再現したウオークスルー型鳥園を巡りカラフルな鳥と遭遇。

18:00 **ナイトサファリで夜の動物ウオッチング**
▶P.36

夕食をとり、トラムツアーやトレイル散策へ。ショー仕立てのプレゼンテーション（写真左）もおすすめ。

DAY 3

プラナカンの世界に浸る

10:00　プラナカン博物館を見学 ▶P.94

プラナカン文化を象徴する調度品や食器、装飾品などが展示されている。

12:30　トゥルーブルー・キュイジーヌでランチ ▶P.93

プラナカンの代表料理を味わおう。

デザートのチェンドル

14:00　カトンを散策 ▶P.24～29

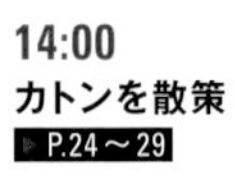

プラナカンの特徴的な家が並ぶ通りを散策。かわいい雑貨もゲット。

17:30　アラブ・ストリート界隈へ ▶P.98～101

絨毯店も多い

サルタン・モスク周辺、ハジ・レーンを歩き、エスニックなおみやげ探し。

19:45　ガーデン・ラプソディを観賞 ▶P.20

ガーデンズ・バイ・ザ・ベイの光と音楽のショー。マリーナベイ・サンズへ移動してショー「スペクトラ」(写真右、→P.20)をハシゴしてもいい。

20:30　ディナー

DAY 4

チャイナタウン観光後、セントーサ島へ

9:00　ヤクン・カヤトーストで朝食 ▶P.71

ローカルの朝食、カヤトーストとコピ、半熟卵のセットを。

10:00　シアン・ホッケン寺院を見学 ▶P.102

シンガポール最古の中国寺院。

10:30　チャイナタウン街歩き ▶P.102～103

みやげ物店が並ぶストリートマーケットを見て回ろう。まとめ買いで割安に。

11:30　ソンファ・バクテーでランチ ▶P.56

ポークリブのスープ、バクテーを味わう。バクテーの素も買える。

13:00　セントーサ島へ移動 ▶P.42～47

ジップラインを滑降する「メガジップ」や海遊びなどで自然を満喫。

17:30　空港へ向かう

18:00　ジュエル・チャンギ・エアポートでおみやげ購入&ディナー ▶P.30～33

人気のクッキー店も出店

人工滝のライトアップは感動もの。食事や買い物も楽しめる。

深夜　帰国

本書の使い方

本書は、TO DO LIST、グルメ&ショッピングガイド、エリアガイド、リラクセーションガイド、おすすめホテルリスト、トラベルインフォメーション、MAPによって構成されています。

おすすめコースと歩き方ルートを紹介

ポイントをおさえながら回る散策ルートを所要時間とともに紹介しています。

\ Check! /

知っていると便利な情報

街歩きがいっそう楽しくなる、コラムやチェックポイントを掲載しています。

AREA GUIDE 01

マリーナ・エリア
Marina Area

AREA NAVI

どんなところ？
ユネルギッシュなシンガポールを象徴するホットなエリア。観光、ビジネスの両面において世界中から注目の的。

散策のヒント
マーライオン・パークは夜景観賞もおすすめ。夜空にきらめく摩天楼やマリーナベイ・サンズが見応え十分。

交通メモ
エスプラネード駅は地下街が見どころやS.C.を結んでいるので、利用出口を確認し地下街移動が便利。

ハイライトが勢揃い
ベイサイドで絶景フォトを撮ろう！
新旧シンガポールのアイコンをはじめ、ホットな観光スポットが満載のベイエリアで旅のベストショットをおさえよう！

観覧車のシンガポール・フライヤーには2名でカプセルを貸し切り、ディナーコースを楽しめる「165スカイダイニング」も（要予約）。

1 シンガポールのシンボル
マーライオン・パーク
Merlion Park
1972年、当時の首相リー・クアンユーの発案で作られたマーライオン像が立つ海辺の公園。現在の場所には2002年に移転し、海に向かって勢いよく水を吐き出している。高層ビルを従える勇姿を正面から見られるように桟橋が延び、観光客でにぎわっている。
▶Map P.128-A2

\ Check! /
マーライオンとおもしろショット！
マーライオンから噴射される水をキャッチするショットが流行中。パークの桟橋周辺で、あんぐり口を開ける人続出！

「マーライオン」の由来
国名の起源となった「シンガ（サンスクリット語でライオンの意味）」の語と、港湾都市のシンボルである魚の胴体をもつ「マーライオン」は1964年、シンガポール観光局設置に際し、デザインされたもの。政府公認のマーライオン像は5つある。

2 観光客向けの屋外ホーカーズ
マカンストラ・グラットンズ・ベイ
エスプラネード・シアターズ・オン・ザ・ベイ（→P.89）の屋外の一画にある。サテーやチリクラブなどローカル料理を中心に12店がずらりと並び、観光客に人気。写真と英語表記メニューが掲示されていてわかりやすい。
▶Map P.128-B1

1 夕刻から営業 2 イタリア料理「サ・ポリタ」はハードチーズの中で仕上げるパスタ（$18）が名物

\ Check! /
ココナッツアイスでクールダウン
ナッツやドライフルーツを好みでトッピング。ココナッツジュース付きで$5〜。
ココ・ナッツ・インク

\ Check! /
ジュビリー・ブリッジ
Jubilee Bridge
マーライオン・パークとエスプラネードを結ぶ移動に便利な歩道橋。

マリーナ・ベイ
Marina Bay
Start!
Goal!

Column
エスプラネード・シアターズ・オン・ザ・ベイ
ユニークな姿から「ドリアン」の愛称で親しまれるアートセンター。レストランがメインのモール（1〜3階）や眺めのよいルーフテラス（4階）もある。
▶Map P.128-A1

所要4時間
おすすめコース
16:30 マーライオン・パーク
17:00 マカンストラ・グラットンズ・ベイ
18:00 ファウンテン・オブ・ウエルス
19:00 シンガポール・フライヤー
20:00 ヘリックス・ブリッジ

3 繁栄都市のパワースポット
ファウンテン・オブ・ウエルス
財富之泉 Fountain of Wealth
風水に基づいて造られたシンガポール最大のS.C.、サンテック・シティ・モール内にある噴水。心の中で願いごとを唱え、右手で噴水の水に触りながら3周すると願いがかなうといわれている。
▶Map P.127-D1

4 30分の空中散歩
シンガポール・フライヤー
Singapore Flyer
28人乗りのエアコン付きカプセルが最高165mまで上昇し、シンガポール全域はもとより、天気がよければインドネシアの島々も見渡せる世界最大級の観覧車。カクテル付きのフライトもある。日没直前の19:00頃がおすすめ。
▶Map P.129-C1

5 二重らせん構造の橋
ヘリックス・ブリッジ
Helix Bridge
マリーナ・ベイを挟むユースオリンピック公園とマリーナベイ・サンズをつなぐ全長280mの歩行者専用橋。その不思議な形状は、設計を担当したオーストラリア人建築家がDNAから構想を得たものだという。夜はライトアップし、近未来感が増幅。
▶Map P.128-B1

1 橋には4カ所の展望スペースがある 2 夜は一段と幻想的 3 橋のたもとから見たヘリックスとマリーナベイ・サンズの夜景

88 Singapore　　Singapore 89

はみだし情報

旅に役立つ補足情報やアドバイス、シンガポールの街に詳しくなる雑学、クチコミネタなどを紹介しています。

エリアの特徴を紹介

各エリアの特徴や楽しみ方、効率よく散策するためのヒント、最寄り駅などの交通案内などを簡潔にまとめました。

電話番号について

シンガポールの電話番号に市外局番はなく、国内通話はどこにかけるにも市外局番は不要。8桁の電話番号をすべてタップします。

地図参照について

▶Map P.129-C1
各物件の位置は、巻末P.122〜139で探すことができます。

アイコンの見方

- 観光スポット
- レストラン
- カフェ
- ショップ
- ナイトスポット
- リラックス
- 博物館、アート施設

データの見方

住	住所 ※住所の#01-01といった数字は、頭の数字はフロア階数、その後の数字は店の番号を示す表記。
TEL	電話番号
Free	通話料無料電話
開	営業時間、開館時間
休	定休日、休館日
料	入場料、宿泊料など
Card	クレジットカード
A	アメリカン・エキスプレス
D	ダイナース
J	JCB
M	マスター
V	ビザ
交	アクセス
URL	ウェブサイトアドレス
Mail	eメール
服	ドレスコード
予	予約の要不要、予約先

道路名の略称

Blvd.	Boulevard
Drv.	Drive
Hwy.	Highway

※本書は正確な情報の掲載に努めていますが、ご旅行の際は必ず現地で最新情報をご確認ください。また掲載情報による損失等の責任を弊社は負いかねますのであらかじめご了承ください。

TODO ☑ LIST

11 THINGS TO DO IN SINGAPORE

シンガポールでしたいこと&シンガポールでしかできないこと

SFチックなエンタメスポット巡り、
多国籍なグルメ、エキゾチックな街歩き&ショッピング。
お楽しみ満載のシンガポールで絶対したいことを
最大限に楽しむための11のテーマをお届け。

TODO LIST

01

Marina Bay Sands

マリーナベイ・サンズ *Marina Bay Sands*

マリーナ・ベイに面してそびえる、シンガポールの発展と繁栄の象徴ともいえる文化&エンタメの複合施設。ホテル、ショッピングモール、劇場、カジノ、ミュージアム、会議場などを備え、そのすべてが巨大。観光の目玉は55階建ての3棟のホテルタワーの上に造られた船型の空中庭園「サンズ・スカイパーク」。シンガポールに来たからには、地上200mからの360度の眺望はぜひとも!

Map P.128-B2

マリーナ・ベイ周辺
住10 Bay Front Ave. TEL6688-8888、6688-8868 交MRTベイフロント駅から徒歩1～5分 URLjp.marinabaysands.com

サンズ・スカイパークのレストランやバーを利用すれば、展望台入場料は不要。食事やバータイムを兼ねて訪れてもよい。

すべてが桁外れのスケール!

エンターテインメントのすべてが詰まったマリーナベイ・サンズで遊ぶ!

絶景、グルメ、ショッピングにカジノ、光のショー。
24時間遊べるメガ施設で、開放感120%!

アートサイエンス・ミュージアム内

フューチャーワールドの注目アート

1 約17万個のLEDライトが輝く仮想宇宙空間「クリスタル・ユニバース」。二次元コードをスマホで読み取りスワイプさせると光の様相が変化する 2 四季折々の花が成長と衰退を繰り返すさまを鮮やかに描き出すアート。人が花に触れると花びらが散っていく

時間別楽しみ方プラン

[11:00] サンズ・スカイパークの展望デッキで絶景ウオッチ! ▶P.13
[12:00] アートサイエンス・ミュージアム内の「フューチャーワールド」で没入型アート体験 ▶P.10
[13:30] 「ブラック・タップ・クラフトバーガー&ビア」でランチ ▶P.15
[14:30] 巨大ショッピングモールで買い物 ▶P.14
[16:00] 「TWGティー・オン・ザ・ベイ・アット・マリーナベイ・サンズ」でアフタヌーンティー ▶P.68
[18:30] 「セラヴィ」でカクテル片手にサンセットビューを楽しむ ▶P.13
[20:00] イベントプラザでショー「スペクトラ」を観賞 ▶P.11、20

見どころ ❶
屋上庭園のサンズ・スカイパーク

展望デッキ

インフィニティ・プール

レストラン&バー

©Marina Bay Sands

船型の建物の先端にある展望デッキ(有料)とレストランやバーは一般客も利用可能。プールはサンズのホテル宿泊客のみ利用可能。
展望デッキ ▶P.13
レストラン&バー ▶P.12
インフィニティ・プール ▶P.12

見どころ ❷
噴水と光のショー「スペクトラ」

マリーナ・ベイに面したイベントプラザで毎晩、水と光と音楽が織りなすショーが開催される。感動的な演出で見応え十分。混み合うので早めに見物場所を確保したい。 ▶P.20

開20:00、21:00(金・土曜は22:00もあり)※ショーは15分 休無休 料無料

見どころ ❸
アートサイエンス・ミュージアム
ArtScience Museum

デジタルアートの常設展示「フューチャーワールド」をはじめ、科学と芸術が融合した展示が見どころ。

▶Map P.128-B2

住6 Bayfront Ave. 電6688-8826 開10:00～19:00(最終入館18:00) 休イベント開催時 料大人$23～、2～12歳、学生、65歳以上$18～

フューチャーワールド *Future World*

国際アート集団「チームラボ」が手がけるデジタルアートで、自然や宇宙に没入した感覚を体験できる。

住▶Map 休同上 開10:00～19:00(最終受付18:00)※入場時間は30分間隔で設定。料大人$30、2～12歳、65歳以上$25

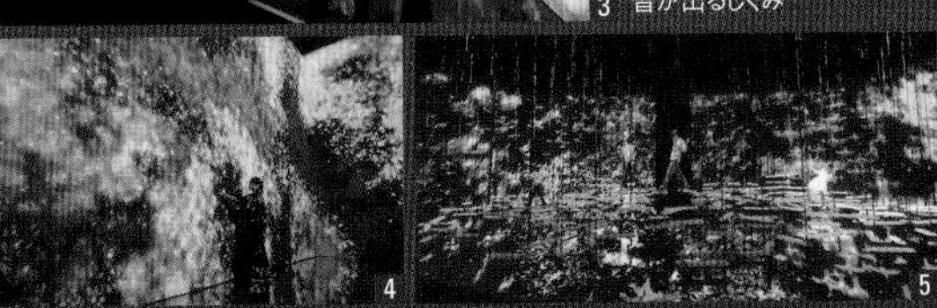

3 海の生き物に色を塗りスキャナーで取り込むと、スクリーンの水槽の中で泳ぎ回る。仮想の餌袋に触れて餌を与えることも 4 光のドットは人が触れると点滅のリズムが変化し、そこから発する音も変化し続ける 5 吊り下げられたカラフルなバーを伝って移動する「エアリアル・クライミング」。バーに人が乗ると明るく輝き音が出るしくみ

※フューチャーワールドの写真:©teamLab、©Marina Bay Sands

サンズ・スカイパークのバー、レストランにはドレスコードがあり、タンクトップ、ビーチサンダル、短パンでの入店不可。

1日中遊べる天空の船

サンズ・スカイパーク

Sands SkyPark

地上200m、3本のタワービルに総客室数約2200室を備えるシンガポール最大のホテル、マリーナベイ・サンズの最上階(57階)にある船の形をした屋上庭園。デッキには宿泊者以外も入場可能な展望デッキやバー、レストランがあり、遮るもののない絶景をどこからでも楽しむことができる。

Map P.128-B2

住L57 Marina Bay Sands 电6688-8826 開施設によって異なる 休無休 交MRTベイフロント駅から徒歩約5分

プールからの絶景は宿泊者が独占

幻想的な夜のインフィニティ・プール

1 絶景を見下ろす

インフィニティ・プール

Infinity Pool

シンガポールのスカイラインを一望する、全長150m、世界一高所にあるインフィニティ・エッジのプールは、世界中の旅行者の注目の的。プールの利用はホテルの宿泊者にかぎられるが、バーやレストランからは、風景に溶け込むようなプールの美しさを眺められる。

1 れんがの窯で焼くピザ(中央、$33～)やザ・ミートボール(左下、$39)など看板メニューの数々※ 2 落ち着いたムードのダイニングルーム※ 3 いち押しのデザート、20層のチョコレートケーキ($34)※

※印の写真:©Marina Bay Sands

3 絶景テラスでまったり

ラボ

LAVO

スカイラインを眺めながら、イタリア系アメリカン料理が楽しめるダイニング。屋外の席もある。リコッタチーズをトッピングした特大ミートボールは、ジューシーな肉汁があふれ出す絶品。

Map P.128-B2

住Level 57, Tower1 电6688-8591 開12:00～24:00 休無休 Card A.D.J.M.V. 予望ましい 服スマートカジュアル ※タワー1のエレベーターを使用

東側からは、ガーデンズ・バイ・ザ・ベイの全容を見下ろせる

4 天空のファインダイニング

スパゴ

Spago

カリフォルニア料理に、アジアの食材、食文化をミックスした絶品料理も絶景も楽しめる、セレブリティシェフのファインダイニング。テラス席では気軽にカクテルと軽食が味わえ、日中の絶景観賞にもおすすめ。

Map P.128-B2

住Level 57, Tower2 电6688-9955 開12:00～最終入店14:00、18:00～最終入店21:30(金～土曜は最終入店22:00) 休無休 Card A.J.M.V. 予ダイニングは望ましい ※タワー2のエレベーターを使用

2 きらめく夜にCheers!
セラヴィ
Cé La Vi

ンストラン、バー、クラブラウンジに分かれてお
〕、予算や気分で楽しめる。立ち飲みエリアの
スカイデッキは夜景観賞の特等席。クラブで
ま17:00からDJが登場し、盛り上がる。

Map P.128-B2

住Level 57, Tower 3 TEL6508-2188 開17:30～食事
.O.22:45(土・日曜のブランチ12:00～15:00)、バー
6:00～翌1:00)、クラブラウンジ18:00～深夜 休無休
CardA.J.M.V. 予要予約 ※タワー3のエレベーターを使用

1 シンガポールのスカイラインが望めるテラス
2 シンガポール・スリング風のフローズンカクテル

\ Check! /

サンズ・スカイパーク豆知識

- 建築家:モシェ・サフディ(イスラエル系カナダ人)
- 大きさ:長さ343m(エッフェル塔の高さとほぼ同じ)、幅38m
- 総床面積:1640m²
- 総重量:約6万トン
- デッキの収容定員:最大500人
- 工法:地上で組み立てた数百トンのブロック状の建造物を、屋上に設置した特殊ジャッキでつり上げた

1 フレッシュフルーツのカクテル($27～)が人気 2 バーコーナーは日中からオープン 3 左はツナタルタル・コーン($32)、後方はラクサスプリングロール($22)※、右はラムチョップ※ 4 窓際の席からは海も見える※

※印の写真:©Marina Bay Sands

5 海から大地まで絶景パノラマ
スカイパーク展望デッキ *SkyPark Observation Deck*

船の形のスカイパークの舳先に位置する展望デッキ。観光名所、高層ビル群などをぐるりと見渡せる。タワー3の地下1階でチケットを購入し、専用エレベーターで56階まで直行。

Map P.128-B2

住Level 56, Tower 3 TEL6688-8826
開オフピーク時間:11:00～16:30(最終入場16:00)、ピーク時間:17:00～21:00(最終入場20:30) 休無休
料オフピーク時間:大人$32、2～12歳、65歳以上$28、ピーク時間:大人$36、2～12歳、65歳以上$32 ※オンラインでの購入が望ましい。CardA.J.M.V.

1 ジュースやビール、カクテルを販売するショップがある 2 展望デッキはまさに天空の船の甲板。中央部に休憩席も 3 シンガポール東部を望む

巨大モールでショッピング・クルーズ

ショップス・アット・マリーナベイ・サンズ

The Shoppes at Marina Bay Sands

1フロアが全長約400mという、シンガポール最大級のショッピングセンター。ラグジュアリーブランドからシンガポーリアンに人気のローカルブランド、スーパーマーケットと、総店舗数は約170。食も充実。セレブシェフのレストランからローカルグルメのフードコートまで揃う。サンパン・ライドやデジタルアート施設などエンタメも満載。

Map P.128-B2

住B2-L1 Marina Bay Sands TEL6688-6888
開店によって異なるがだいたい10:30～23:00
休無休 交MRTベイフロント駅から徒歩約1分

自然光が差し込む吹き抜けの設計

ショップス・アット・マリーナベイ・サンズL1のラルフローレンにはカフェ「ラルフズ・コーヒー」（L1-71）が併設されている。

SHOPPING

ショップス・アット・マリーナベイ・サンズ

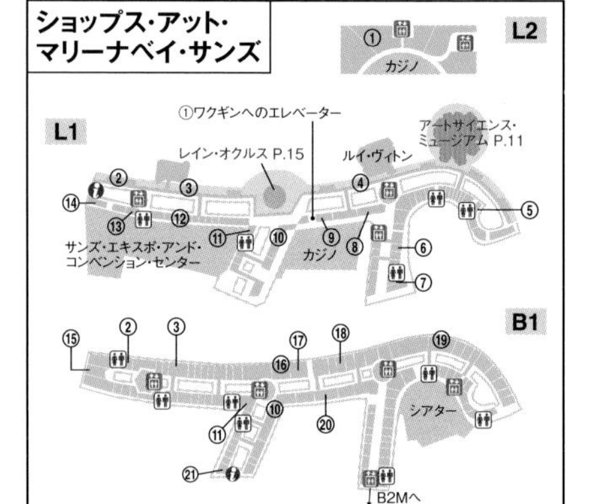

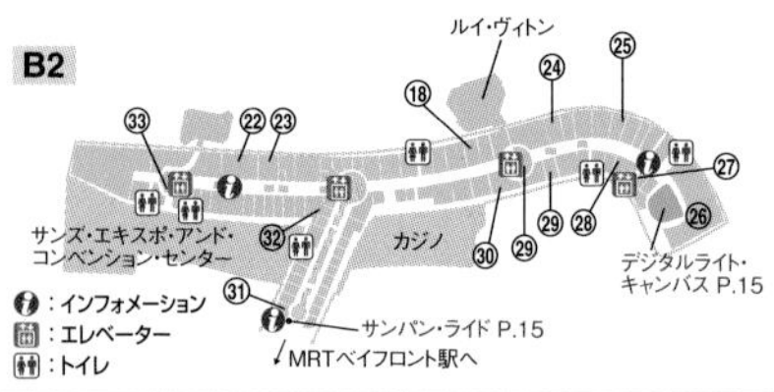

ℹ：インフォメーション
🛗：エレベーター
🚻：トイレ

L2
① ワクギン

L1
② ブレッド・ストリート・キッチン
③ ヤードバード・サザン・テーブル&バー
④ ダラス・カフェ&バー
⑤ ブーティエン
⑥ インペリアル・トレジャー・ファイン・テオチュウ・キュイジーヌ
⑦ ジェイソンズ・デリ P.14
⑧ ミュウミュウ
⑨ ヴェルサーチ
⑩ グッチ
⑪ シャネル
⑫ ラルフローレン
⑬ オールド・センチョーン P.14、83
⑭ ブラック・タップ・クラフトバーガー&ビア P.15

B1
⑮ パンジャブ・グリル
⑯ フェンディ
⑰ ディオール
⑱ エルメス
⑲ モット32シンガポール P.15
⑳ バーバリー
㉑ TWGティー・オン・ザ・ベイ・アット・マリーナベイ・サンズ P.14、68

B2
㉒ ザラ
㉓ バシャコーヒー P.66
㉔ コーチ
㉕ アディダス
㉖ ラサプラ・マスターズ P.15
㉗ 余仁生
㉘ バス&ボディワークス
㉙ TWGティー・ガーデン・アット・マリーナベイ・サンズ
㉚ プラダ
㉛ チャールズ&キース
㉜ バナナ・リパブリック
㉝ ピーエス・カフェ

人気の紅茶ブランド

TWGティー・オン・ザ・ベイ・アット・マリーナベイ・サンズ

TWG Tea on the Bay at Marina Bay Sands

シンガポール発のティーサロン&ショップ。上質な茶葉にフルーツや花をブレンドしたオリジナルブレンドのお茶や紅茶風味のマカロンやチョコを販売。S.C.内にもう1店舗ある。

Map P.128-B2

住B1-122/125 The Shoppes at Marina Bay Sands TEL6535-1837 開10:00～22:00（金・土曜、祝日前日～23:00） 休無休 CardA.J.M.V.

1 代表的商品「1837ブラックティー」のティーバッグ15包入り$30 2 茶葉の風味をしのばせたマカロン

シンガポールフレーバーのクッキー

オールド・センチョーン *Old Seng Choong*

老舗中国菓子店の2代目が立ち上げたクッキーブランド。バクテーやラクサ風味など奇抜なラインアップが楽しい。

Map P.128-B2

住L1-72 The Shoppes at Marina Bay Sands TEL6688-7341 開10:30～21:30（金・土曜、祝日前日～22:30） 休無休 CardA.J.M.V.

缶入りクッキーは各$22.8。左からシリアルプロウン、サテー、パンダン風味

フードみやげが買えるスーパー

ジェイソンズ・デリ *Jasons Deli*

おみやげによい菓子類、インスタント麺、カヤジャムなどを集めたコーナーがある。マーライオングッズなど雑貨もあり。

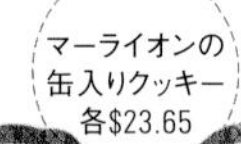

マーライオンの缶入りクッキー 各$23.65

Map P.128-B2

住L1-29 The Shoppes at Marina Bay Sands TEL6509-6425 開10:00～22:00（金～日曜は～23:00） 休無休 CardA.J.M.V.

RESTAURANT

多国籍フードコート

ラサプラ・マスターズ

Rasapura Masters

フライド・ホッケン・ミーの「泰豊」、バクテーの「黃亞細肉骨茶餐室」などシンガポールの人気ローカルフードからマレーシア、タイなどアジア各国のえりすぐりの約30店が集まったフードコート。24時間営業の店もあり、朝食からおやつ、しっかりとした夕食まで幅広く使える。

Map P.128-B2

住B2-50 The Shopps at Marina Bay Sands 開10:00～23:00（4～5店は24時間営業） 休無休 Card A.M.V.

中央にある点心、軽食、ドリンク店

1 香港式のローストダックのせご飯のセット$14.8 2 受賞歴のある店など有名店多数

1 クラフトビールはアメリカのものがメイン 2 手前はブルーチーズをトッピングしたグレッグ・ノーマン・バーガー（$28） 3 ミルクシェイクにコットンキャンデーやパールチョコレートをのせたクレージーシェイク（$24）

ニューヨーク発のグルメバーガー店

ブラック・タップ・クラフトバーガー&ビア *Black Tap Craft Burgers & Beer*

ポップアートで彩られた店内にはオールディーズの曲が流れ、アメリカンムード満点。看板メニューはクラフトバーガーとビール。インパクト大のクレージーシェイクもこの店の名物だ。

Map P.128-B2

住L1-80 The Shoppes at Marina Bay Sands TEL6688-9957 開11:30～最終入店22:15（土・日曜、祝日11:00～） 休無休 Card A.J.M.V.

洗練を極めたモダンチャイニーズ

モット32 シンガポール *Mott 32 Singapore*

店名はニューヨークのチャイナタウンの核であった中国食料品店の所在地にちなんで命名。伝統に革新を組み合わせた料理で注目を集めている。目にも美しい料理は、ユニークなオリジナルカクテルと相性抜群。

Map P.128-B2

住B1-42～44 The Shoppes at Marina Bay Sands TEL6688-9922 開11:30～最終入店14:15（L.O.14:30）、17:00～最終入店21:30（食事L.O.21:45、バーは金・土曜～24:00） 休無休 Card A.J.M.V. 予望ましい 服スマートカジュアル

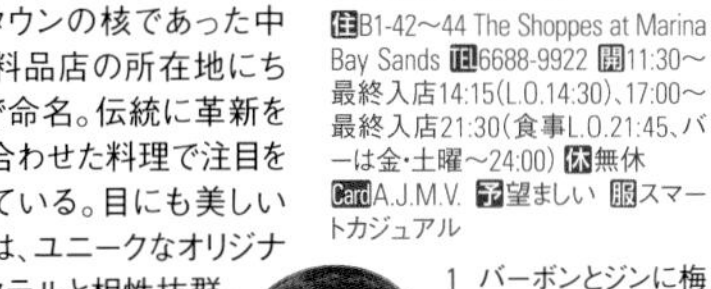

1 バーボンとジンに梅酒を合わせたカクテル「Hanami」$26 2 看板メニューのアップルウッドで焼き上げる北京ダック$148

©Mott 32

ENTERTAINMENT

願いごとをしても!

レイン・オクルス

Rain Oculus

1階のアクアボウルからB2階に向けて渦を巻きながら水が流れ落ちる、迫力の逆噴水パフォーマンス。

Map P.128-B2

開10:00～23:00の間の1～3時間ごと

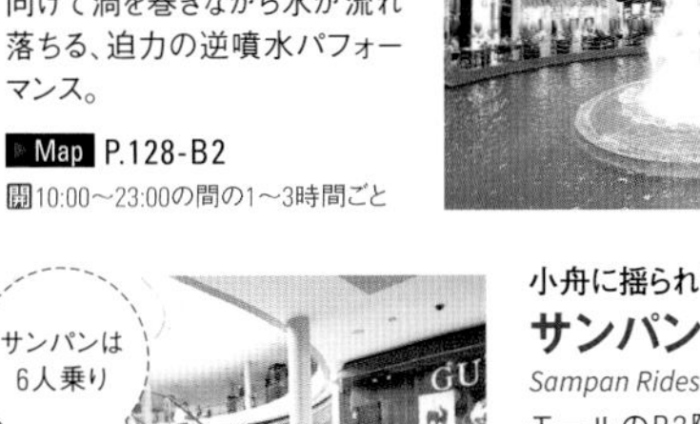

チームラボが手がけるアートインスタレーション

デジタルライト・キャンバス

Digital Light Canvas

足元のLEDフロアにはデジタルの魚が泳ぎ、頭上はまばゆいクリスタルアートが輝く幻想的なアート空間。

Map P.128-B2

住B2-50 The Shoppes at Marina Bay Sands 開11:00～21:00（最終チケット販売20:00） 休無休 料$12（2歳未満無料、フューチャーワールドの入場チケットがあれば$7） Card A.M.V.

LEDフロアに映し出された魚の群れと遊べる。足で描いた道筋がアートになるプログラムも

小舟に揺られて

サンパン・ライド

Sampan Rides

モールのB2階に設けられた運河を、かつての交通手段に使われた小舟「サンパン」に乗って、約10分間遊覧。

Map P.128-B2

TEL6588-8868 開11:00～21:00（最終チケット販売20:30） 休無休 料$15～ Card A.M.V.

エコ&ハイテクを駆使した
ガーデンズ・バイ・ザ・ベイで未来の庭園を体感

SF的な建築デザイン、サステイナブルなシステムを備えた緑のテーマパークは、植物観察も幻想的な夜景も楽しめる。

ガーデンズ・バイ・ザ・ベイは「自然、テクノロジー、環境マネジメントの共存」をコンセプトにした、シンガポール政府の肝入りプロジェクト。

ドーム型の植物園、フラワードームとクラウドフォレスト

屋外のテーマガーデンにはアート作品が点在。写真の彫像は宙に浮かぶように作られた約10mの大きさの「眠っている男の子」

ホータス、マーゲリート
フラワードーム P.18
シルバーガーデン
トンロック・シーフード
クラウドフォレスト P.18
ドラゴンフライ・レイク
シェイクシャック
チケット売り場
サテー・バイ・ザ・ベイ P.19
ガーデンズ・バイ・ザ・ベイ
サン・パビリオン
チルドレンズガーデン
マリーナベイ・サンズへ
ドラゴンフライ・ブリッジ
ゴールデンガーデン
スーパーツリー・グローブ
展望スペース
光のショー「ガーデン・ラプソディ」P.20
ビジターセンター
シャトルサービス乗り場
MRTベイフロント駅出入口
OCBCスカイウエイ P.17
フローラル・ファンタジー P.19
ジュラシック・ネスト・フードホール P.19
ジャニス・ウォン P.19
スーパーツリー・オブザーバトリー P.17
メインゲート
マリーナ・ガーデンズ・ドライブ
「眠っている男の子」の巨大アート

楽しみ方Day&Night

Day

10:00 「フラワードーム」(→P.18)で世界の樹木や花々を見学。

11:00 「クラウドフォレスト」(→P.18)内を散策。

12:30 「スーパーツリー・オブザーバトリー」(→P.17)に上ってパノラマビューを満喫。

13:00 オブザーバトリーにある「ジャニス・ウォン」(→P.19)で軽食&スイーツを楽しむ。

14:30 「フローラル・ファンタジー」(→P.19)で花々のアートを観賞。

Night

18:00 幻想的にライトアップされた「クラウドフォレスト」を散策。

19:45 スーパーツリー・グローブの光のショー「ガーデン・ラプソディ」(→P.20)を観賞。

20:15 「ジュラシック・ネスト・フードホール」(→P.19)で夕食。

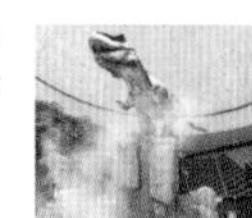

人工ツリーが立ち並ぶスーパーツリー・グローブの光景は圧倒的な迫力。中央のスーパーツリーの頭頂部がオブザーバトリー(展望台)になっている

ガーデンズ・バイ・ザ・ベイ

Gardens by the Bay

シンガポール政府が目指す「シティ・イン・ザ・ガーデン」の構想を具現化した、楽しみつつ植生を学べるテーマパーク。18本のスーパーツリーが未来的な景観を創造している。スーパーツリーで毎晩実施される光と音のショー「ガーデン・ラプソディ」は圧巻。

▶Map P.129-C2~3

マリーナ・ベイ周辺 住18 Marina Gardens Drive TEL6420-6848 開5:00〜翌2:00 休無休 料ガーデンは入場無料 交MRTベイフロント駅から徒歩約3分 ※MRTベイフロント駅B出口近くからフラワードーム前までシャトル(往復$3)で約5分 URLwww.gardensbythebay.com.sg

シャトルは9:00〜21:00に10分間隔で運行

スーパーツリーのアトラクション

＼空中歩道／

OCBCスカイウエイ

OCBC Skyway

スーパーツリーを結ぶ、全長128mの空中散策路。浮遊感満点のつり橋構造で、風が吹くと揺れてスリルも味わえる。高さ22mから見渡す広大な熱帯雨林とマリーナ・エリアの近未来的な景色が、不思議なコントラストを醸し出す。

▶Map P.129-C3

開9:00〜21:00(最終チケット販売20:00、最終入場20:30) 休月1回のメンテナンス日 料大人$14、3〜12歳$10 CardM.V.

スカイウエイで空中散歩

一方通行で人数制限あり

足元から地上が見える

＼展望台／

スーパーツリー・オブザーバトリー

Supertree Observatory

最も高い50mのスーパーツリーの頭頂部には展望台があり、緑豊かなガーデンズ・バイ・ザ・ベイから高層ビル群、外海まで360度の眺めを思う存分楽しめる。

▶Map P.129-C3

開9:00〜21:00(最終チケット販売20:00、最終入場20:30) 休メンテナンス日 料大人$14、3〜12歳$10 CardM.V.

マリーナベイ・サンズの眺めも最高

未来都市の森

スーパーツリー・グローブ

Supertree Grove

高さ25〜50mの、植物をまとった人工樹木。観賞用であるだけでなく、合計18本のツリーのうち11本にはエコロジカルな機能が備わっている。

排気口
世界の植物を集めたふたつの冷室ドームで生じた熱を放出する冷却排気口

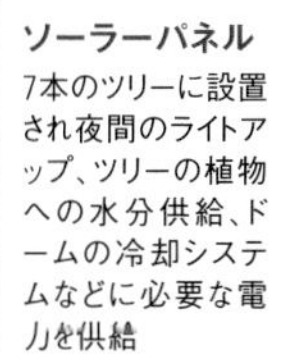

ソーラーパネル
7本のツリーに設置され夜間のライトアップ、ツリーの植物への水分供給、ドームの冷却システムなどに必要な電力を供給

LEDライト
鋼鉄製の「枝」1本1本のすみずみにまでLEDライトが装着されており、日暮れとともにソーラーパネルで作られた電力により幻想的な光を放つ

プラントパネル
鋼鉄製の枝に取り付けられたパネルには、おもに南米諸国から輸入されたラン、シダ、パイナップル科の植物などが1株1株、手仕事で植え付けられ、18本のスーパーツリーに、合わせて約200種、16万2900株が着床している

構造 強化鉄筋コンクリートの「幹」と鉄骨の「枝」からなり、植物を着床させるプランティング・パネルで覆われている。

高さ 最大50m(ビルの16階の高さに相当)

世界初の巨大「冷室」植物園

フラワードーム

Flower Dome

赤道直下の国のシンガポールに、地中海や南アフリカ、カリフォルニアなどの、冷涼・乾燥気候帯の春を再現。世界最大の柱のないドーム内では、花々が咲き誇る大花壇「フラワー・フィールド」をはじめ、巨大なサボテン、バオバブの木など500種以上の植物を観察できる。

Map P.129-C2

開9:00～21:00（最終入場20:30） 料クラウドフォレストとの共通チケット大人$32、3～12歳$18 Card A.D.J.M.V.

レストラン「ホータス」の入口には樹齢500～1000年のオリーブの木がある。

1 23～25度に室温管理され、地中海性気候を再現 2 バオバブの木のエリア 3、4 世界の花々が見られる 5 花々が咲き誇るフラワー・フィールド。時期ごとにテーマ展示も開催 6 園内には食事やお茶ができるレストラン「ホータス」がある

標高2000mの植生を再現

クラウドフォレスト *Cloud Forest*

ひときわ高いドームの中にそびえる、高さ35mの人工の山からは滝が流れ落ち、ミストの雲が流れる。標高2000mという設定の頂上までエレベーターで上がり、熱帯、亜熱帯地方の山間部の植生を観察しながら空中散策路「クラウドウオーク」を歩いて下山。ちょっとした探検気分が味わえる。ドームの外の見晴らしも抜群。

Map P.129-C2

開9:00～21:00（最終入場20:30） 料フラワードームとの共通チケット大人$32、3～12歳$18 Card A.D.J.M.V.

1 クラウドウオークで山岳トレッキングを疑似体験 2 ボルネオ島のキナバル山のような高地を再現 3、4 頂上付近の「ロストワールド」には食虫植物も 5 夕刻からライトアップされる滝は幻想的

フォトジェニックな庭園

フローラル・ファンタジー

Floral Fantasy

花のアートと最新技術を一体化させた楽園を思わせる展示施設。美しいフラワーアレンジメントや珍しい植物などに目を奪われ、思わず写真を撮りたくなる。ガーデンズ・バイ・ザ・ベイを上空遊覧する4Dライドも体験できる。

Map P.128-B3

開10:00～19:00（土・日曜、祝日～20:00。最終入場は閉園30分前）休月に1回のメンテナンス日 料大人$20、3～12歳$12 Card A.D.J.M.V.

1 約1万5000本の花々を展示 2 入口付近の花の球体が見ものの展示エリア 3 珍しい色合いのコチョウラン 4 1500㎡の屋内施設 5 色とりどりの花々に癒やされる

休憩＆食事スポット

人工ツリーの樹上でスペシャルスイーツを

ジャニス・ウォン

Janice Wong

有名パティシエのジャニス・ウォンが手がけるスイーツカフェがスーパーツリー・オブザーバトリー（→P.17）にある。ガーデンズ・バイ・ザ・ベイや自然にインスピレーションを得た美形のケーキが看板メニュー。カカオ農家と提携したビーントゥバーのチョコも販売。

Map P.129-C3

住#03-01 Supertree Observatory TELなし 開9:00～21:00（L.O.20:30）休スーパーツリー・オブザーバトリーのメンテナンス日 Card A.M.V. ※入店にはスーパーツリー・オブザーバトリーの入場券が必要

自然のモチーフをケーキに

1 アート作品のようなケーキの数々（各$12）。サンドイッチもある 2 スーパーツリーをイメージしたケーキは柑橘系のムース 3 店の外の通路は眺めを楽しみながら1周できる 4 ジャニス・ウォンさん 5 ひと口サイズのチョコのほか、板チョコも販売

恐竜世界がテーマのフードコート

ジュラシック・ネスト・フードホール

Jurassic Nest Food Hall

スーパーツリー・グローブにあるエンタメ要素満載のフードコート。緑いっぱいの店内に配置された恐竜たちは、ショータイムになるとリアルに動き出すのでお楽しみに。ミシュランの評価を受けた名店が揃っていることにも注目。

Map P.129-C3

住Supertree Grove TELなし 開11:00～21:30（屋外カフェは9:00～22:00。L.O.閉店30分前）休無休 Card M.V.

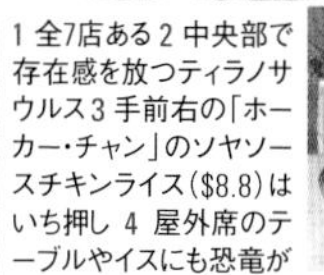

1 全7店ある 2 中央部で存在感を放つティラノサウルス 3 手前右の「ホーカー・チャン」のソヤソースチキンライス（$8.8）はいち押し 4 屋外席のテーブルやイスにも恐竜が

串焼き屋台がある

サテー・バイ・ザ・ベイ

Satay by the Bay

マリーナ・ベイに面した水辺に造られたモダンなホーカーズ。ローカルフードの店が約10軒あり、なかでも焼きたてが食べられるサテーがおすすめ。

Map P.129-D2

住Waterfront Promenade TEL6538-9956 開11:30～22:00（ドリンク店は9:00～22:30）休無休 交ビジターセンターから徒歩約10分

1 炭火でチキンやマトン、ビーフ、エビなどを焼くサテーの屋台 2 サテーは10本$9

ガーデン・ラプソディはスーパーツリーの真下で寝転んで見るとより迫力が増す。

TODO LIST 03 Night Show

圧巻のショーに酔いしれる!

きらめく世界にうっとり! 2大ナイトショーを観賞

近未来的な建築物が光のオブジェと化す、幻想的なショーは必見! 無料で楽しめる、2大ナイトショーをはしごしよう。

夜景はしごプラン

ガーデン・ラプソディを観賞してからスペクトラに徒歩約20分で移動する方法をご紹介。

サンズ(MRTベイフロント駅)への道を進む。ショー終了直後は混雑するので、早めに移動開始

池に架かる橋を越え、エスカレーターを上りサンズへの連絡橋を経てホテル棟を通り抜ける

左前方にあるショッピングモール棟の入り口を入り、エスカレーターでモール内をL1へ下りる

L1の中央部の出入口から外に出た所がショー会場のイベントプラザだ

スペクトラ Spectra

マリーナベイ・サンズのイベントプラザで繰り広げられる、水と光のスペクタクルショー。シンガポール発展の歴史や文化をイメージした4部構成のショーは、ダイナミックな演出とドラマチックな音楽でマリーナ・ベイの夜を彩る。

ガーデン・ラプソディ
Garden Rhapsody

日が落ちるにつれて命を吹き込まれるようにライトアップされるガーデンのシンボル、スーパーツリー。その巨大なツリーが、音楽に合わせてさまざまに変化する15分間の幻想的なライトショー。

▶Map P.129-C3

開19:45～20:00、20:45～21:00 休月1回のメンテナンス日 料無料

▶Map P.128-B2

開20:00～20:15、21:00～21:15（金・土曜のみ22:00～[illegible]）休無休 料無料

スペクトラの観賞スポット

ジュビリー・ブリッジ
Jubilee Bridge

マーライオン・パークから延びる歩道橋からはサンズとマーライオンを入れた写真が撮れる。

▶Map P.128-A1

シンガポール・フライヤー
Singapore Flyer

地上165mまで上がる観覧車からは、360度のパノラマ夜景とともに光に包まれるサンズが見られる。

▶Map P.129-C1

ヘリックス・ブリッジのたもと *Helix Bridge*

マリーナベイ・サンズとユースオリンピック公園を結ぶ光の歩道橋のたもとからは、サンズの建物が変化する光の色でオブジェのように浮かび上がって見える。

▶Map P.128-B1

ショーが見られるおすすめバー

レベル33
Level 33

専用エレベーターで33階に上ると、12個のビアタンクがお出迎え。眼下にマリーナ・ベイの夜景を望みながらできたてのクラフトビールが飲める本格ビア・ダイニング。ビアカクテルのメニューも揃い、ビールに合うモダンヨーロピアン料理も本格的。

▶Map P.128-A3

マリーナ・ベイ周辺 住8 Marina Blvd., #33-01 Marina Bay Financial Centre, Tower 1 TEL6834-3133 開12:00～23:00 休無休 料自家製ビール$11.9～ Card A.D.J.M.V. 服スマートカジュアル 交MRTダウンタウン駅から徒歩約3分 URL level33.com.sg

5種類のビールが味わえるテイスティング・パドル

ランタン *Lantern*

フラトン・ベイ・ホテルの緑いっぱいのプールサイドにある屋外バー。マリーナ・ベイを見渡せるロケーションの比較的低層階にあり、夜景は迫力満点。リゾート感あふれるソファシートから光に包まれるサンズが間近に見られる。

▶Map P.128-A2

マリーナ・ベイ周辺 住80 Collyer Quay, Rooftop The Fullerton Bay Hotel Singapore TEL3129-8526 開15:00～翌1:00（金・土曜、祝日前日～翌2:00）休無休 Card A.D.J.M.V. 服スマートカジュアル 交MRTラッフルズ・プレイス駅から徒歩約5分 URL www.fullertonhotels.com/fullerton-bay-hotel-singapore

左は人気のインペリアル・ベリー・モヒート

自家製のふんわりサクサクのカップに、自分でカブの煮物、エビや卵を詰めて完成($20)

精緻なモダンプラナカン料理
ボンディング・キッチン *Bonding Kitchen*

プラナカン料理で人と人、過去と現代をつなぎたいと語るダニー・チュウ氏が情熱を込めて調理。調味料や素材から手作りし、手間を惜しまずていねいに作られた料理の数々は奥深さとおいしさが同居。

Map P.134-B2 オーチャード・ロード(東部)

住277 Orchard Rd., #02-18 Orchardgateway TEL8860-9087 開ランチ11:30～15:00(L.O.14:30)、ティータイム15:00～17:00、ディナー17:00～21:30(L.O.20:30) 休旧正月2～3日間 CardA.M.V. 予望ましい 交MRTサマセット駅から徒歩約3分 URL bondingkitchen.com

チェンドルはマスト!

1 キャラメリゼしたタマリンドプロウンは香ばしくジューシー(手前、$36) 2 パンダンリーフの搾り汁で毎朝手作りしたゼリーにココナッツミルクかき氷がたっぷり 3 自家製グラメラカシロップをかけて 4 コク深いおいしさのチェンドル($7.5)

\Check!/

「モッド・シン」とは?

モダン・シンガポール料理を略した言葉で、多様な民族や文化を象徴する伝統料理の進化形。料理人のアイデアや工夫、センスを駆使して、素材をアレンジしたり、西洋やアジア、日本などの食の技法を取り入れたりして、新たなローカル料理の世界を開いた。凝ったプレゼンテーションも見もの。

TO DO LIST
04
Mod-Sin

食のエンタメが楽しめる!
モッド・シンで最旬の食体験

シンガポールの伝統料理や屋台料理にモダンなひねりを効かせた創作系の料理「モッド・シン」が最新トレンド。サプライズがいっぱいの料理やドリンクで、心躍る体験を!

ホーカー(屋台)の「ア・ヌードル・ストーリー」(Map P.131-C2)は、チャーシュウやエビワンタンをトッピングした斬新な麺料理でモッド・シンのリストに名を連ねる。

歴史的建造物で味わうモッド・シン
ババ・チュウズ・バー・アンド・イータリー
Baba Chews Bar and Eatery

1928年建造の警察署の建物を改装した店内は、プラナカンタイルやクラシック家具がスタイリッシュな雰囲気を演出。メニューは創作ローカル料理と西洋料理から構成されていて、自慢のカクテルやビールとともに味わいたい。

Map P.138-A3 カトン

住86 East Coast Rd., 1F Hotel Indigo Singapore Katong TEL6723-2025 開6:30～22:30(6:30～10:30は朝食メニューのみ) 休無休 CardA.D.J.M.V. 予望ましい 交中心部からタクシーで約20分 URL babachews.com.sg

ユニークなチェンドル

1 レトロでスタイリッシュな店 2 チェンドル($12)は麺状のパンダンゼリー、グラメラカ(ヤシ砂糖シロップ)、ポップコーン入りのかき氷に、ココナッツミルククリームをかけて食べる 3 オリジナルカクテルのババ・スリング($20)

手前はコーヒーソースをからめ、揚げパンをのせたスペアリブ

昔ながらの食料品店の奥にたたずむ

秘密のバー&レストラン

隠れ扉や階段を使ってアクセスする文化体験型のレストラン&バーが登場。ここでもモダンにアレンジされたローカル料理やドリンクが主役。

コンデンスミルク缶を持ち帰り用に使った昔のスタイルを再現したミルクティーのカクテル（左、$20）　手前左はチリ風味のソフトシェルクラブを挟んだ中華風バーガー（$16）、中央右は土鍋のチキンライス（$28）

ママディアム
媽媽店

1980～1990年代にHDB（公団住宅）の1階で営業していた食料品や雑貨の店が「ママディアム（ママショップ）」。この古き時代のアイコンを再現した店は、実はバーレストラン。隠し扉の向こうにスタイリッシュなバーがある。料理やカクテルはバーでもテラス席でも好みの場所で。

Map P.135-D2
オーチャード・ロード（東部）
住38 Prinsep St. TEL8533-0792
開16:00～23:00（金・土曜～24:00）
休無休 Card A.M.V. 交MRTベンクーレン駅から徒歩約5分 URL www.mamadiamsg.com

ロウシャン 楼上

「ママディアム」の2階にある隠れ家。HDB（公営住宅）をテーマにしたノスタルジックなインテリアはそのままで、17:00まではカフェ、18:00以降はバーとして営業。チリクラブやラクサをベースにした料理や伝統ケーキの進化形などメニューは斬新。

Map 住 交 URL「ママディアム」と同じ TEL8714-0012 開9:00～17:00、18:00～23:00（金・土曜、祝日前日～24:00、日曜L.O. 16:00で閉店17:00）休月曜 Card M.V. ※現金不可

手前がおすすめドリンク、アイス・パンダンカヤラテ（$7）

オリジナルカクテルも豊富。右は昔ながらのアイスクリームをイメージしたラズベリーリップル（$24）　HDBの廊下を模したスペース　チリクラブソースのラビオリ（$20）は終日提供

TODO LIST

05

Katong

心弾むカラフルタウン
プラナカンの街、カトンで美食&雑貨巡り

プラナカンとは、マレー語で「ここで生まれた」という意味。英語ではborn hereと訳される。

プラナカンQ&A

●プラナカン文化とは？

プラナカンとは中国系の移住者が現地の女性をめとったことがルーツとされ、彼らの子孫たちを指す。中国、マレーの文化が融合し、さらに海洋交易などからヨーロッパやアジア諸国の文化も吸収し、20世紀初頭をピークに刺繍や陶器、料理など華やかな文化を紡ぎ出した。

●プラナカンの建築様式

ショップハウスと呼ばれる1階が店舗、2階が住居になった建物が多い。純粋に住居用のものはテラスハウスと呼ばれる。パステルカラーのファサードには花やつる草模様のレリーフが施され、玄関はカラフルなタイルで飾られる。中国の瓦屋根、ヨーロッパの鎧戸や円柱など、独自の東西折衷様式が特徴。

クーン・セン・ロード（→下記）のパステルカラーに彩られた家並み

1 パステルと花柄タイルに彩られた家並み&ウオールアートをウオッチング

20世紀初頭からプラナカンのコミュニティがあったカトンは、保存状態のよいプラナカンの家並みが多い。次々と登場するウオールアートと相まって、絶好のフォト散歩スポットに。

色鮮やかなパステルの家並み
クーン・セン・ロード
Koon Seng Rd.

1900〜1940年頃に建てられた装飾の美しい家並みが見られる。花柄のタイル装飾、西洋式の窓やレリーフ、中国やマレーの装飾などさまざまな要素がミックス。
※写真撮影の際は住人の迷惑にならないよう配慮すること。

Map P.138-B2
交→P.25上部 ※イースト・コースト・ロードから徒歩約6分

1 ジョー・チアット・ロードとの交差点に建つ美しい建物 2 門柱を飾るエキゾチックな彫像 3 装飾タイルも華やか 4 華麗なファサードに目が釘付け

優美なプラナカン文化が息づくカトンは、絵本の世界のような家並みが見られる街。近年しゃれたカフェやショップが続々と登場し、注目度急上昇。プラナカン文化に触れつつ、グルメや買い物も楽しむ欲張りな街歩きにGo！

Map P.138、P.29
カトンへのアクセス：MRT：パヤ・レバ駅からジョー・チアット・ロード北端まで徒歩約10分
バス：オーチャード、サンテック・シティから14番、MRTブギス駅から32番で約30分、イースト・コースト・ロードのバス停下車。
タクシー：中心部から20～25分

\Check!/

プラナカンタイル

瀟洒なプラナカンの住まいに欠かせない壁や玄関先の装飾に使われている通称「プラナカンタイル」は、本来はイギリス産のマジョリカタイル。19世紀に流行したアールヌーヴォー調の花柄が多い。当時廉価だった和製タイルも大量に輸入された。

さまざまなモチーフがある

ウオールアートにも注目
ジョー・チアット・ロード周辺
Around Joo Chiat Rd.

散策のメインストリートとなるジョー・チアット・ロードやイースト・コ スト・ロ ドのショップハウスには、ウオ ルア トが描かれていて、街のアクセントになっている。

Map P.138-B1～B3、A2～A3
交→上記

1 イースト・コースト・ロード沿いで目を引く派手なアート 2 クラシカルな風情のショップハウスの通路（ジョー・チアット・ロード） 3 鳳凰やボタンの花など、プラナカンモチーフを描いたアート 4 ショップハウスのブロックごとに壁面に注目

2 究極のフュージョン、プラナカン料理を堪能する

多種類のハーブやスパイスを用い、手の込んだ調理法で作られるプラナカン料理は、ぜひ味わってみたいもの。カトンにも名店がある。

安定の味で根強い人気

チリ・パディ

Chilli Padi Nonya Restaurant

1997年の開業以来、数々の賞を受賞してきた有名店。ブアクルアというナッツの一種を3日間水に浸けてから調理するアヤム・ブアクルアなど、手間を惜しまずに作るニョニャ料理が味わえる。1品$14くらい～。

テーブルがゆったりと配置された店内

Map P.138-B2

住11 Joo Chiat Place, #01-03 TEL6275-1002 開11:30～14:30、17:30～22:00 (L.O.21:30) 休旧正月2日間 CardA.M.V. 予望ましい 交MRTパヤ・レバ駅から徒歩約15分、またはタクシーで約5分。中心部からタクシーで約20分。 URLchillipadi.com.sg

\Check!/

プラナカン料理（ニョニャ料理）とは？

マレー料理と福建など中国南部の料理が融合、さらにそこにインドやタイ、ポルトガルやオランダなどの食材や調理法が加わった、伝統的フュージョン料理。ココナッツやチリをベースに香味野菜やハーブを加え、スパイシーなだけでなく、甘さ、辛さ、酸味がハーモニーを奏でる奥深い味わいが特徴。

プラナカンの代表メニュー

1. **アヤム・ブアクルア** *Ayam Buah Kuluak* ジャワ島から伝わった、ブアクルアの実を使ったコクのあるカレー風鶏肉煮込み。
2. **ケペティン・バクワン** *Kepetin Bakwan* 豚ミンチにエビ、カニ肉を練り込んだ贅沢な肉団子入りスープ。ニンニク風味のあっさり味。
3. **クエ・パイティ** *Kue Pie Tee* カップ型のパイに千切り大根の甘煮や小エビを詰めた前菜。パイティとはイギリス紳士の帽子の一種。
4. **サンバル・プロウン** *Sambal Prawn* 祝い料理に欠かせないプラナカン風「エビチリ」。サンバルはニョニャ料理を代表する辛味調味料。
5. **サンバル・ブラチャン** *Sambal Belachan* 生のチリと、オキアミを発酵させた調味料をすりつぶして作った、ニョニャ料理必須のつけだれ。

見事な調度品やインテリアに包まれた店内。プラナカンのお宅を訪ねた気分になる

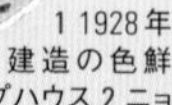

ニョニャのアフタヌーンティーセット

ルマー・ビビ *Rumah Bebe*

プラナカンの女性、ビビさんが手がける小さなレストラン。約100年前の趣が残るショップハウスは華麗に復元されていて、装飾品に囲まれて食事やお茶が楽しめる。調味料から手作りし、伝統手法で調理した料理や菓子類は、とても味わい深い。

Map P.138-A3

住113 East Coast Rd. TEL6247-8781 開木～日曜9:30～17:00 休月～水曜 CardA.J.M.V. 予要予約 交→P.25上部記載のバスかタクシーのアクセス方法 URLwww.rumahbebe.com

1 1928年建造の色鮮やかなショップハウス 2 ニョニャ・アフタヌーンティーセット2人用$40（飲み物代は別、15:30～17:00に提供）。食事メニューにはプラナカンの代表料理が揃っている 3 プラナカン陶器も販売 4 セットの上段はタピオカケーキなどのニョニャ・クエ 5 下段は日替わりの料理で、写真はフライドラクサ

チャイナタウンの西側のブレア・ロードにも装飾がきれいなショップハウスの家並みがある（Map P.124-B3）。

3 歴史と伝統が息づく名物レストラン&カフェを訪ねる

カトンにはローカル料理の老舗や名店も数多い。なかでもノスタルジックな風情を醸す店でゆったりと「名物」を楽しみたい。

ノスタルジー漂う海南風英国料理

ブリティッシュ・ハイナン *British Hainan*

イギリス植民地時代に英国軍の船で料理人として働いた店主の父から伝わるレシピをもとに、英国料理や海南料理を提供。化学調味料を用いず、昔ながらの調理法にこだわった料理は、ボリューム満点。ほろほろに煮込まれたオックステールシチューはぜひ試したい。

▶Map P.138-A2
住75 Carpmael Rd. TEL6336-8122 開11:00～14:30、18:00～21:30 休火曜、旧正月2～3日間 CardA.M.V. 予土・日曜は望ましい 交→P.26「チリ・パディ」と同じ URLbritish-hainan.com

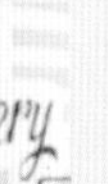

1 ジョー・チアット・ロード近くの住宅街にある 2 店主のプアさん親子 3 手前左がパンと味わうオックステールシチュー($32.9)、手前右は代表料理の海南スタイルポークチョップ($16.9) 4 食欲をそそる2種類のソースがかかったハイナニーズ・カリーライス($18.9)

レトロかわいいパン&お菓子

チン・ミー・チン・コンフェクショナリー 真美珍 *Chin Mee Chin Confectionery*

1925年創業時のコピティアム(ローカルな喫茶店)の雰囲気を残す貴重な店。ビンテージタイルの床、大理石の丸テーブルなどレトロな趣が人気を呼び、連日大盛況。素朴なカヤトーストやかわいらしいペストリーをコピとともに。

▶Map P.138-B3
住204 East Coast Rd. TELなし 開8:00～16:00(L.O.15:30) 休月曜、旧正月 CardM.V. 交→P.25上部記載のバスかタクシーのアクセス方法 URLwww.chinmeechin.sg

1 手前はクリームホーン($2.2)とチョコレートカップケーキ。ドリンクは大麦飲料ミロをベースにしたアイス・マイロ・ダイナソー($3.4) 2 創業時を彷彿させる店内は写真映え満点 3 店舗はブルーのショップハウス

プラナカンのおみやげ

キム・チュー・クエ・チャン *Kim Choo Kueh Chang*

プラナカンファミリーが経営するニョニャ菓子とプラナカングッズの店。1階にはお菓子や調味料、プラナカン陶器、ビーズのサンダル、小物雑貨がずらり。2階のアンティークギャラリーも見学できる。1階にシンガポール政府観光局のビジターセンターのカウンターがあるので、街歩きの起点にするとよい。

▶Map P.138-A3 住109/111 East Coast Rd. TEL6741-2125 開9:00～21:00 休旧正月 CardM.V. 交→P.25上部記載のバスかタクシーのアクセス方法 URLwww.kimchoo.com

1 鳳凰やボタンの花をあしらったティーカップ(各$20) 2 2階の展示スペースも見学を 3 ビーズ刺繍のサンダルは$200前後～ 4 おすすめ菓子はニョニャパイナップルタルト(写真)とクエ・マクムール(ピーナッツの焼き菓子) 5 刺繍がかわいいハンカチ($14～)

4 カフェ&ショップにフォーカス ジョー・チアット・ロードをぶらり散策

ジョー・チアット・ロードはイースト・コースト・ロードとの交差点から「チリ・パディ」の周辺まで徒歩約15分。

ショップハウスにすてきなカフェやライフスタイルショップが続々と登場しているジョー・チアット・ロードを、ぶらぶら歩いてみよう。立ち寄ってみたい店はこちら。

Map P.138-B1～B3
交MRTパヤ・レバ駅からジョー・チアット・ロード北端まで徒歩約10分。タクシーで中心部から約20分

こだわりのコーヒーでカフェ休憩

コモンマン・コーヒー・ロースターズ

Common Man Coffee Roasters

産地や焙煎にこだわったスペシャルティコーヒーを提供するカフェ。ショップハウス1階にある店はおしゃれで開放感いっぱい。コーヒーとともに人気の朝食メニュー(終日提供)を。

Map P.138-B2
住185 Joo Chiat Rd. TEL6877-4863 開7:30～17:00、18:00～22:00(月曜～17:00、金・土曜～23:00) 休無休 CardA.M.V. ※現金不可 交MRTパヤ・レバ駅から徒歩約15分、またはタクシーで約5分。→P.25上部 URLcommonmancoffeeroasters.com

1 右はボリューム満点のコモンマンフルブレックファスト($30)、左はアサイーボウル($18) 2 モダンな内装 3 水出しコーヒーに窒素を注入したまろやかなナイトロ・ハニーオーツ・ラテ($9.5) 4 ひときわ目立つショップハウスにある

薪窯焼きのベーグルがおいしい

トゥーメンベーグルハウス

Two Men Bagel House

パンもソースも自家製です

親友の男性2人が開いたベーグル専門店。素材や自家製ソースの組み合わせ、ボリューム感も人気のゆえんだが、何より専用の窯で焼き上げたベーグルが秀逸。スパムやスモークサーモンのベーグルがベストセラー。

Map P.138-B3
住465 Joo Chiat Rd. TEL6241-3061 開9:00～15:00(L.O.14:30) 休一部の祝日、旧正月3日間 CardA.J.M.V. 交→P.25上部記載のバスかタクシーのアクセス方法 URLwww.twomenbagels.com

1 水出しコーヒー($8～) 2 アボカド、ベーコン入りのAvobaco(手前)とスモークサーモンのLOX(後方) 3 店舗は複数あるが、焼き窯があるのはこの店だけ 4 スパムにピーナッツバターを組み合わせた「Personal Best」$17

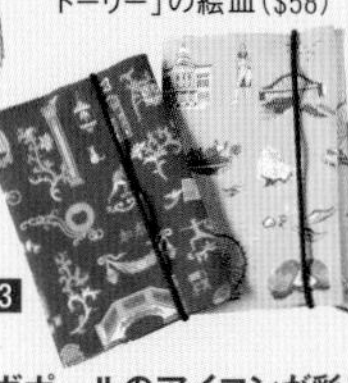

1 プラナカン、ボタニックガーデン、チョンバルなどのシリーズで展開 2 4枚セットで販売のプレースマット(左、$120)と「プラナカンストーリー」の絵皿($58)

3 コットンリネンのパスポートスリーブ($39)。購入品はしゃれた箱に入れてくれる 4 店内に並ぶ美しいテキスタイルに魅了される

シンガポールのアイコンが彩るテキスタイル

オンレウォ 安楽窝 *Onlewo*

シンガポールのランドマークやアイコンを描いたテキスタイルでホームウエアや雑貨を制作販売するブランド。美しい色合いと洗練のデザインで海外からも注目を集めている。

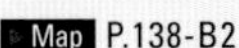

Map P.138-B2

住17 Joo Chiat Place TEL9112-4685 開水～土曜11:00～16:00 休日～火曜 CardM.V. 交MRTパヤ・レバ駅から徒歩約15分、またはタクシーで約5分。→P.25上部 URLonlewo.com

ライフスタイルのコンセプトショップ

ブリッサ *Brisa*

世界中からクオリティとデザイン性の高いアイテムをセレクト。小さな工房で手作りされた陶器など暮らしを豊かにしてくれそうな物が並んでいる。ウエアから雑貨までバリエーション豊富。

Map P.138-B2

住310 Joo Chiat Rd. TEL9772-0885 開10:30～18:00(日曜11:00～17:00) 休12/25、旧正月 CardA.M.V. 交→P.25上部記載のバスかタクシーのアクセス方法

1 ポルトガルの手焼きの陶器。小サイズのボウル$15～ 2 ギリシャのブランド「NEMA」のリゾートドレス$395 3 エスニックなアクセサリーも 4 アフリカンプリントの大型トートはポーチ付き($95) 5 奥行きのあるショップハウス内の店

1 ヘビ革のカードケース各$30 2 インドのテーブルマットやナプキン、コースターはおみやげにGood($15～20) 3 オリジナルブランドの食器が主力商品 4 小さな店だが品揃え豊富

センスのよい雑貨に出合える

ラ・ティエンダ *La Tienda*

オーナーのスペイン人女性がセレクトしたヨーロッパやアジア各国の品々がずらり。ジュート素材のバッグやインドのブロックプリント製品をはじめ、数は少ないが地元デザインの雑貨も。

Map P.138-B3

住370 Joo Chiat Rd. TEL9774-0688 開10:30～18:30(日曜11:00～17:00) 休一部の祝日 CardA.D.J.M.V. 交→P.25上部記載のバスかタクシーのアクセス方法

TO DO ✓ LIST

06

Jewel Changi Airport

緑の森と巨大滝でリフレッシュ

楽しみ方無限大のジュエル・チャンギ・エアポートを満喫！

チャンギ国際空港に併設された複合施設「ジュエル」。熱帯雨林で森林浴し、人工滝のマイナスイオンを浴び、食事や買い物、アトラクションも楽しめる。空港を驚きと魅力あふれる観光スポットに進化させた「ジュエル」を徹底ガイド。

レインボルテックスの高さは40mで、室内にある滝では世界一の規模と高さを誇る。

フォレスト・バレー（緑の森）に設けられた展望デッキからの眺め。空港ターミナル間を結ぶスカイトレインが館内を走るさまも望める

ジュエルの役立ちスポット

バゲージ・ストレージ
Baggage Storage (L1)

荷物預かり所があり、スーツケースなどを預けて身軽にジュエルの施設や店へ。

開24時間
料10kg未満の小型バッグ・スーツケース24時間$11～
Card A.D.J.M.V.

アーリー・チェックイン・ラウンジ
Early Check-in Lounge (L1)

フライトの3時間前から受付可能（受付時間帯は航空会社によって異なるので要確認）。すべて自動チェックイン機で行う。

開8:00～23:59

チャンギ・ラウンジ
Changi Lounge (L1)

\Check!/

仮眠ポッドやシャワー室を備えたラウンジ。軽食も取れる。

開6:00～22:00
休無休
料3時間$28
Card A.D.J.M.V.

1 フォレストバレーは水が流れる渓谷状の場所もあり散策できる 2 緑の遊歩道

ジュエル・チャンギ・エアポート
Jewel Changi Airport

近未来感のあるドーム型の建物は、マリーナベイ・サンズを手掛けたモシェ・サフディ氏が率いるチームが「魔法の楽園」をテーマに設計。天井から流れ落ちる人工滝「レインボルテックス」を囲んで熱帯雨林の森「フォレストバレー」があり、さらにその外側の円周上にショッピングモールを配置。地下2階から地上5階の7フロアに、レストランやショップ、アトラクションなど観光要素が満載だ。入国や帰国の際の立ち寄りはもちろん、ライトアップ観賞とディナー&買い物といった観光目的で訪れても十分楽しめる。

Map P.123-D2 シンガポール全図

住78 Airport Boulevard 電6956-9898 交MRTチャンギ・エアポート駅からリンクブリッジを経由し徒歩約10分 URL www.jewelchangiairport.com

ジュエルの楽しみ方

1 「レインボルテックス」のライトアップ&光のショーを観賞

人工滝「レインボルテックス」は19:00以降ライトアップされ、昼間とがらりと雰囲気が変わる。幻想的な迫力を増した光景をぜひ。光と音楽のショーも開催。

開レインボルテックス:11:00〜22:00(金〜日曜、祝日10:00〜)光と音楽のショー:20:00、21:00(金〜日曜、祝日、祝日前日は22:00もあり) 料無料 ※ショーは約5分

1 下層階のB1ではこんなふうに見える 2 ショーは水のスクリーンに映像が映し出される 3 ライトアップは七色に変化する

2 アトラクションで遊ぶ

最上階のL5の遊べる施設「キャノピーパーク」のほか、最先端のデジタル技術をゲーム感覚で体験できる「チャンギ・エクスペリエンス・スタジオ」がある。

キャノピーパーク
Canopy Park

9つのアトラクションと庭園で構成。庭園や霧が噴き出す遊び場「フォギーボウル」などは入場料のみで楽しめる。空中歩道の「キャノピーブリッジ」や迷路、ネット遊具などは別途料金が必要。

住L5 休無休 開10:00〜21:00(金〜日曜、祝日、祝日前日〜22:00) 料入場料$8

1 キャノピーブリッジの中央部分はガラスパネルになっていてスリル満点
2 地上25mにあるウオーキングネット
3 ランダムに霧が噴き出す「フォギーボウル」

チャンギ・エクスペリエンス・スタジオ *Change Experience Studio*

航空や空港に関する没入型のゲームや展示を20ほど設置。体験しながら学べて新たな発見も。

住L4 休無休 開11:00〜20:00(土・日曜、祝日10:00〜。最終入場19:00) 料大人$25、子供$17

サイクルマシンで飛行機vs.レースカーの競争

3 魅惑のグルメを楽しむ

各国料理の人気店、シンガポール初出店の店、ローカルの名店など、ダイニングのラインアップは魅力いっぱい。飲食関連の店は100店を超え、地下にはフードコートがあり、スナック店も多数。

日本以外アジア初のポケモンオフィシャルショップ「ポケモンセンター・シンガポール」が4階にあり、ファンは必見。

野趣あふれるボルネオ島のジャングルフード

カンティン *Kantin*

ボルネオ島西部サラワク州や熱帯雨林の森に暮らすダヤク族の伝統料理で、体験したことのない食の世界へ。ダイナミックな調理法と多種類のスパイスの味わいに驚かされる。

住#05-206/207, L5
TEL9684-3690
開11:00～22:00
休無休
CardA.J.M.V.

1 鶏肉をタピオカの葉やレモングラスなどと竹筒で蒸し焼きにした伝統料理のセット($32) 2 エスニックムードいっぱい 3 サラワク州出身のスタッフも 4 カレー風味のサラワクラクサ(手前、$18)はぜひ！ 後方は香ばしく焼き上げたBBQチキンウインク($16)、奥はスイートポテトフライ

多彩なメニューのシンガポール風海南料理店

ハイナン・ストーリー 海南寶 *The Hainan Story*

朝食からディナー、おやつまで、さまざまなシーンで利用でき、手軽な料金設定が魅力。シンガポール風海南料理がメインで、海南チキンライスやカレーチキンが看板メニュー。

住#B2-201/202, B2F
TEL6908-2516
開8:00～22:00 休無休
CardA.D.J.M.V. URLwww.thehainanstory.com

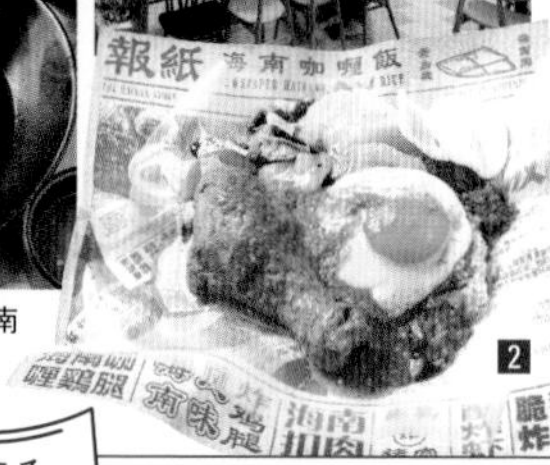

鶏モモ肉のローストの海南チキンライス($7.1)

1 リゾートをイメージした店内 2 新聞紙を模したペーパーにのせたハイナニーズ・カレーセット($10.8～) 3 ブラウンシュガーのカヤジャムとバター付きトーストとコピのセット($5.4)

ご当地名物が味わえる

ローカル料理&カフェの名店リスト

シンガポールで外せないローカル料理の有名店が集結していることにも注目。市内で食べ損ねたグルメを、帰国の際にここで味わえる！

チリクラブ
ジャンボ・シーフード
Jumbo Seafood

住#03-202/203/204, L3
TEL6388-3435
開11:30～22:00(L.O.21:15)
休無休 CardA.D.J.M.V. URLwww.jumboseafood.com.sg/en/home

チリクラブは数人でシェア可

バクテー
ソンファ・バクテー ▶P.56
Song Fa Bak Kut Teh

住#B2-278/279/280, B2F
TEL6214-9368
開10:30～21:30
休無休 CardA.J.M.V.
URLsongfa.com.sg

スペアリブのバクテー

ジンジャーチキン
スープ・レストラン
Soup Restaurant

住#03-201, L3
TEL6908-3274
開11:00～22:00(L.O.21:30)
休無休 CardA.J.M.V.
URLwww.souprestaurant.com.sg

蒸し鶏にショウガソースをつけレタス巻きに

ローカル料理のカフェご飯
ピーエス・カフェ ▶P.67
PS. Cafe

住#02-244/245, L2 TEL6708-9288
開11:00～22:00(金曜、祝日前日～22:30、土曜9:30～22:30、日曜、祝日9:30～。L.O.は閉店1時間前) 休無休 CardA.J.M.V.
URLwww.pscafe.com

ジュエル店限定のチキンライスやワンタンヌードルがある

4 ショッピングに興じる

ブランド店からギフトショップ、フードみやげの店、スーパーマーケットまで、世界に発信する実力店が集合。規模の大きな旗艦店やここにしかない店もある。おみやげショッピングもジュエルで完結！

空港グッズもデザイン雑貨も
ギフト・バイ・チャンギ・エアポート
Gift by Changi Airport

おみやげ探しに重宝するショップ。シンガポールアイコンのグッズのほか、ここでしか買えない空港関連の商品もあり、要チェック。

住#04-233, L4
TELなし
開10:00～22:00
休無休 CardJ.M.V.

1 4階にある空港独自のショップ 2 チャンギ国際空港のオーキッドの香りの香水やリードディフューザーなど($20.5～) 3 管制塔やターミナル内のアートをデザインしたキーホルダー(各$10)

極上のシンガポール伝統菓子
バイオレット・ウン・シンガポール
Violet Oon Singapore

レストラン併設のショップ。手の込んだ製法で作られたパイナップルタルトやクッキー、ジャムなどがすてきなパッケージで彩られている。

住#01-205/206, L1 TEL9834-9935 開11:00～22:00 休無休 CardA.M.V. URLvioletoon.com

1 バター風味の薄皮にまろやかなパイナップルジャムが詰まったパイナップルタルト 2 深緑色のトーンが基調 3 プラナカンタイル柄の箱入り各種クッキー($21～)

カヤジャム入りロールケーキ
リッチ&グッドケーキショップ
Rich & Good Cake Shop

地元人気の高いケーキ&菓子店。新鮮素材で手作りされるロールケーキは、ジュエル店限定でミニサイズも販売。売り切れ続出なので早めに。

住#01-232, L1 TEL6241-0902 開11:30～21:00(土・日曜、祝日11:00～)
休無休 CardA.
URLrichngood.com

人気はカヤジャム入りロールケーキ(中央、$6.5～)

おみやげグッズ充実のスーパー
フェアプライス・ファイネスト
FairPrice Finest

お菓子やインスタントのコピ、バクテーの素など、シンガポールの人気みやげを集めたコーナーを設けている。

住#B2-205/206/207/208, B2F TELなし
営9:00～23:00 休無休
CardA.M.V.

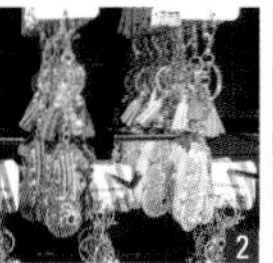

1 カニ風味のクラッカー($2.32) 2 マーライオンのキーホルダー($7.9) 3 規模の大きなローカルスーパー

\Check!!/
トレンドスイーツを食べ歩き
話題のスイーツやドリンク店も出店しているので、トライしてみるチャンス！

ナチュラルジェラート
バーズ・オブ・パラダイス
Birds of Paradise

手作りジェラートの人気店。果物や植物、ハーブ、スパイスを用いた南国フレーバーのジェラートが種類豊富。

住#01-254, L1
TEL9757-9892
開11:00～22:00
休無休
CardA.J.M.V.※現金不可
URLbirdsofparadise.sg

1 常時約20種類がラインアップ 2 シングルは$5.5、ダブルは$9。手作りのコーンもおすすめ

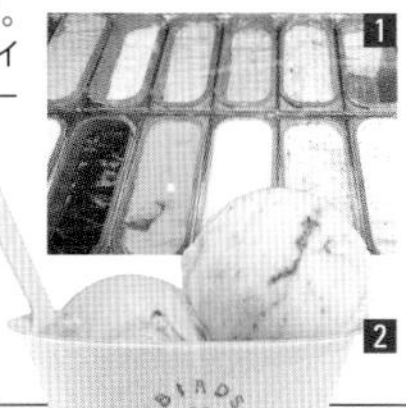

チョコレートドリンク
ビーンフォークス・バイ・レムエルチョコレート
Beanfolks by Lemuel Chocolate

シンガポール発のビーントゥバーのチョコブランドが開いたチョコドリンク店。チョコやミルクの種類、ハーブやスパイスを選んでカスタムメイドできる。

住#03-207, L3 TEL9424-0050
開11:00～22:00(L.O.21:30) 休無休
CardM.V. URLwww.lemuelchocolate.com

1 テイクアウトのみ 2 チョコドリンクは産地、カカオ含有率が異なる8種類のチョコレートからチョイス($7.5～8)

※P.32～33で紹介の店：Map P.123-D2

園入口やレストラン・トイレ付近には飲料水の給水機が設置されているので、ボトルを持参してエコに貢献。年中蒸し暑いので水分補給はこまめに。

TO DO LIST

熱帯雨林の森で動物たちとご対面

07 マンダイ・ワイルドライフ・リザーブの動物王国を探検

Mandai Wildlife Reserve

4つの動物園で、希少動物から鳥まで野生に近い姿の動物たちに大接近。
プレゼンテーションや餌やりなど見どころを押さえて、動物園をハシゴしよう!

アカアシドゥクラングール

キリンは4頭、ほのぼの

探訪ナビ

マンダイ・ワイルドライフ・リザーブとは?

シンガポール動物園、リバーワンダー、ナイトサファリ、バードパラダイスがある広大なエリア。ここでは環境や野生生物の保全・研究にも力を注いでおり、さらに拡張し活性化を図るプロジェクトが進行中。近い将来、熱帯雨林をテーマにした体験型施設「レインフォレスト・ワイルド」、エコフレンドリーなリゾートホテルなどが登場予定だ。

複数のパークを1日で回るなら

動物園、リバーワンダー、ナイトサファリは隣接しており、3園ハシゴが可能。バードパラダイスを組み込む場合は、早朝バードパラダイスからスタートし、動物園 or リバーワンダー、ナイトサファリの順で。

チケットの購入

ウェブで事前に購入しておこう。一部のパークにはクレジットカード対応の券売機があるが数は少ない。

単独パークのチケット料金 ※全券トラム乗車料を含む

	大人	子供(3～12歳)
シンガポール動物園	$49	$34
ナイトサファリ	$56	$39
リバーワンダー	$43	$31
バードパラダイス	$49	$34

複数パーク共通チケット料金

	大人	子供(3～12歳)
4パーク共通パス	$110	$80
2パーク共通パス(4パークから選択)	$90	$60
2パーク共通パス(3パーク*から選択)	$80	$50

*:シンガポール動物園、リバーワンダー、バードパラダイスの3パーク
※複数パーク共通チケットは最初の訪問から7日間有効、各パーク入場は1回限り

バードパラダイスから動物園エリアへの移動手段

●マンダイ・カーティブ・シャトルを利用

マンダイ・ワイルドライフ・ウエストのバス停から動物園行きのシャトルバスで約5分、無料。

市内からのアクセス

●タクシー

中心部から約30分、$35～40。

●MRT+バス

カーティブ駅からマンダイ・カーティブ・シャトル(8:30～23:40に15～20分間隔、$3〈現金不可〉)を利用。またはスプリングリーフ駅かアン・モ・キオ駅からバス138番、チョア・チュー・カン駅からバス927番を利用。所要20～30分。バードパラダイス直近のマンダイ・ワイルドライフ・ウエストとシンガポール動物園前にバス停があり、目指すパークの最寄りバス停で下車。

1 シンガポール動物園
Singapore Zoo

上野動物園の2倍もある広大な敷地に、絶滅危惧種を含む300種以上、4000頭以上の動物たちが暮らす。檻や柵を極力設けず、堀や植栽で仕切っただけの自然に近い環境でのびのびと過ごす動物たちの姿を間近に観察できる、世界でも類を見ないオープン・ズー方式の動物園。餌やりも体験できる。

Map P.122-B1

シンガポール全図 住80 Mandai Lake Rd. TEL非公開 開8:30〜18:00（最終入園17:00） 休無休 料 交→P.34
URL www.mandai.com/en/singapore-zoo.html

1 オレンジ色のくちばしが特徴のオオハシ 2 神出鬼没なワオキツネザル 3 オオコウモリは翼を広げると2mにおよぶものも 4 観察台がある

動物たちと触れ合う

シロサイの餌

シロサイの大きな口に餌を手渡し

息づかいまで感じられる

餌やり体験
Feed the Animals

キリンやシロサイ、ゾウなどに直接餌を与える貴重な体験ができる。餌やりは一律$8。事前にウェブで予約・チケット購入が必要。

キリンは長い舌でペロリ

餌やりスケジュール（ⓐ〜ⓒの位置は右のマップに対応）
ⓐキリン10:45、13:50、15:45／ⓑシロサイ13:15／ⓒゾウ（9:30、11:45、16:30）など　※時間は変更になることもあるのでウェブや入口の案内板で確認を。

\Check!/

プレゼンテーション「スプラッシュ・サファリ」

動物たちの生態や才能を紹介するプレゼンテーション（ショー）が4つあり、円形劇場で開催されるスプラッシュ・サファリはアシカが主役。

スプラッシュ・サファリ
Splash Safari

開10:30、17:00
料無料（入場チケットに含まれる）

ジャングル探検気分

フラジャイル・フォレスト
Fragile Forest

熱帯雨林の森を再現したエリアに、ナマケモノ、ワオキツネザル、オオコウモリなどが放し飼いにされており、動物たちが至近距離で見られる。

朝食&記念撮影

ブレックファスト・イン・ザ・ワイルド *Breakfast In the Wild*

会場はアーメン・レストラン。レストラン脇にオランウータンやコンゴウインコなどが登場し、一緒に写真が撮れる。朝食はビュッフェスタイル。

開9:00〜10:30 料大人$45、6〜12歳$35 予ウェブで要事前予約・購入。

動物たちを見ながら朝食

©マンダイ・ワイルドライフ・グループ

シンガポール動物園攻略法
動物たちが活動的な朝から訪れるのがおすすめ。餌やりやプレゼンテーションの時間を確認して行動開始。

徒歩トレイルには歩きやすい靴で出かけよう。サンダルよりスニーカーがいい。飲み物のほか、スコール対策に雨具の持参も忘れずに。

ナイトサファリ
Night Safari

自然のジャングルを生かした園内で、アジアやアフリカに生息する約120種、約1000頭の夜行性動物が飼育されている世界でも珍しい「夜の動物園」。トラムツアーや、4つのトレイルコースを歩いて回ることができる。動物たちの特技が披露されるプレゼンテーションも必見。

▶Map P.122-B1〜2

シンガポール全図 住80 Mandai Lake Rd. 電非公開 開19:15〜24:00（レストランは18:30〜23:00、ショップは18:30〜。最終入園23:15） 予入場時間枠が指定されており、ウェブで事前に要予約・チケット購入 休無休 料 交→P.34 URL www.mandai.com/en/night-safari.html

サファリの人気者

見事な牙をもつアジアゾウ

クリーチャーズ・オブ・ザ・ナイトを観賞
Creatures of the Night

夜行性動物の行動や生態をショー仕立てで紹介するプレゼンテーション。コツメカワウソやビントロング、フェネックギツネなどが登場。収容人数は約1000人、LEDウオールなど最新設備導入の全天候型劇場で毎晩開催。

開19:30、20:30、21:30 予開演2時間前から受付可能となる予約サイトで要予約 料無料（入場券に含まれる）

1 LED画面に映像や登場動物の紹介が流れる 2 フクロウが270度首回しを披露 3 手先が器用なアライグマが箱のふた開けに挑戦 4 インドタテガミヤマアラシ

ナイトサファリ探検モデルコース（4時間）

18:30
エントランス・プラザで夕食
↓
19:30
クリーチャーズ・オブ・ザ・ナイトを観賞
↓
20:15
トラムツアーに出発
↓
21:00
徒歩トレイル
↓
22:00
ナイトサファリ・ショップで買い物
↓
22:30
退園

飼育員による説明「キーパートーク」が各所で行われるのでチェックして

トラムで回る
Safari Tram Adventure

英語の音声ガイド付きのトラムで園内を1周（所要約40分）。ヒマラヤ山地の丘陵地帯から東南アジアのジャングルまで6つのエリアを巡って動物たちに会いに行こう。夜の暗がりで見る動物は迫力があり野性味いっぱい。

動物たちに次々と遭遇！

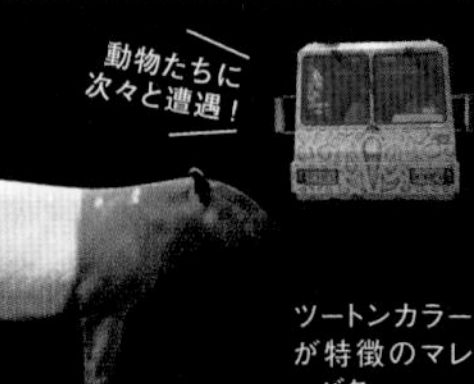

ツートンカラーが特徴のマレーバク

1 ライオンは徒歩コースでも見られる 2 絶滅危惧種のマレートラ 3 夜に活発なカバ

トレイルを歩く
Safari Trails

4つのトレイルがつながって、園内をぐるりと歩いて1周できるようになっている。動物たちを自分のペースでじっくり観察できるのが魅力。コース上には道標や日本語の動物説明ボードが設置されている。所要時間は短いコースで15～20分、長いコースで30～40分。

肉食の有袋類、タスマニアデビル（写真）や、ワラビーがいる。

©マンダイ・ワイルドライフ・グループ

●イースト・ロッジ・トレイル（所要約20分）

珍獣のボンゴ、ナマケグマなどの大型動物が見られる。

仮面のような顔のボンゴ

●レオパード・トレイル（所要約30～40分）

ヒョウやウンピョウなどネコ科の動物に出会える。ジャコウネコ、オオコウモリの放し飼いエリアも。

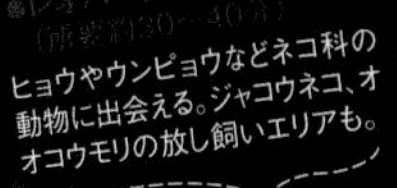

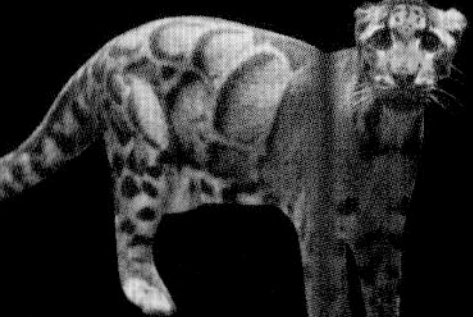

シマハイエナ（左）とウンピョウ（右）

●フィッシング・キャット・トレイル（所要約30分）

水辺や湿地に住む小型動物たちを間近に観察できる。

魚好きのスナドリネコ

FEEDING

体験プログラム
インドサイの餌やり
Indian Rhino Feeding

薄明かりの中で対面する巨大なインドサイは迫力満点。手から直接餌をやるのはドキドキの体験。サイは草や果物などを食べる。

開19:30～21:00 料$12
予事前にウェブからチケット要購入。

サイは食欲旺盛。シャクシャク音を立てて咀嚼する

GOURMET

探検前の腹ごしらえ
ウルウル・サファリ・レストラン
Ulu Ulu Safari Restaurant

エントランス・プラザには「ウルウル・サファリ・レストラン」がある。ローカル料理やアジア料理など多彩なメニューが楽しめる。

開18:00～23:00

インド料理のカレーセット（右上）

SHOPPING

探検後はおみやげ探し

オリジナルのアニマルグッズが豊富に揃うナイトサファリ・ショップは、帰りにチェックしたい。

1 マレーバク、ムササビのぬいぐるみ$15～ 2 Tシャツなどのウエアも揃う

リバーワンダーのエントランスプラザにはスターバックスとリバーワンダー・ショップがあり、休憩や買い物ができる。

元気いっぱいのカイカイ。
メスのジアジアはシャイで、屋内で過ごすことが多い

3 リバーワンダー River Wonders

シンガポール動物園とナイトサファリに挟まれた12ヘクタールの敷地に、世界の6つの大河を再現。周辺に生息する動物や淡水生物を観察できる。ジャイアントパンダ・フォレストとアマゾン浸水の森が目玉となる施設。ライド型アトラクションの「アマゾン・リバー・クエスト」も人気。

Map P.122-B1
シンガポール全図
住80 Mandai Lake Rd.
TEL非公開 開10:00〜19:00(最終入園18:00) 休無休 料
交→P.34 URL www.mandai.com/en/river-wonders.html

故郷は中国南部の山間、特技は木登りだよ!

ジャイアントパンダ・フォレストでパンダ&レッサーパンダとご対面
Giant Panda Forest

リバーサファリのトップスター、ジャイアントパンダ、オスのカイカイ(凱凱)とメスのジアジア(嘉嘉)がいる室内施設。ガラスなどの遮蔽物がなく、間近で笹を食べたり寝転んだりするパンダを観察できるのが魅力。同じ施設内にいるレッサーパンダもその愛くるしい仕草で注目の的。

開10:00〜18:15

自然な姿を撮影できるが、フラッシュの使用は控えよう

Check!!

パンダ尽くしのカフェ&ショップ

パンダにちなんだメニューの軽食カフェ「ママパンダ・キッチン」とキュートなパンダグッズのショップ「ハウス・オブ・カイカイ&ジアジア」がある。

開10:30〜18:30 Card A.J.M.V.

魔法瓶の水筒(各$29)

パンダ形蒸しまんじゅう

リバーワンダー攻略法

順路は世界の川を再現したエリアからジャイアントパンダ・フォレスト、橋を渡って「アマゾン浸水の森」へ。じっくり見たい場所(施設)に時間を費やそう。

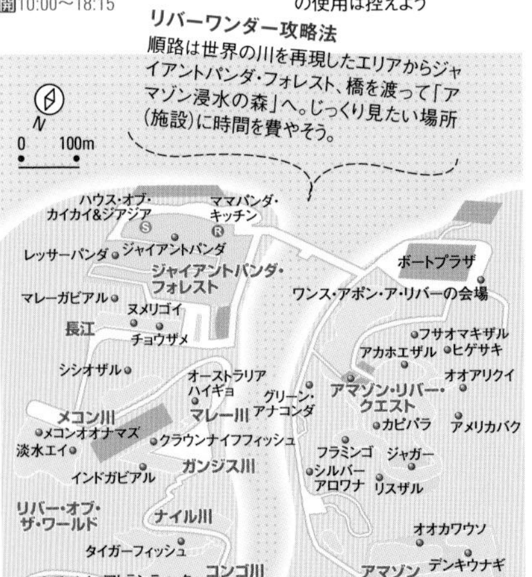

ワンス・アポン・ア・リバーで動物触れ合いタイム
Once Upon a River

水辺にすむ生き物の生態を紹介するプログラム。カピバラやビーバー、ペリカンへの餌やりや写真撮影もあり。

開11:30、14:30、16:30 予開演2時間前から受付可能となる予約サイトで要予約 料無料(入場券に含まれる)

1 ビーバーへ餌やり 2 カピバラと記念撮影

アマゾン・リバー・クエストで森の中をクルーズ
Amazon River Quest

アマゾン川流域の生態系を再現した森を、ボートで探検するアトラクション。所要約10分。

開11:00〜18:00
料$5 ※身長106cm以上の制限あり 予事前にウェブで要予約・チケット購入 ※ボートは15人乗りで数分おきにスタート

1 ジャガー 2 アメリカバク

アマゾン浸水の森で巨大淡水生物を観察

Amazon Flooded Forest

熱帯雨林が10m近く水没する、雨季のアマゾン川を再現した水槽の中をマナティーや、2mを超えるピラルクーなどの巨大淡水魚が悠々と泳ぐさまは、神秘的。

トンネル型の水槽からはオオカワウソの姿も！

人魚伝説のモデルといわれるマナティー

アマゾン川の水底が目の前に

休憩・食事ができる公共スペース

マンダイ・ワイルドライフ・ウエスト

Mandai Wildlife West

マンダイ・ワイルドライフ・リザーブの玄関口となる施設が2023年5月に誕生。ここ「マンダイ・ワイルドライフ・ウエスト」はバードパラダイス（→P.40）に直結しており、バスやタクシーなど交通の起点でもある。シンボルともいえる高さ10mの人工滝は絶好の写真スポット。屋外の子供の遊び場が複数あり、屋根付きの歩道沿いに並ぶ約10店のレストランやカフェは、オアシス的スポットに。早朝から開いている店もあるので朝食利用もOK。パーク巡りの合間にひと息入れるのにも最適だ。

▶Map P.122-B1
住 20 Mandai Lake Rd.
開 6:00～21:30（飲食店やショップは店によって異なる）休 無休
料 入場無料 交 →P.34アクセス
URL www.mandai.com/ja/homepage/mandai-wildlife-west.html

1 巨大な人工滝には洞窟のような場所もある 2 シンガポール在来種のセンザンコウをイメージした遊び場 3 コンビニの「チアーズ」も出店。店はレベル2、交通の乗り場はレベル1に 4 どの店も環境に配慮した店造りがなされていて、スターバックスもロッジ風のデザイン

おすすめカフェ

限定メニューが味わえる！

バーズ・オブ・パラダイス

Birds of Paradise

ナチュラルジェラートの有名店。市内各所にある店舗はテイクアウト専門だが、ここはカフェ形式で展開。この店にしかないサンデーやミルクシェイクが試せるのが魅力。サンドイッチもあり、お腹も満たせる。

▶Map P.122-B1
住 20 Mandai Lake Rd., #02-03
TEL 9825-0262
開 10:30～19:30（金～日曜9:00～）
休 無休 Card M.V. ※現金不可。
交 →P.34アクセス
URL birdsofparadise.sg

1 テイクアウトも可能 2 シンプルな店内 3 エッグマヨサンド（$10.8）とオレンジジュース 4 ストロベリーバジルとパンダンのジェラートにココナッツフレーク、ザクロをトッピングしたボタニックサンデー（$12）

各動物園では鳥や動物の特性や才能を自然な方法で見せるという意味合いから「ショー」ではなく「プレゼンテーション」と呼称。

4 バードパラダイス
Bird Paradise

2023年、マンダイ・ワイルドライフ・ウエスト（→P.39）に隣接する17ヘクタールの敷地にオープン。世界のさまざまな自然環境を再現した8つのウオークスルー型鳥園、ペンギンの飼育施設を含む10のゾーンで構成。400種以上、約3500羽の鳥が自然に近い姿で暮らす「楽園」で餌やりやプレゼンテーションも楽しもう。

Map P.122-B1 シンガポール全図
住20 Mandai Lake Rd. TEL 非公開
開9:00～18:00（最終入園17:00） 休 無休 料 交 →P.34
URL www.mandai.com/en/bird-paradise.html

クリムゾン・ウェットランド

華やかで絵画のような光景が広がる。滝を背景にフラミンゴが群れ、空にはカラフルなコンゴウインコが舞い、まさにパラダイス（写真上）。

おもなゾーンで出合える鳥たち

ハート・オブ・アフリカ

アフリカ大陸の森林渓谷をイメージした園内最大規模の鳥園。エボシドリやツキノワテリムクのほか、クラハシコウ（中央）やハシビロコウ（右）も。

ウイングス・オブ・アジア

棚田と熱帯植物がバリ島を彷彿させる鳥園。オシドリ、サギの仲間たちがのどかな光景に溶け込んでいる。

オーストラリアペリカン

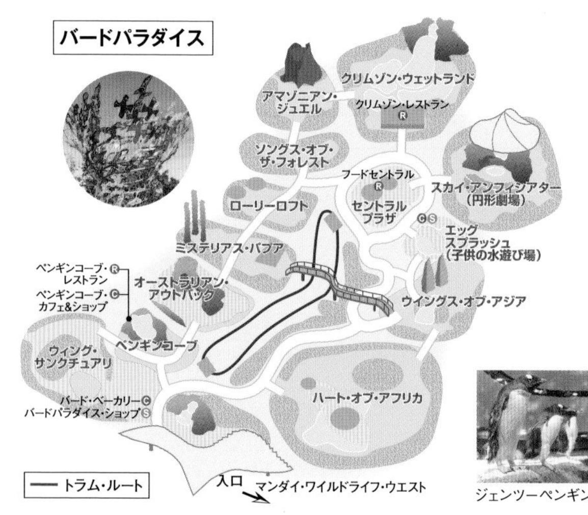

ローリーロフト

インドネシア領イリアンジャヤをイメージした森にカラフルなインコやオウムが飛び交う。餌やりタイムには手や肩に止まることも。

多くのインコが集う

ペンギンコーブ

陸と水中の両方でオウサマペンギン、ジェンツーペンギンなど4種類のペンギンを観察できる。レストランとカフェもある。

ジェンツーペンギン

スイスイ泳ぐ姿も

餌やり体験はマストトライ!

Feed the Animals

4つの鳥園(ゾーン)で行われており、なかでも迫力ある餌やり体験が、「ハート・オブ・アフリカ」のムクドリの餌やり。ミルワームの入った持ち手付きのカップを手にした瞬間に複数の鳥たちに囲まれ、テンションマックス!

開 ムクドリの餌やり:9:30、14:00
料 $8 予 ウェブで要予約・チケット購入

1 飼育員から餌をもらうクロコブサイチョウ 2 ヨウムはずっしりくる重さ 3 エボシドリ科の鳥には果実を 4 光沢のある羽色のツキノワテリムク

プレゼンテーションは2プログラム

Presentations

猛禽類が次々登場
プレデター・オン・ウイングス
Predators on Wings

ワシやタカ、ミミズクなどが登場し、美しい飛行や餌を捕獲する能力などを披露(約20分)。

開 10:30、14:30 料 無料

ハクトウワシ

1ハヤブサ科のカラカラ 2 2つのプレゼンテーションは円形劇場で開催

カラフルな鳥が舞う
ウイングス・オブ・ザ・ワールド
Wings of the World

インコの歌や鳴きまね、オオサイチョウの迫力ある飛行など、個性豊かな鳥たちがステージに集合し客席を沸かせる(約20分)。

開 12:30、17:00 料 無料

1 色鮮やかなコンゴウインコ 2キエリボウシインコのおしゃべりと歌 3 オオサイチョウが客席の上を飛行

スペシャルな食事やスイーツを楽しむ

Restaurant & Cafe

園内にはフードコートから本格的なレストランまでバラエティに富んだ飲食施設が揃う。用途に応じて利用したい。

絶景を見ながらゆったり過ごせる
クリムゾン・レストラン
Crimson Restaurant

クリムゾン・ウェットランドにある建物の階上にあり、色とりどりの鳥が羽を休める湿地帯の眺めがすばらしい。コース料理のほか、アフタヌーンティーも楽しめる。

開 11:00〜17:30 休 無休 Card A.D.J.M.V.

1 天井に並ぶフラミンゴの模型が印象的 2 ランチはコース料理(3コース$58)。数種類から選べる前菜やメインは3ヵ月ごとに変わる。写真手前は鴨胸肉のグリル 3 15:00以降提供のアフタヌーンティーセット。2人用のみで$58 4 フラミンゴパフとスイーツ

キュートなスイーツが人気
ペンギンコーブ・カフェ&ショップ
Penguin Cove Café and Shop

ペンギンコーブ内のカフェは、ペンギン形のクッキーや中華まんをはじめ、ケーキやサンドイッチなどの軽食を提供。涼しい店内でクールダウンしよう。

開 9:00〜17:30 休 無休 Card A.J.M.V.

1 ペンギンバオ(あんまん)$3.9
2 ペンギン形のショートブレッド$2.5
3 ローカル菓子を模したケーキ「オンデ・オンデ」$11.9

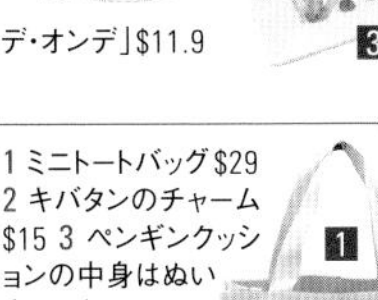

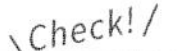

\Check!/

かわいいグッズがザクザク!
バードパラダイス・ショップ
Bird Paradise Shop

規模が大きく、鳥をテーマにしたファッション、雑貨、ぬいぐるみなど品揃え豊富。

開 9:00〜19:00
休 無休 Card A.J.M.V.

1 ミニトートバッグ$29 2 キバタンのチャーム$15 3 ペンギンクッションの中身はぬいぐるみ$39

TO DO ☑ LIST

08

Sentosa Island

朝から晩まで遊び尽くそう

究極のリゾート・アイランド セントーサ島へ！

セントーサ島の入島料は使用交通機関によって変わる（徒歩の場合は無料）。タクシーの場合は時間帯によって異なりS$2〜6。

セントーサ島はこうなっている \Check!/

島の北側を占めるリゾート・ワールド・セントーサ（RWS）をメインに、島全体にレジャー施設や野外アトラクションが点在している。

タイプ別おすすめアクティビティ

セントーサ初心者向け

- シー・アクアリウム P.44 >>> ❶
- ユニバーサル・スタジオ・シンガポール P.45 >>> ❹
- ウイングス・オブ・タイム P.47 >>> ⓫

子連れファミリー向け

- アドベンチャー・コーブ・ウオーターパーク P.44 >>> ❷
- ドルフィン・アイランド P.44 >>> ❸
- パラワン・ビーチ P.47 >>> ❾

アクティブ派向け

- シロソ・ビーチ P.46 >>> ❺
- スカイパーク・セントーサ・バイ・AJハケット P.46 >>> ❻
- メガ・アドベンチャー・パーク P.47 >>> ❽

島へのアクセスや島内の移動にケーブルカーが使えば眺めも楽しめる。写真左側はシロソ・ビーチ

リゾート・ワールド・セントーサ™

Resorts World™ Sentosa

Map P.139-D1〜2
セントーサ島主要部
住 8 Sentosa Gateway
TEL 6577-888
URL www.rwsentosa.com

シンガポール本土の南約600mに浮かぶセントーサ島北部にあるアジア最大級の統合型リゾート施設。49万m²の敷地に、ユニバーサル・スタジオをはじめ、プール、水族館などの海洋アミューズメント施設、カジノ、ホテルなどが大集結。

リゾート・ワールド・セントーサのホテル群

1・2 リゾート・ワールド・ステーション前の広場「ブル・リング」にはショップやレストランが並ぶ

島へのアクセス

セントーサ島の中にRWSというエリアがあるということを頭に入れて目的に合った交通手段を選ぼう。

■セントーサ・エクスプレス
セントーサ・ステーション（MRTハーバーフロント駅直結のビボ・シティ3階 Map P.139-D1）とセントーサ島のビーチ・ステーションを約8分で結ぶモノレール。途中駅はリゾート・ワールド・ステーション、インビア・ステーションのふたつ。
開7:00〜24:00 料入島料込みで$4（1日乗り放題）

■ケーブルカー（マウント・フェーバー・ライン）
マウント・フェーバーのフェーバー・ピークからハーバーフロント・タワー2を経由してセントーサ・ステーションを結ぶ。
開8:45〜22:00 料入島料込みで往復$33

■ボードウオーク
本島とセントーサ島を結ぶ全長約550mの遊歩道。所要約15分。開24時間 料無料

■タクシー
中心部から所要約15分。料金は入島料（→P.42欄外参照）込みで$15〜20。

島内アクセス

以下の4つの移動手段がある。島内の移動は無料のバスとビーチトラムが便利。

■セントーサ・バス
A、Bの2路線があり、15分間隔で全島を網羅。
開7:00〜翌0:10 料無料

■ビーチシャトル
南の海岸線を走り、シロソ、パラワン、タンジョンの3つのビーチを15〜25分間隔で運行。
開9:00〜22:00（土曜〜23:30）
料無料

■ケーブルカー
島内のマーライオン・ステーション、インビア・ルックアウト・ステーション、シロソ・ポイント・ステーションを結ぶ。
開8:45〜22:00 料往復$15

■セントーサ・エクスプレス
左欄参照。※島内の移動は無料

TO DO LIST 08

リゾート・ワールド・セントーサ™
Resorts World Sentosa

ユニバーサル・スタジオ・シンガポールにはアトラクションやショーに長時間並ぶことなく優先的に入場できる「ユニバーサル・エクスプレス」がある。

ハイライトとなる展示「オープン・オーシャン」の巨大水槽。マンタやエイ、サメが優雅に泳ぐ

円筒形の水槽に珊瑚礁を再現した「コーラル・ガーデン」

100匹以上のサメが泳ぐトンネル水槽

1 海底世界に癒やされる シー・アクアリウム™ *S.E.A. Aquarium™*

1000種を超える10万匹以上の海洋生物を展示する世界最大級の水族館。見どころは巨大なハタやマンタが悠然と泳ぐ幅36m、高さ8.3mの巨大水槽「オープン・オーシャン」。水族館の舞台裏訪問や海洋生物の謎解きといったプログラム（有料）もある。

Map P.139-D1

開10:00～17:00 休無休 料大人$44、4～12歳$33 Card A.D.J.M.V. ※現金不可 URL www.rwsentosa.com/en/attractions/sea-aquarium

2 大人も無邪気に楽しめる アドベンチャー・コーブ・ウオーターパーク™ *Adventure Cove Waterpark™*

全長620mの流れるプール、スリル満点の6種類のウオーター・スライダー、熱帯魚の泳ぐプールでスノーケリングなど、水と戯れるアトラクションが充実。

魚と泳げるよ！

Map P.139-D1

開10:00～17:00 休無休 料ワンデーパスポート大人$40、4～12歳$32 ※チケットは事前にウェブから要購入。Card A.D.J.M.V. URL www.rwsentosa.com/en/attractions/adventure-cove-waterpark

「アドベンチャー・リバー」の洞窟

波のプール「ブルウオーター・ベイ」

ジャングルや渓谷など14のエリアを通り抜ける流れるプール「アドベンチャー・リバー」

3 イルカと遊べる！ ドルフィン・アイランド™ *Dolphin Island™*

プールで一緒に泳いだりしながらイルカの生態を学びつつ、イルカと直接触れ合えるプログラムが用意されている。

Map P.139-D1

開10:00～17:00 休無休 料ドルフィン・ディスカバリー大人$140～、4～12歳$132～（アドベンチャー・コーブ・ウオーターパークの入場料込み）※チケットは事前にウェブから要予約・購入。 Card A.D.J.M.V. ※4歳以上、身長110cm以上の制限あり URL www.rwsentosa.com/en/attractions/dolphin-island

イルカとじかに触れ合える「ドルフィン・ディスカバリー」

FOOD

マレーシアン・フードストリート

土鍋で炊き込んだクレイポットチキンライス（$14）

ペナンやマラッカのローカルフードの店が並ぶ、気軽に立ち寄れるフードコート。

Map P.139-D1

開11:00～21:00（金・土・日曜9:00～22:00） 休水曜 Card A.J.M.V. ※現金不可

徒歩で1周約20分。たっぷり楽しむなら5時間、少なくとも3時間はみておきたい。

4 世界初のアトラクションも！ ユニバーサル・スタジオ・シンガポール™

Universal Studios Singapore™

ハリウッド映画やアニメをテーマにした6つのゾーンに12のアトラクションがあり、シンガポールオリジナルのものも。ここでしか体験できないアトラクションを楽しんで！

▶Map P.139-D2

開10:00〜19:00（日によって異なる） 休無休 料1日パス：大人$83、4〜12歳$62、ユニバーサル・エクスプレス（→P.44欄外）50〜 ※チケットは事前にウェブから要購入。 Card A.D.J.M.V. URL www.rwsentosa.com/en/attractions/universal-studios-singapore

サイ・ファイ・シティ

トランスフォーマー・ザ・ライド

Transformer The Ride™

3D映像で、映画『トランスフォーマー』をバーチャル体験。オートボットの車両に乗ってバトルの真っただ中へ！

スリル度 ★★★
混雑度 ★★★

ロスト・ワールド

ジュラシック・パーク・ラピッド・アドベンチャー

Jurassic Park Rapids Adventure

円形の乗り物で、恐竜が潜むジャングルを漂流。ラストは急降下して水濡れ必至。

スリル度 ★★
混雑度 ★★★

エリア入口で恐竜がお出迎え

遠い遠い国

シュレック 4-D アドベンチャー

Shrek 4-D Adventure

シュレックがフィオナ姫を救出するオリジナル4-Dムービー。映像とともに可動式座席で水しぶきや風も体感！

エンタメ度 ★★★
混雑度 ★★

古代エジプト

リベンジ・オブ・ザ・マミー

Revenge of the Mummy

暗闇の中をミイラの兵士や火の玉の攻撃をかいくぐり、猛スピードで駆け抜けるローラーコースター。

スリル度 ★★★
混雑度 ★★★

「古代エジプト」ゾーン（写真右）

FOOD

ユニークなダイニングやフードが盛りだくさん

「サイ・ファイ・シティ」にある宇宙船をテーマにした「スターボットカフェ」ではラーメンや寿司をサーブ。「遠い遠い国」のレストラン「ゴルディロックス」には「シュレック・ワッフル」がある。

シュレック・ワッフルは$10〜

スターボットカフェ

グッズの買い物はここで！ \Check!!/

ハリウッドゾーンの「ユニバーサル・スタジオ・ストア」には6つのゾーンすべてのキャラクターグッズが揃っている。

ユニバーサル・スタジオ・ストア

ミニオン・マートもある

セントーサ島のアクティビティ
Activitiy in Sentosa

最新アウトドア・アクティビティが勢揃い

自然のなかで遊ぶアトラクションは、おもに島南側のシロソ・ビーチとパラワン・ビーチ沿いに集まっている。エキサイティングなものから絶景ビューやショーまで盛りだくさん。

Map P.139-C1～C2、D2
セントーサ島主要部
URL www.sentosa.com.sg

シロソ・ビーチ沿いには、好みの香りをカスタムメイドできる香水ワークショップ施設「セントピア」もある。

ヤシの木が印象的。シロソ・ビーチは夕日もきれい

ビーチバーもある

カヤックも楽しいわよ！

5 リゾートムード漂う シロソ・ビーチ
Siloso Beach

波の穏やかな、水遊び向けの白砂のビーチ。週末は地元の若者たちでにぎわう。

Map P.139-C2
交セントーサ・エクスプレスのビーチ・ステーションから徒歩約5分（ビーチシャトルも利用可）

Check!!

食事もウオータースポーツも楽しめる オラ・ビーチクラブ *Ola Beach Club*

大規模なビーチクラブ。フードやドリンクを楽しんだあとは、施設内のビーチやプール、新感覚のウオータースポーツで思いっきり遊ぼう。

Map P.139-C2
住46 Siloso Beach Walk TEL8189-6601
開10:00～21:00（金曜～22:00、土曜9:00～22:00、日曜9:00～）
休無休 料ジェットブレード90分$190、カヤック$45 Card A.J.M.V. 交セントーサ・エクスプレスのビーチ・ステーションから徒歩約5分

1 マリンアクティビティが充実 2 水圧を利用して空中を舞うジェットブレード

6 圧倒的なスリルに熱狂！ スカイパーク・セントーサ・バイ・AJハケット
Skypark Sentosa by AJ Hackett

シロソ・ビーチに立つ地上50mのジャンプ台から、海に向かって飛び降りるバンジージャンプで究極のスリルと爽快感を体験。高さ40mを遊泳するジャイアント・スイングもある。

Map P.139-C2
住30 Siloso Beach Walk TEL6911-3070
開11:30～19:30 休無休 料バンジージャンプ$169 Card M.V. ※18歳未満は親の同意書が必要 交セントーサ・エクスプレスのビーチ・ステーションから徒歩約7分 URL www.skyparksentosa.com

ジャンプの落差は45m。初心者でももちろんOK

7 スカイダイビング体験 アイフライ・シンガポール
i Fly Singapore

高さ17mのガラス張りのトンネルの中に噴射される最大風速約150kmの突風に乗ってスカイダイビングを疑似体験。1時間の講習は必須。宙返りや急上昇などの技も修得できる。

鳥になった気分～！

90秒の空中遊泳体験

Map P.139-D2
住43 Siloso Beach Walk, #01-01 TEL6751-0000 開9:00～22:00（水曜11:00～）
休無休 料2ダイブ（45秒×2回）$119～ Card A.J.M.V. ※7歳以上の制限あり。18歳未満は親の同意書が必要 交セントーサ・エクスプレスのビーチ・ステーションから徒歩約3分
URL www.iflysingapore.com

ジャングルの上を滑り降りる「メガジップ」

8 絶景とスリルを同時に味わえる
メガ・アドベンチャー・パーク
Mega Adventure Park

緑に覆われた標高72mの丘、インビア・ルックアウトからシロソ・ビーチまでの約450mを、ワイヤーにつり下げられ時速50kmで滑り降りる「メガジップ」は、スリルと爽快度満点。

Map P.139-C1

住Imbiah Hill Rd. TEL3163-6352 開11:00～18:00 休無休 料$66 CardA.J.M.V. 交チケットカウンター:ビーチ・ステーションからビーチシャトルで約5分 URLsg.megaadventure.com

1 高所に張り巡らされたワイヤーを綱渡りのように歩く「メガクライム」もある 2 インストラクターはフレンドリー

ビーチとつり橋で結ばれた小島にアジア大陸最南端のモニュメントと展望台(写真下)がある

9 比較的静かでのんびりムード
パラワン・ビーチ *Palawan Beach*

2023年に「パラワン@セントーサ」と称する新たな遊びエリアが誕生。ファミリー・大人向けの各ビーチクラブからミニゴルフ、電動ゴーカートまで、ユニークなアトラクションやレストランが集合。

Map P.139-D2

交セントーサ・エクスプレスのビーチ・ステーションからビーチシャトルで約5分

\Check!!/
パラワン・ビーチの注目アトラクション

ハイドロダッシュ *HydroDash*

シンガポール初の水上アクアパーク。4つのゾーンに、ブリッジやハシゴ、トランポリン、スライダー、ブランコといったおよそ15のアトラクションを設置。

Map P.139-D2

開12:00～18:00(土・日曜、祝日10:00～) 休無休 料1時間$22 CardJ.M.V. ※6歳以上、身長110cm以上の制限あり 交パラワン・ビーチと同じ URLwww.thepalawansentosa.com/hydrodash

スイムベストを着用してコースにチャレンジ

ハイパードライブ *HyperDrive*

アジア初の屋内電動ゴーカートアリーナ。全長308m、スリリングなサーキットで、「ボーナス」や「武器」を集めながら対戦相手よりも早くゴールを目指そう。

Map P.139-D2

開12:30～21:00(土・日曜、祝日10:00～) 休無休 料シニアカート$45～ CardA.J.M.V. 交パラワン・ビーチと同じ URLwww.thepalawansentosa.com/hyperdrive

トラックは3レベル完備

10 島内いちの絶景を堪能
スカイヘリックス・セントーサ
SkyHelix Sentosa

シンガポールで最高高度の屋外パノラマライド。円盤状のゴンドラに乗ってゆっくり回転しながら上昇。空中に足をぶら下げる爽快感と海抜79mからのパノラマビューが楽しめる。

Map P.139-D2

住41 Imbiah Rd. TEL6361-0088 開10:00～21:00 休無休 料大人$20、4～12歳$17 CardA.J.M.V. 交セントーサ・エクスプレスのインビア・ステーションから徒歩約1分 URLwww.mountfaberleisure.com/attraction/skyhelix-sentosa

ゴンドラ中央にはガイド役のスタッフが搭乗

11 海上が舞台のナイトショー
ウイングス・オブ・タイム *Wings of Time*

水のスクリーン映像、3Dプロジェクションマッピング、レーザー光線、噴水などを組み合わせたスペクタクルショー。少年と少女が巨大な神秘の鳥とともに時空を超えた旅をするというストーリーが展開する(ショーは約20分)。

Map P.139-D2

開19:40、20:40 休無休 料$19～ CardA.J.M.V. 交セントーサ・エクスプレスのビーチ・ステーションから徒歩約3分 URLwww.sentosa.com.sg/en/things-to-do/attractions/wings-of-time

フィナーレは花火の連射で盛大に

TODO LIST 09 Raffles Singapore

ラッフルズ・ホテルは創業当初は客室10室の小さなホテルだった。その後、メインビルディングなどが増築されて現在の姿となった。

夢のような美しい空間へ

名門ラッフルズ・シンガポールで過ごす優雅なひととき

100年の時を超えて世界の旅人を魅了し続ける白亜のヘリテージホテル。
宿泊しなくてもできるすてきな体験をご紹介。

できること1 ロング・バーでシンガポール・スリングを味わう

シンガポール・スリング誕生物語

1915年、ロング・バーのバーテンダーで海南島出身の厳崇文(Ngiam Tong Boon)が最初に作ったのが始まり。ジンベースに、コアントロー、パイナップルジュース、グレナデンシロップなどを加え、淡いピンクの色合いと甘さが特徴。当時、人前でお酒を飲むことがはばかられていた女性のために「フルーツジュースに見えるカクテルを」と考案されたという説もある。

ロング・バー *Long Bar*

シンガポール・スリングは約100年前に、このバーで誕生した。1920年代のマレーシアのゴム農園をイメージした店内は、店名の由来となった木製のカウンターが特徴的。このバーの名物のひとつ、ピーナッツの殻は、食べたら床へ投げるのがマナー。ここはシンガポールで唯一「ポイ捨て」が許されている場所。

Map P.127-C1 住#02-01, 2F 電6412-1816
開11:00～22:30(木～土曜は～23:30) 休無休
服スマート・カジュアル Card A.D.J.M.V.

オリジナル・シンガポール・スリング($39)とおつまみのピーナッツ

シンガポール・スリングの考案者、厳氏が看板に

マハラジャスタイルのドアマン

一般客も入れる中庭を囲む回廊は写真スポットに

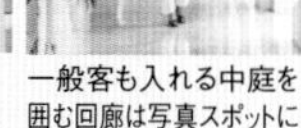

Map P.127-C1

シティ・ホール&マリーナ・エリア 住1 Beach Rd. TEL6337-1886
料$839～（＋税サ19%） CardA.D.J.M.V. 交MRTシティ・ホール駅、エスプラネード駅から徒歩約5分
URLwww.raffles.com/ja/singapore

ラッフルズ・シンガポール

Raffles Singapore

1887年、アルメニア人のサーキーズ兄弟が創業して以来、世界に名をはせてきた名門ホテル。宿泊者には王侯貴族や小説家サマセット・モーム、ジョセフ・コンラッド、チャーリー・チャップリンなどのVIPが名を連ね、彼らの名を冠したパーソナリティ・スイートもある。モームが「東洋の真珠」と賞賛した、英国植民地時代の雰囲気を色濃く残すコロニアル建築や歴史を感じさせる壮麗な調度品も魅力のひとつ。

客室棟は、全115室すべてがバトラー付きのスイート。部外者は一切立ち入れない完全なるプライベート空間だが、ダイニングやショップは宿泊客以外も利用することができる。

できること2 ティフィンルームでインドの美食とコロニアルムードに浸る

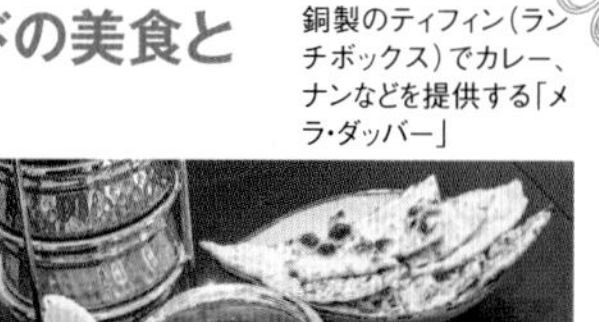

銅製のティフィン（ランチボックス）でカレー、ナンなどを提供する「メラ・ダッバー」

シェフのクルディープさん

ティフィンルーム *Tiffin Room*

ホテルの開業後まもない1892年に誕生したティフィンルームは、ラッフルズの歴史の一部といえる存在。2017年の改装時に修復が行われ、1900年代初頭の内装を復元するとともに、モダンなデザインを見事に調和させたエレガントな空間に。マハラジャの王室の伝統料理に着想を得た洗練の北インド料理が味わえる。好みのカレーをインドのランチボックス仕立てで供する「メラ・ダッバー」($98～)がおすすめ。ランチはビュッフェもある。

Map P.127-C1 住Grand Lobby TEL6412-1816
開12:00～L.O.13:30、18:30～L.O.21:00 休無休
服スマートカジュアル CardA.D.J.M.V. 予望ましい

できること3 ギフト・ショップでお買い物

ラッフルズ・ブティック

Raffles Boutique

ホテルのオリジナルグッズを扱うギフト・ショップ。ファッション雑貨、ステーショナリーから紅茶やチョコレート、カヤジャムなどのフードみやげまで揃い、クオリティも申し分ない。

Map P.127-C1

住328 North Bridge Rd., #01-26～30 Raffles Arcade TEL6412-1143 開10:00～20:00
休無休 CardA.D.J.M.V.

1 氷を入れるだけで完成のシンガポール・スリング・カクテル・パック（125mℓ瓶3本入り$70） 2 オリジナルマグカップ。左はホーロー製（$25）、右はドアマンの絵柄で陶製（$35） 3 麻のティータオル「バーズ・オブ・パラダイス」($26) 4 フレーバーティーのティーバッグや茶葉は種類豊富($34～) 5 ドアマンのキーホルダー($15)

朝いち散歩が気持ちいい！

都市と共存する世界遺産の森 ボタニック・ガーデン

オーチャードからタクシーでわずか10分。
熱帯植物の宝庫で過ごす朝の時間は格別だ。

毎月第1土曜日午前10時から所要約2時間の無料日本語ガイドツアーを催行（定員30名）。希望者は9時45分までにナッシム・ゲートのビジターセンター脇のカウンターまで

TODO LIST 10
Singapore Botanic Gardens

Why?

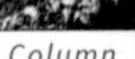

Column

世界遺産登録の経緯

この地で研究開発されたゴムの木の樹液の採取法が、自動車産業をはじめとするゴム産業に繁栄をもたらし、東南アジアの経済発展の礎を築いた功績が最大の理由。絶滅危惧植物の保護育成や、市民の憩いの場として親しまれてきた歴史も普遍的価値として認められた。

シンガポール・ボタニック・ガーデン

Singapore Botanic Gardens

1959年開園の国立植物園。東京ドーム15個分、74万平方メートルの広大な敷地内は、国が保護するヘリテージツリーや、植物園が長年力を尽くしてきたランの交配と繁殖の成果が見られるナショナル・オーキッド・ガーデンなど、貴重な熱帯植物の宝庫。建国50周年を迎えた2015年に世界遺産に登録された。

Map P.124-A1

シンガポール中心部 住1 Cluny Rd. Free 1800-471-7300 開5:00～24:00 休無休 料無料（園内のナショナル・オーキッド・ガーデンのみ有料） 交タングリン・ゲートはMRTネイピア駅から徒歩約3分（北側のブキ・ティマ・ゲートはボタニック・ガーデン駅から徒歩約1分） URL www.nparks.gov.sg/sbg

散策アドバイス Check!

タングリン・ゲートから入り、タクシースタンドのあるナッシム・ゲートに出るコースがおすすめ。ゲートそばのビジターサービス・カウンターで園内地図をもらって散策を始めよう。タングリン・ゲート～ナショナル・オーキッド・ガーデン間は約800m、ナッシム・ゲートまでは約1.6km。

おすすめ散策ルート　（所要約3時間）

1 5ドル紙幣の図案の木
Tembus

5ドル紙幣の図案となったシンガポールの固有種、テンブスの大木。開園以前の150年前からここにあったといわれているヘリテージツリー。

恋愛成就のお守り

2 幸せを招くサガの実
Saga

1～2月、7～8月頃に赤い小さな実をつけるマメ科の巨木。実を100粒集めると願いがかなうという言い伝えがある。

3 バンドスタンド
Band Stand

イエローレインツリーに囲まれた小高い丘は、1860年代に整地され、ここでバンド演奏が行われた。八角形のガゼボは1930年代に建造されたもの。

4 シンガポール国花のラン
Vanda Miss Joaquim

1893年に発見された、シンガポールに自生するラン。発見者の名前を取って「Vanda Miss Joaquim」と名づけられ、1981年に国花に制定された。

朝の散歩は最高です！

5 フランジパニ・ガーデン
Frangipani Garden

1年を通して白やピンクの花をつけ、香水の原料にもなる甘い香りを放つフランジパニ（プルメリア）の群落エリア。

6 熱帯雨林の森
Rain Forest

原生林が残る約6ヘクタールの熱帯雨林。高さ50m以上の高木からシダ類まで、森の植生を散策できる。

8 ジンジャー・ガーデン
Ginger Garden

熱帯に分布する1000種以上のショウガ目を栽培。ここでは色も形も香りもインパクトのある花々が観賞できる。

9 パーム・バレー
Palm Valley

野外ステージに続くなだらかな芝生の斜面に220種を超えるヤシの木が悠々と育つ、壮大なエリア。

7 ナショナル・オーキッド・ガーデン
National Orchid Garden

1000を超える原種と約2000の交配種のランが約6万株咲き誇る世界最大規模のラン園。園内には珍しいランや植物を展示するミストハウスや、高山に自生するランを集めたクールハウスなどがあり、美しいランの世界を堪能できる。

クールハウス内の山岳地帯のラン

Map P.124-A1

開8:30～19:00（最終入園18:00）休無休
料大人$15、学生・60歳以上$3、12歳未満無料
Card A.M.V.（$30以上の場合のみ使用可）

Check!!

園内の人気レストラン
ハリア The Halia

ジンジャー・ガーデンに隣接したレストラン。

Map P.124-A1

TEL 8444-1148
開12:00～15:00、17:00～20:30
休無休
Card A.J.M.V.

ショウガやハーブのドリンクもある

おみやげ探しに
ガーデン・ショップ
Gardens Shop

植物モチーフのセンスのいいステーショナリーやファッション小物、ハーブティーやジャムなどが揃う。

Map P.124-A1

TEL 6467-0380、6475-1155 開8:30～19:00 休無休 Card A.J.M.V.
※タングリン・ゲートとナッシム・ゲート付近に各1店

TODO LIST 11

街で探してみよう

シンガポールの プチ 植物図鑑

Plant Collection

200万本の街路樹が青々と茂り、歩道には熱帯の花々が咲く、常夏のグリーンシティで知っておきたい木や花はこれ!

シンガポール政府は1970年代初めから公園、車道、高速道路沿いなどに植樹を行い、今のような街の姿となった。

樹木 Trees

レインツリー
Rain Tree

空港から市街へのハイウエイの並木にも使われているシンガポールの街路樹の代表選手。雨を予知して葉をたたむことからこの名がつけられた。

イエローフレーム(コウエンボク) *Yellow Flame*

オーチャード・ロードなどで目にする黄色い花をつける木。マレーシア原産で樹高20m以上にもなり、樹皮はバティックの染料に使われる。

タビビトノキ
Travellers Palm

和名はオウギバショウ(扇芭蕉)。ホテルやS.C.のエントランスなどによく植えられており、ラッフルズ・シンガポールのロゴマークにもなっている。

ショウジョウヤシ
Sealing Wax Palm

華僑にとって赤は縁起のいい色。幹が赤いこのヤシも公園や住宅地に好んで植えられる。シンガポール・ボタニック・ガーデンのロゴマークにも使われている。

花 Flowers

プルメリア *Plumeria*

花種が多く、花色も豊富。西洋人の間では「フランジパニ」と呼ばれる。別名テンプル・フラワーともいい、お寺や墓地にも植えられる。

イロモドリノキ
Bauhinia Kockiana

マレーシア原産のツル性の灌木。黄色い花が受粉を終えるとオレンジに色づき、また黄色に戻るのが名前の由来。

ピーコック・フラワー
Peacock Flower

クジャクのような華麗な姿のこの花の和名は「大胡蝶」。赤みがかったオレンジ色の花をよく見かけるが、黄色もある。

スパイダー・リリー
Spider Lily

花びらの形から名前がつけられたと一目瞭然。歩道の植え込みでよく見かける、ヒガンバナ科の花。

イエロー・アラマンダ
Yellow Allamanda

原産は南米のギアナで、1年中花をつける、キョウチクトウ科のツル性低木。シンガポールの50セント硬貨に描かれている。

クレープ・ジンジャー
Crepe Ginger

白い花が甘い香りを放つクレープ・ジンジャー。シンガポールはショウガ目の植物の宝庫。

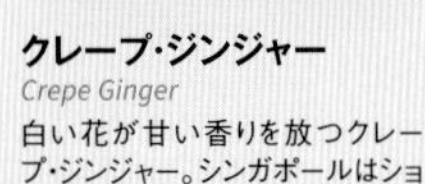

ブーゲンビリア
Bougainvillea

シンガポールの歩道橋の花といえばこれ。邸宅の庭先にもよく植えられている。鮮やかに色づいた花びらに見える部分は花を取り巻く葉。

ヘリコニア *Heliconia*

いかにもトロピカル・フラワーらしいヘリコニアもショウガ目に属する花で、さまざまな種類が見られる。

SINGAPORE GOURMET & SHOPPING

Hawker Centre, Fruit Desserts,
Afternoon tea, Natural Cosmetics,
Super Market & Local Food Souvenirs, etc.

シンガポール必食グルメ＆買い物ナビ

多民族国家シンガポールはおいしいモノも雑貨もコスメも多種多様。
目移りしそうなグルメ&おみやげ候補からおすすめを厳選。

うまいものは地元っ子に聞け！
ローカルグルメ必食10

美食はローカルフードにあり！
多彩な料理に食欲全開。外せない10品を名店とともにご紹介！

P.54〜59掲載店のほか、ローカル料理はホーカーズ（→P.72）やフードコート（→P.76）で食べられる。

1 中国系 チキンライス
Chicken Rice
鶏飯

鶏肉をゆで、そのだしがしみ込んだスープでご飯を炊き上げ、ゆで鶏と一緒に食べる。中国海南島出身者が考案したといわれ、正式名称は海南鶏飯（ハイナニーズ・チキンライス）。

3種のソースが名脇役

- ニンニクの効いたチリソースは店の秘伝。ご飯にもつけて食べるのが地元流
- カラメルで煮詰めたとろみと甘味のある黒醤油
- おろしショウガのさっぱりしたたれ

手前の白切鶏（チキン）は3〜4人前で$19。小サイズは$7からある。ご飯は$1

文東記の鶏肉はしっとり軟らかくて、鶏本来のおいしさが味わえます。

ゆで上がった鶏のさばき方も見事

チキンライス$6〜

究極のゆで鶏が味わえる
文東記 *Boon Tong Kee*

広東式のチキンライスで名をはせる「文東記」。契約農家から直送の鶏肉を用い、研究し尽くしたゆで加減で、つるりと滑らかな食感が生まれる。注文は白切鶏とご飯を別々に。白切鶏は3サイズあり、人数によってチョイス。

2フロアある。特にディナーは混むので予約を入れたほうがよい

▶Map P.123-C2

シンガポール全図 住399、401&403 Balestier Rd. TEL6254-3937 開月〜金曜11:00〜15:00（L.O.14:30）、17:00〜23:00（L.O.22:20）、土曜11:00〜23:00（L.O.22:20）、日曜11:00〜22:30（L.O.22:00） 休旧正月1日 Card A.M.V. 交中心部からタクシーで約15分

ホーカーズで食べるなら
天天海南雞飯（マックスウェル・フードセンター）
Tian Tian Hainanese Chicken Rice

食事時は長蛇の列ができる人気店。つやつや輝く鶏肉は、味もよくジューシー。鶏のだしがほどよくしみたご飯もふっくら。

▶Map P.130-B2

チャイナタウン&シェントン・ウェイ
住1 Kadayanallur St., #10-11 Maxwell Food Centre TEL9691-4852 開10:00〜19:30 休月曜、旧正月 Card不可 交MRTマックスウェル駅から徒歩約1分

向かって右の店で注文し、隣で受け取る。15:00〜17:00頃が比較的すいている

チリクラブは$120前後/1kg。写真左上の中国パンをオーダーし、ソースにつけて食べるのがおすすめ

チリソースには溶き卵を入れることが多い

カニは1杯まるごと使う

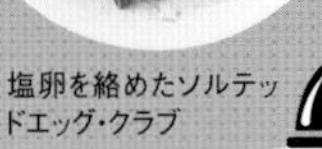

塩卵を絡めたソルテッドエッグ・クラブ

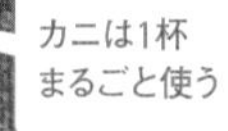

黒コショウで炒めたペッパークラブ

2 チリクラブ

中国系

Chilli Crab

辣椒螃蟹

辛くて甘い濃厚ソースを絡めたカニ料理。各店が工夫を凝らして進化を遂げ、今やシンガポール料理の代表格に。さまざまなハーブを調合して作るソースは、辛いだけでなくコクと深みがある。

ノーサインボードのチリクラブは深みのある辛さがクセになります。エビやマテ貝の料理もトライしてみて。

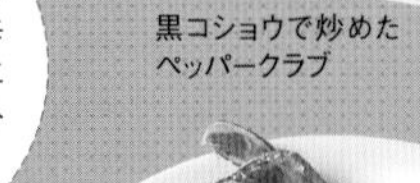

\Check!/

カニの種類は？

よく使われるのがマッドクラブの一種、スリランカクラブ。1kg単位の料金設定（調理代込み）になっており、季節で変動することも。注文の際に要確認。

これがスリランカクラブです。

手づかみで食べる

殻を割るハサミやカニフォークも貸してくれる。プリプリの身をソースに絡めて豪快にほおばろう。ウエットティッシュは有料なので注意。

シンガポール随一のグレービーソース

ノーサインボード・シーフード

無招牌海鮮 *No Signboad Seafood*

1

チリクラブのソースが絶品。カニのうま味をたっぷりと引き出し、辛さと甘さがうまい具合に調和している。店舗は複数あるが、秘伝の味はゲイラン本店で味わいたい。

▶Map P.123-C2

シンガポール全図 住414 Geylang Rd. TEL6842-3415 開11:00～23:00 休旧正月4日間 Card M.V. 交MRTアルジュニード駅から徒歩約10分

1 この店発祥のホワイトペッパークラブも人気。白コショウとニンニク、ネギとともに炒めてある 2 数々のスパイスやハーブを調合してソースを作る 3 屋内と屋外席のある広い店

レストランではサービス料10%+税金9%が会計に加算される。食堂は店により異なり、ホーカーズでは不要。

3

バクテー

Bak Kut Teh

肉骨茶

白コショウとニンニクの効いた豚肉のスープ。港湾労働者だった潮州系移民たちがスタミナをつけるために調理したのがルーツ。中国茶を飲みながらご飯と食べる。

ポークリブスープ(排骨肉骨茶、$8.8～)は食べ応えあり

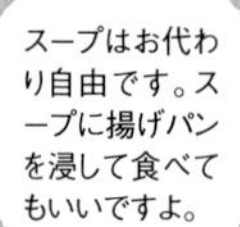

1 バクテーに欠かせない漬物(咸菜、$2.8) 2 ヒレ肉のスープ(腰肉片湯、$8.5)はあっさり 3 各テーブルにお茶セットが用意されている

正統派潮州式バクテー

ソンファ・バクテー 松發肉骨茶 *Song Fa Bak Kut Teh*

味の秘密は、新鮮な材料とスパイスの調合。豚肉は6～8時間煮込んでおり、骨からほろりと外れる軟らかさ。肉の部位は食べ応えのあるリブやさっぱりしたヒレがおすすめ。

▶Map P.126-B3

シティ・ホール&マリーナ・エリア
住17 New Bridge Rd., #01-01
TEL非公開 開11:00～21:45
休旧正月 Card M.V.
交MRTクラーク・キー駅から徒歩約3分

レトロな内装のレストラン形式の店。並びに食堂形式の同店もある

ペーパーチキン

Chicken in Paper Bag

脱骨紙包鶏

醤油、ゴマ油、紹興酒、砂糖などを合わせたたれでマリネした鶏モモ肉を、パラフィン紙に包んで揚げた料理。ヒルマン・レストランの人気料理、今やその名をとどろかせる名物に。

包み紙の中は甘辛だれがしみ込んだジューシーな鶏肉。5個$15、10個$30

ペーパーチキンのたれはご飯にかけるとおいしいよ。

1 油を回しかけながら、ゆっくりと火を通す 2 魚介、鶏肉、野菜と具だくさんの煮込み「八珍一品煲」($25～)

また食べたくなる味

ヒルマン・レストラン

喜臨門大飯店 *Hillman Restaurant*

中国広東省からの移民だった創業者が、この料理を考案したのが始まり。代名詞のペーパーチキンのほか、土鍋煮込みや豆腐料理などの広東料理の総菜も美味。

▶Map P.137-C1

ブギス&リトル・インディア 住135 Kitchener Rd. TEL6221-5073 開11:45～14:00、17:45～22:00(L.O.閉店15分前) 休旧正月4日間 Card A.J.M.V. 交MRTファーラー・パーク駅から徒歩約5分

店は2フロアある

中国系

5 フライド・ホッケン・ミー

Fried Hokkien Mee

炒福建麺

太麺をエビや豚肉から取ったコクのあるスープ状のだしで炒めた料理。海鮮のうま味が麺に絡む。

フライド・ホッケン・ミーの具はエビやイカなど($6.8)。ライムを搾りかけるとさっぱりとした味わいに

1 ゴーグルをかけて調理する姿がロゴマークに
2 まずカウンターで注文。調理の間、席で待とう

エビの深いうま味がたまらない

ナムシン・ホッケン・フライド・ミー

南星福建炒蝦面　*Nam Sing Hokkien Fried Mee*

1960年開業のフライド・ホッケン・ミーの専門屋台。黄色い卵麺に細いビーフンを合わせ、エビの濃厚なだしスープをしっかりと麺にしみ込ませてある。本店はオールドエアポート・ロード・フードセンター内。

アイオン・オーチャードB4階の「ホーカーズ・ストリート」内にある

▶Map P.133-C3　オーチャード・ロード(西部)

住2 Orchard Turn, #B4-66 ION Orchard, Hawkers' Street TELなし 開10:00〜21:30(L.O.21:00) 休無休 Card M.V. 交MRTオーチャード駅から徒歩約3分

ローカル系

6 ラクサ

Laksa

叻沙

クリーミーでスパイシーな麺料理。エビのスープにチリペースト、ココナッツミルクがマッチしたこってりスープで味わうのがご当地ラクサ。

麺とスープをなじませてお椀へ。

添えられたチリペーストをスープに溶かしながら食べる。1杯$5.5〜

カトンラクサを伝承する

ジャングット・ラクサ(オリジナル・カトン・ラクサ)

Janggut Laksa (The Original Katong Laksa)

1960年代の開業以来、プラナカンの家庭のレシピを忠実に守る店。スパイスとハーブが効いたココナッツミルクの濃厚スープとつるつる麺は、レンゲで食べるのが正解。

▶Map P.138-A3

カトン 住50 East Coast Rd., #01-64 Roxy Square TEL9622-1045 開10:30〜15:30(売り切れた時点で閉店) 休火・水曜 Card不可 交中心部からタクシーで約25分

ショッピングセンター1階のフードセンター内

中国系

7 プロウン・ミー

Prawn Mee

蝦麺

エビと豚肉で取った風味豊かなスープにエビをトッピングした贅沢な麺。スープと麺が別々のドライタイプがおすすめ。

スープタイプはエビのエキスと麺のハーモニーが楽しめる

チリソースをあえて食べるドライタイプ($6.5〜)。左上はエビのスープ

地元客でいつもいっぱい。熱狂的なファンは車で駆けつけるほど。

濃厚スープに大きなエビ

ビーチロード・プロウン・ミー・イーティングハウス

美芝律大蝦麺　*Beach Road Prawn Mee Eating House*

ここのスープはとても濃厚。新鮮なエビを贅沢に使って煮出した風味豊かなスープはあとを引くうまさだ。トッピングのエビも大振りでエビ好きにはたまらない。

▶Map P.123-C2

シンガポール全図 住370/372 East Coast Rd. TEL6345-7196 開8:00〜16:00 休火曜、旧正月 Card不可 交中心部からタクシーで約30分

ローカルなフードセンターにあり、屋外までテーブルが並ぶ

マレー料理とインドネシア料理はほぼ同じ。マレー料理を出すのは食堂形式の店、レストラン形式の店はインドネシア料理とうたっている。

インド系 8

フィッシュヘッド・カレー
Fish Head Curry

ご飯はお代わり自由です。

南インドからの移民の創作とされる豪快カレー。魚の頭がまるごと入っていて、タマリンドの酸味とチリが味の決め手。

1 さっぱりした白身魚が酸味の効いたカレーによく合う。小サイズ$28.8～ 2 南インド料理は海鮮のカレーが豊富

バナナの葉っぱがお皿代わり

バナナリーフ・アポロ
The Banana Leaf Apolo

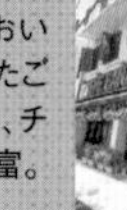

カレーの酸味と辛さが絶妙のバランスで、エンドレスのおいしさ。バナナの葉に盛られたご飯は食べ放題。エビやイカ、チキンなどのカレー料理も豊富。

▶Map P.136-B1

ブギス&リトル・インディア 住54 Race Course Rd. TEL6293-8682 開10:30～22:30 休無休 Card A.D.J.M.V. 交MRTリトル・インディア駅から徒歩約5分

1 がチキン、2 がマトン入り($7～)。ビーフやサーディン入りもある 3 薄く伸ばした生地に具を入れて折りたたむ

インド系 9

ムルタバ
Murtabak

小サイズでもボリューム満点。アイスミルクティーが合うよ!

鶏肉やマトン、タマネギ、卵を混ぜた具を、小麦粉の生地に包んで焼いたインド版パンケーキ。

南インドからの移民が開いた

ビクトリー・レストラン
Victory Restaurant

サルタン・モスク(→P.98)の西側にはムルタバの店が並んでいる。なかでもおすすめはこの店。大きな鉄板で手際よく焼く様子は名物シーン。

▶Map P.137-C2

ブギス&リトル・インディア 住701 North Bridge Rd. TEL6298-6955 開7:00～23:00 休ハリ・ラヤ・ハジ、ハリ・ラヤ・プアサの祝日 Card不可 交MRTブギス駅から徒歩約8分

マレー系 10

マレーライス
Malay Rice

マレー料理は辛いけどうまいよ。

マレー料理の総菜数種類をライスと一緒に盛りつけるワンプレートご飯。ガラスケースに並ぶ料理を指さしオーダーでOK。

1 カレーは数種類、チキンや魚、野菜料理など20種類ほど 2 料理4品チョイスで$9～。野菜料理は辛くなくマイルド

モスクの前の老舗

ミナン *Rumah Makan Minang*

味のよさと安さで人気の食堂。毎日20種類以上のおかずが店頭を彩る。2階にエアコンの効いた部屋があり、メニューも用意されている。

▶Map P.137-C2

ブギス&リトル・インディア 住18 & 18A Kandahar St. TEL6294-4805 開9:00～19:00 休ハリ・ラヤ・ハジ、ハリ・ラヤ・プアサの祝日 Card 不可 交MRTブギス駅から徒歩約10分

ホーカーや食堂だけじゃない！

ローカル料理がおいしいホテルレストラン

ゆっくりとローカル料理を味わいたいなら、ホテル内にあるローカル料理専門レストランを訪ねよう。値段は街なかのレストランより高めだが、洗練された味とサービス、何よりバラエティに富んだ料理が集結しているのが魅力。

海南チキンライスが名物

チャターボックス *Chatterboxs*

ヒルトン・シンガポール・オーチャード内の往年の名店。厳選素材と上品な味つけで、豪華版ローカル料理を供する。海南チキンライス（$25）が有名だが、ラクサや米麺を炒めたビーフホーファンなどの麺類もおいしい。

▶Map P.133-D3
オーチャード・ロード（西部）住333 Orchard Rd.,#05-03 Hilton Singapore Orchard TEL6831-6291 開月～木曜11:30～16:30（L.O.15:45）、17:30～22:30（L.O.21:45）、金～日曜、祝日前日11:30～16:30（L.O.16:00）、17:30～23:00（L.O.22:00） 休無休 CardA.D.J.M.V. 交MRTサマセット駅から徒歩約6分 URLchatterbox.com.sg

1 1971年の創業以来、看板スイーツとして人気のココナッツアイスクリーム 2 魚介や豚バラ肉など具だくさんのシーフード・ホッケン・ミー（$26） 3 ジューシーな骨なし肉厚チキンのセットはマストトライ

ノスタルジックな麺が漂う

ホワイトローズ・カフェ *White Rose Cafe*

オーチャード・ロード北側、ヨーク・ホテル1階のカフェレストランは、地元で定評のある隠れた名店。自然光にあふれる広々とした店内は、くつろぎの空間だ。人気は海南チキンライス（$22）とフライド・ホッケン・ミー（$20）。昔ながらのスイーツも揃っている。

▶Map P.133-D2
オーチャード・ロード（西部）
住21 Mount Elizabeth Rd., 1F York Hotel TEL6737-0511 開7:00～23:00 休無休 CardA.D.J.M.V. 交MRTオーチャード駅から徒歩約10分 URLwww.yorkhotel.com.sg/dining/white-rose-cafe

1 上品な味わいの海南チキンライス。ご飯もふっくら炊けている 2 アイス・カチャン$9 3 チリがほどよく効いたラクサ$20 4 広々とした店内で食事が楽しめる

\Check!!/

ミシュランビブグルマン獲得のホーカーグルメをチェック

$45以下という基準価格内で、価格以上の満足感が得られる店に与えられる称号が「ビブグルマン」。ホーカーズの屋台からも多数選出されている。行列必至の人気店はココ。

ヘンキー・カリーチキン・ビーフン・ミー 興記咖喱雞米粉麵
Heng Kee Curry Chicken Beehoon Mee

ココナッツミルクの効いたマイルドでコクのあるカレー麺（$6～）。家族の伝統レシピを受け継ぐ3代目が、手間を惜しまずに作るカレーは辛味とうま味が絶妙のバランス。ジャガイモやゆで鶏、油揚げやカマボコなどが入りボリューム満点。

▶Map P.130-B1 チャイナタウン&シェントン・ウェイ
住Blk. 531A, Upper Cross St., #01-58 Hong Lim Market and Food Centre TEL9278-0415 開10:00～15:30（売り切れた時点で閉店） 休日曜、祝日 Card不可 交MRTチャイナタウン駅から徒歩約5分

ヒル・ストリート・タイホワ・ポークヌードル
大華豬肉粿條麵 *Hill Street Tai Hwa Pork Noodles*

日本の油そばのようなバッチョー・ミー（$6～10）は、麺薄（ミーポッ）というコシのある平麺に、豚ひき肉やワンタン、肉団子などをのせ、黒酢やチリの効いた醤油だれをかけたあえ麺。並んでも味わう価値あり！

▶Map P.137-D2
ブギス&リトル・インディア
住Blk. 466 Crawford Lane #01-12 TEL9272-3920 開9:30～20:30 休第1・3月曜 CardM.V. 交MRTニコル・ハイウェイ駅から徒歩約10分

スノーアイスが有名な味香園（→P.61）は国内に店舗多数。

指さし注文で大丈夫です。

Ⓕ ピーナッツ・アイス・カチャン
Peanuts Ice Kachang

オリジナルのアイス・カチャンに砕いたピーナッツをかけ、香ばしさを演出。**$3～**

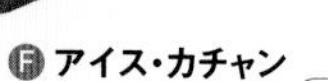

Ⓕ アイス・カチャン
Ice Kachang

シンガポールで最もポピュラーなアイスデザート。スイートコーンのトッピングが意外に合う。**$3～**

食べて楽しいアイス・カチャン

\Check!/

数種類のシロップと練乳をかけてあり、チョコやフルーツのトッピングなど店によってアレンジも。氷の中にもアズキやスイートコーン、ヤシの種やゼリーなどが詰まっていて、食べ進めるといろんな具を発見！

色鮮やかで心ときめく
南国スイーツ図鑑

ローカル系

Ⓕ カットフルーツ
Cut Fruit

季節のフルーツを手軽に楽しめるカップ入りのカットフルーツ。大きくカットして串刺しにしたものもある。**$4**

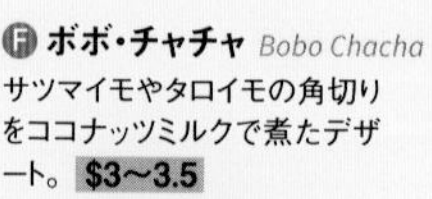

Ⓕ ボボ・チャチャ *Bobo Chacha*

サツマイモやタロイモの角切りをココナッツミルクで煮たデザート。**$3～3.5**

Ⓕ ロンガン・チンチャウ
Longan Chin-Chow

体の熱を取ってくれる仙草（漢方ハーブ）のゼリー。苦みはなくあと味さっぱり。**$3**

Ⓕ チェンドル *Chendol*

ブラウンシュガーとココナッツミルク味のかき氷がベース。アズキやパンダンリーフ風味の緑のゼリーとともに。**$3**

Ⓕ ハニーデュー・サゴ
Honeydew Sago

ベースはココナッツミルクで、ハニーデューメロンとタピオカ入り。ハニーデューメロンやロンガンは人気トッピング。**$2.5～3**

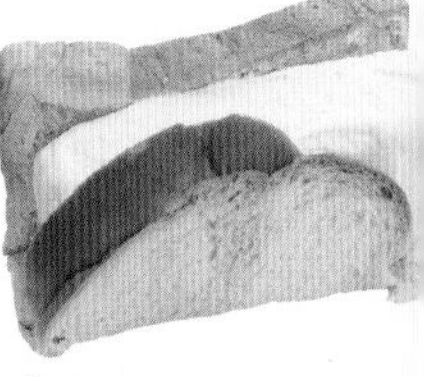

Ⓖ アイスクリーム・サンド
Icecream Sand

オーチャード・ロードに出る屋台の名物。マーブル食パンに好みのアイスクリームをサンドしただけだが、意外にいける。**$1.5**

Ⓓ ストロベリー・バジル&レモングラスジンジャー
Strawberry Basil & Lemongrass Ginger

ストロベリーとバジルをミックスした斬新なジェラート。レモングラスジンジャーはさっぱりさわやかな口あたり。タイムの葉をしのばせたコーン($1)は店で焼き上げる。シングル **$5.5**、ダブル **$9**

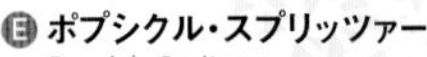

マンゴーシャーベット

Ⓗ サゴ・グラメラカ
Sago Gula Melaka

タピオカにココナッツミルク、ブラウンシュガーを組み合わせたスイーツ。**$7**

プラナカン系

台湾系スノーアイス

Ⓐ チョコレート・スノーアイス
Chocolate Snow Ice

濃厚チョコレートのスノーアイスはほどよい甘さで心も満足。**$8**

Ⓐ マンゴー&ストロベリー・スノーアイス
Mango & Strawberry Snow Ice

スノーアイスは、雪のようなふわふわした口どけの新食感かき氷。マンゴーとストロベリーのソースがけが人気。**$9**

Ⓔ ポプシクル・スプリッツァー
Popsicle Spritzers

フルーツがまるごと入ったアイスキャンディをフルーツジュースの中に投入した、暑い日にぴったりの一品。**$8.5**

チェンドルがスノーアイスに!

常夏のシンガポールでは、かき氷の種類が豊富。漢方を取り入れた美容によいスイーツも見逃せない!

Ⓒ ヤム・ペースト
Yam Paste
芋頭露

オリジナルは中国の潮州。ヤムイモのねっとりとした食感と優しい甘さの素朴なスイーツ。**$4.6**

中国ヘルシー系

Ⓐ クルミ汁粉
Walnut Paste 生磨核桃糊

香りがよい滑らかなペースト状のほっこりスイーツ。クルミは滋養強壮やアンチエイジングによい。**$4.5**

Ⓑ ジンジャーミルクプリン
Ginger Milk Pudding
薑汁撞奶

ショウガの搾り汁に温めたミルクを注いで凝固させるふるふる食感のプリン。**$5.3**

Ⓑ マンゴーポメロ・サゴ
Mango with Pomelo Sago
楊枝甘露

香港で人気。マンゴーの果汁の中に果肉とポメロ、タピオカ入りでさわやか。**$6.7**

Ⓐ 白玉団子入り糖水
Gultinous Rice Ball in Ginger Soup
湯圓

ショウガが効いた甘いスープの中に、黒ゴマとピーナッツあんの団子が入っている。**$4.2**

Shop List

Ⓐ 味香園 *Mei Heong Yuen*
▶Map P.130-B1 チャイナタウン&シェントン・ウェイ

住63-67 Temple St. TEL6221-1156 開12:00～21:30 休月曜(月曜が祝日の場合は翌日)、旧正月3日間 Card不可 交MRTチャイナタウン駅から徒歩約3分

Ⓑ 金玉満堂甜品
Jin Yu Man Tang Dessert
▶Map P.130-B2 チャイナタウン&シェントン・ウェイ

住291 South Bridge Rd. TEL8028-6618 開11:30～22:30 休旧正月 CardA.M.V. 交MRTマックスウェル駅から徒歩約1分

Ⓒ ティエンワン 甜旺 *Tian Wang*
▶Map P.130-A2 チャイナタウン&シェントン・ウェイ

住50 Keong Saik Rd. TEL9680-1628 開17:00～翌2:00(土・日曜15:00～) 休旧正月 Card不可 交MRTアウトラム・パーク駅から徒歩約6分

Ⓓ バーズ・オブ・パラダイス
Birds of Paradise
▶Map P.137-C3 ブギス&リトル・インディア

住263 Beach Rd. TEL9820-5763 開12:00～22:00 休無休 CardA.J.M.V.※現金不可 交MRTブギス駅、ニコル・ハイウエイ駅から徒歩約10分。※店舗多数 URLbirdsofparadise.sg

Ⓔ モモラート *Momolato*
▶Map P.137-C3 ブギス&リトル・インディア

住34 Haji Lane TEL8883-7968 開14:00～23:00(金・土曜12:00～翌2:00) 休無休 CardM.V. 交MRTブギス駅から徒歩約10分 URLmomolato.com

Ⓕ ホーカーズ(→P.72)で
Ⓖ オーチャード・ロードの屋台で
Ⓗ プラナカン料理店で

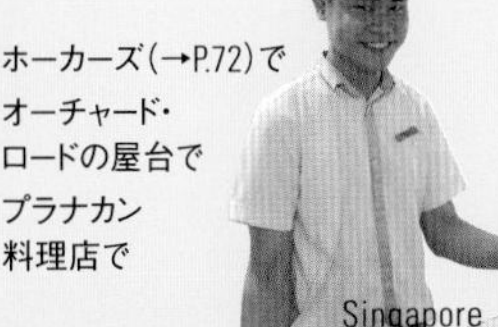

ニョニャ・クエは多数の店舗をもつ菓子店「ブンガワン・ソロ」（↓P・83）で買える。空港にも店舗あり。

昔ながらのお菓子&パン

Ⓐ カスタードパフ
Custard Puff

優しい卵味のカスタードが入った素朴なシュークリーム。**$0.8**

Ⓑ パンダンカヤ・ロール
Pandan Kaya Roll

「ピュアパンダン」のロールケーキは着色料不使用、新鮮なパンダンリーフの搾り汁を使用した風味のよいケーキ。カヤ風味のクリーム入り。**$8.8**

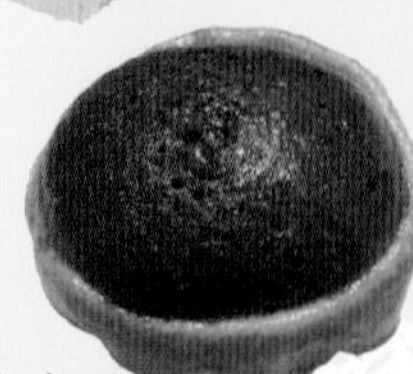

Ⓐ パンダンシフォンケーキ
Pandan Chiffon Cake

長く愛されているおやつケーキ。パンダンリーフの香り漂う軽くてふわふわの食感が魅力。**$1**

Ⓐ ピーナッツ・クリームケーキ
Peanut Cream Cake

おもにマーガリンを使った甘いクリームがノスタルジーをかき立てる。砕いたピーナッツのクランブルが香ばしく甘いケーキとよく合う。**$1.5**

Ⓗ カヤ・ケーキ
Cake With Kaya

パイ生地のなかにスポンジケーキとたっぷりのカヤジャム入り。パンダンリーフを使ったカヤジャムの風味が濃厚。**$3.6**

Ⓐ レインボースプリンクル・ケーキ
Rainbow Sprinkle Cake

ふんわりとしたスポンジ生地のクリームケーキ。スプリンクルのザクザクした食感とソフトなケーキのコントラストが楽しい。**$1.5**

Ⓗ 蛋黄豆蓉酥餅
Green Bean Pastry with Yolk

緑豆と卵黄入りの中国菓子。アズキやハスあん入りもある。**$2.9**

Ⓘ クリームホーン
Cream Horn

パイ生地を円錐形に巻いて焼き、なかに滑らかなクリームを詰めた昔ながらの菓子パン。**$2.2**

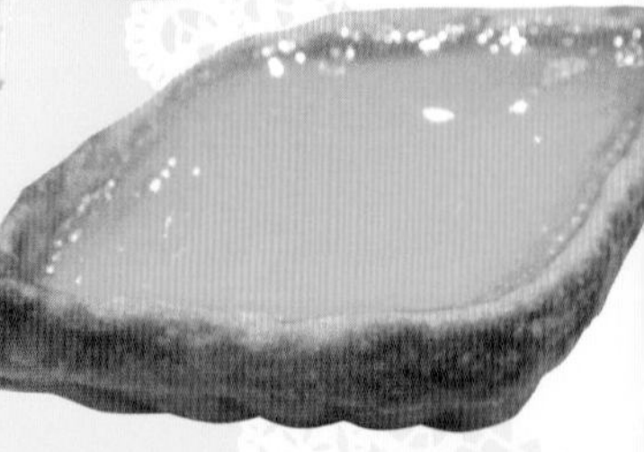

Ⓗ エッグタルト *Egg Tart*

珍しいひし形のエッグタルト。サクサクのパイ生地とコクのある卵の相性がぴったり。**$2.4**

ニョニャ・クエ

ニョニャ・クエとは \Check!/

クエ（kueh）とはマレー語で菓子のこと。シンガポールやマレーシア特有のプラナカン菓子をいう。もち米、タピオカ、スイートポテトや豆類をベースにココナッツや黒砂糖で味つけをしたものが多い。鮮やかな色は植物由来の天然色素で色づけする。ひとつ$1くらいから。

クエ・ラピス
Kueh Lapis

シナモン、ナツメグ、クローブなどが入った、スパイシーなバウムクーヘン風焼き菓子

クエ・ダダ *Kueh Dada*

パンダンリーフで色づけしたクレープに黒砂糖風味のココナッツフレーク入り

アンクー・クエ *Angku Kueh*

カメの甲羅をかたどった赤ちゃんの誕生1ヵ月のお祝いに配る、緑豆あん入り餅

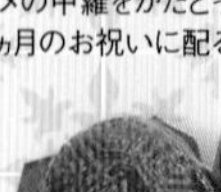

ラピス・サグ *Lapis Sagu*

カラフルな餅を重ねたういろう風のお菓子。もっちりした食感と甘いココナッツ味がクセになる

オンデ・オンデ *Onde Onde*

ココナッツ・フレークをまぶしたもち米団子から黒蜜砂糖がとろ〜り。いちばん人気の菓子

トレンド系スイーツ

Ⓙ レモンタルト *Lemon Tart*
酸味と甘味が絶妙なバランスのレモンカスタードとバター風味のタルト生地がベストコンビ。**$8.1**

Ⓒ ヌテラ・レッドベルベット *Nutella Red Velvet*
ココア風味のスポンジ生地にクリームチーズフロスティングをトッピングしたカップケーキ。**$4.5**

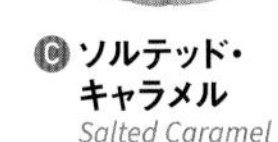

Ⓒ ソルテッド・キャラメル *Salted Caramel*
塩味が甘さを引き立てる塩キャラメル風味が人気のカップケーキ。たっぷりのクリームも軽めに作られていて見た目よりライト。**$4.5**

Ⓙ エキゾチック・チーズケーキ *Exotic Cheese Cake*
パッションフルーツのさわやかな酸味がアクセントのココナッツ風味のチーズケーキ。**$9**

Ⓓ アサイーボウル *Acai Bowl*
上がクラシック・アサイーボウル。オーガニックのアサイースムージーにチアシードやフルーツがたっぷり。**$8.9〜**

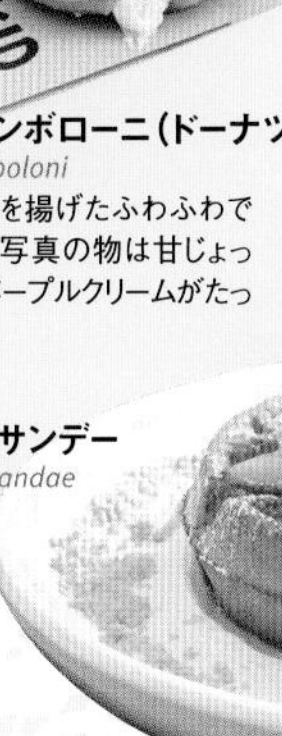

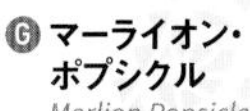

Ⓕ サワードウ・ボンボローニ(ドーナツ) *Sourdough Bomboloni*
サワードウ種の生地を揚げたふわふわでもっちりのドーナツ。写真の物は甘じょっぱい濃厚シーソルトメープルクリームがたっぷり。**$5.5**

Ⓖ マーライオン・ポプシクル *Merlion Popsicle*
思わず写真を撮りたくなる、マーライオン形のアイスキャンディ。写真の物はストロベリー味。**$8.9〜**

Ⓔ 抹茶&ストロベリーサンデー *Matcha & Strawberry Sandae*
カフェ「ポピュラス」の看板スイーツ。焼きたてワッフルの上に、自家製の抹茶ソフトクリームを豪快に盛りつけたビジュアル映え間違いなしの一品。**$16**

Shop List

Ⓐ ラブ・コンフェクショナリー 愛的西菓店 *Love Confectionery*
▶Map P.122-B3 シンガポール全図
住Blk.122 Bukit Merah Lane 1, #01-60
TEL6278-2385 開12:00〜18:00(日曜11:30〜15:00)
休旧正月 Card不可 交オーチャード・ブルバード沿いのバス停から14番のバスで約30分

Ⓑ ピュアパンダン *Pure Pandan*
▶Map P.130-B2 チャイナタウン&シェントン・ウェイ
住264 South Bridge Rd. TEL6588-5788 開9:00〜16:00 休日曜、旧正月 Card不可 交MRTマックスウェル駅から徒歩約3分

Ⓒ フラフ・ベーカリー *Fluff Bakery*
▶Map P.137-C2 ブギス&リトル・インディア
住795 North Bridge Rd. TEL9144-7729 開11:30〜19:00(日曜11:00〜18:00) 休無休 CardA.M.V.
交MRTブギス駅から徒歩約8分
URLwww.fluffbakery.sg

Ⓓ ホーコン *Håakon*
▶Map P.134-A2 オーチャード・ロード(東部)
住313 Orchard Rd., #B2-14 313@Somerset
TELなし 開10:00〜21:30 休無休 CardA.J.M.V.
※現金不可 交MRTサマセット駅から徒歩約1分

Ⓔ ポピュラス *The Populus*
▶Map P.130-A3 チャイナタウン&シェントン・ウェイ
住146 Neil Rd. TEL6635-8420 開9:00〜18:30(金・土曜〜21:30) 休旧正月2日間 CardA.M.V.
交MRTアウトラム・パーク駅から徒歩約5分
URLthepopulus.cafe

Ⓕ ファット・キッド・ベーカリー *The Fat Kid Bakery*
▶Map P.131-C2 チャイナタウン&シェントン・ウェイ
住39 Amoy St. TEL8836-4833 開9:00〜17:00(金曜〜18:30、土曜10:30〜16:00) 休日曜 CardM.V.
交MRTテロック・アヤ駅から徒歩約4分
URLthefatkidbakery.com

Ⓖ ビストロ・アセアナ *Bistro Aseana*
▶Map P.128-A2 マリーナ・ベイ周辺
住1 Fullerton Rd., #01-11 One Fullerton
TEL6493-0328 開9:00〜22:00 休無休 CardA.M.V.
交MRTラッフルズ・プレイス駅から徒歩約10分

Ⓗ 東興 ▶P.103

Ⓘ チン・ミー・チン・コンフェクショナリー ▶P.27

Ⓙ チョンバル・ベーカリー ▶P.86

週末や休日前日のディナーは予約が取りにくいので、早めの予約を。

French

教会を改装したドラマチックなレストラン
クロディーヌ
Claudine

教会の趣を残す広い店内は、天井を蛇行するアートのような照明が印象的。ここはフランスの家庭料理から着想を得たクラシックな料理を供するブラッスリー。厳選素材を用い調理はシンプルに。コース料理はなく、シェアリングメニューが多いのも特徴だ。シェフ自慢の魚介だしがたっぷりのブイヤベース（2〜3人用$198）をぜひ。

▶Map P.122-B2

シンガポール全図 住39C Harding Rd. TEL8031-9935 開11:45〜14:00（土・日曜11:30〜15:00）、18:00〜22:00 休無休 CardA.M.V. 予要予約 服スマートカジュアル 交中心部からタクシーで約15分 URLwww.claudinerestaurant.com

1 2 バーカウンターの上部には教会時代のステンドグラスが輝く 3 シェフのジュリアン・メルシエさん 4 スペイン産の大エビ、北海道産のホタテなど厳選の魚介を用いたブイヤベース 5 デザートのクリーム入りシューパフのチョコソースがけ（2人前$32）

1 エレガントな空気に包まれた店内。席数は約100 2 スウェーデン料理の前菜、ララカ（$36）はカリカリに揚げたポテトに魚卵や生クリーム、オニオンなどをのせて食べる 3 デザートのウォームチョコレートタルト（$28） 4 トースト・アストリアは揚げ焼きパンの上にエビやタラバガニなどを重ねた伝統料理（$32）

Swedish Cuisine

古き時代へタイムトリップ
ブラッスリー・アストリア・シンガポール
Brasserie Astoria Singapore

ストックホルムの歴史的映画館にある本店のコンセプトを受け継ぎ、1862年代建造のビクトリア・シアター＆コンサートホール内に出店。クラシカルで重厚な趣ある館内で供されるのは、ひねりを効かせたスウェーデン料理やヨーロッパ料理。シアターをイメージした音楽が流れる空間で優雅なひとときを。

▶Map P.126-B3

シティ・ホール＆マリーナ・エリア 住11 Empress Place. TEL9619-1567 開12:00〜14:30、18:00〜22:00（金・土曜〜22:30） 休無休 CardA.D.J.M.V. 予望ましい 交MRTラッフルズ・プレイス駅から徒歩約7分 URLwww.brasserieastoria.sg

1 アーチを描く屋根が特徴 2 大きな窓の外にダイナミックな夜景が広がる 3 隣接するバーのみの利用も可能 4 手前は熊本黒毛和牛のステーキ、後方は北海道産ウニのリゾット

絶景を思いのままに楽しめる

ヴュー *VUE*

マリーナ・ベイに面したオフィスビルの最上階(19階)にある「ヴュー」は、最も象徴的なマリーナの景色が見渡せる特等席。高級食材を用いて創作を凝らした料理は東洋と西洋の味を巧みに融合。メニューはコース仕立てで、ランチは2コース$68～、ディナーは$388～。自慢の備長炭グリルをワインとともに楽しみたい。

▶Map P.128-A2

マリーナ・ベイ周辺 住50 Collyer Quay, Level 19 OUE Bayfront TEL8879-0923
開12:00～L.O.14:00、17:30～24:00(L.O.22:15) 休土・日曜と祝日のランチ
CardA.J.M.V. 予望ましい 服スマートカジュアル 交MRTラッフルズ・プレイス駅から徒歩約5分 URLwww.vue.com.sg/home-page

世界の料理が集まる国際都市シンガポールでちょっと奮発。忘れがたい至福のひとときを。

ダイニング

1 平日も混み合うので予約はマスト 2 プラナカンタイルが壁面を彩る 3 南国果実やスパイスを多用したカクテル 4 カップに甘辛い具材を詰めたクエ・パイティ($19) 5 手前が看板メニューのドライラクサ($29)

Singaporean Cuisine

プラナカンの装飾と料理に心躍る

ナショナル・キッチン・バイ・バイオレット・ウン

National Kitchen by Violet Oon

プラナカンタイルとレトロな装飾品、エレガントなシャンデリアが華麗な世界を演出。この店はシンガポール料理界の大御所、バイオレット・ウンさんのレシピでプラナカン料理とモダンなシンガポール料理を提供。多様な食文化が交錯し生まれたシンガポール料理を堪能できる。

▶Map P.126-B2

シティ・ホール&マリーナ・エリア 住1 St. Andrew's Rd., #02-01 National Gallery Singapore
TEL9834-9935 開12:00～15:00(L.O.14:30)、18:00～22:30(L.O.21:30) 休無休
CardA.M.V. 予要予約 交MRTシティ・ホール駅から徒歩約7分
URLvioletoon.com/national-kitchen-by-violet-oon-national-gallery-singapore

「バシャコーヒー」はデカフェの種類も豊富。

世界中のコーヒー豆を厳選

バシャコーヒー

Bacha Coffee

モロッコ・マラケシュの「ダール・エル・バシャ宮殿」には、コーヒーを囲んで文化人や政治家が集う社交場があった。そんな文化に着想を得て誕生したコーヒーブランド&カフェ。豊かなコーヒーの香りと絢爛豪華なインテリアが異国へと誘う。

▶Map P.128-B2

マリーナ・ベイ周辺 住2 Bayfront Ave., B2-13/14 The Shoppes at Marina Bay Sands TEL6954-1910 開10:00～22:00（金・土曜、祝日前日～23:00） 休無休 CardA.J.M.V. 交MRTベイフロント駅から徒歩約5分 URLbachacoffee.com/jp/en

1 ケーキも種類豊富 2 カヤなどのフィリング入りクロワッサン（各$3.5） 3 アラビカ100%のコーヒーが200種類以上揃う 4市松模様の床が異国感を演出

どんなブレイクがお好み？
シンガポール個性派カフェ案内

カフェはシンガポールの流行発信地。
わざわざ出かけてでも満喫したい
スペシャルなカフェをご紹介。

アフリカをコンセプトにしたカフェ

カフェ・ウトゥ *Kafe Utu*

異国に旅した気分

アフリカにルーツをもつオーナーの家庭に伝わるレシピで作る、進化系アフリカ料理が話題。チョコレートの甘さとカイエンペッパーの辛さが口の中で一緒に広がるCacao Kaliなどオリジナルドリンクも種類豊富。

▶Map P.130-A2

チャイナタウン&シェントン・ウェイ 住12 Jiak Chuan Rd. TEL6996-3937 開10:00～16:00（土・日曜9:00～）、18:00～22:30 休月曜、12/25、旧正月 CardA.M.V. 交MRTマックスウェル駅から徒歩約3分 URLkafeutu.com

アフリカ人女性の写真と8mの木の長椅子が印象的

1ピーナッツバター風味のソルティなドリンクBidibado（$8） 2 Cacao Kali（$10） 3 3階のソファ席 4 スクランブルエッグとラム肉をチャパティで巻いて食べるUgandan Rolex（$19） 5 バターミルク・フライドチキン（$20）

モダンコロニアル調のおしゃれカフェ

シンガポールコーヒー

Singapore Coffee

ラッフルズ・シンガポール（→P.48）のアーケードにあるカフェ。シングルオリジン、水出しコーヒーからコピ（ローカルコーヒー）をアレンジした創作メニューまで、ユニークなコーヒーの世界を旅しよう。厳選のコーヒー豆を自社で焙煎・ブレンドすることから、コピもほかとはひと味違うプレミアムな味わいに。

▶Map P.127-C1

シティ・ホール＆マリーナ・エリア
住328 North Bridge Rd., #01-13 Raffles Singapore Arcade 囲8878-7093 開9:00～18:00（L.O.17:30） 休無休 CardA.D.J.M.V. 交MRTシティ・ホール駅、エスプラネード駅から徒歩約5分 URLwww.singaporecoffee.sg

1 10:00以降提供のハム＆エッグクロワッサン 2 ユズマンゴーチーズケーキ（$18） 3 スイーツのようなコピ・シェイク（$14） 4 手前右のケーキはパンダンカヤ・シグネチャーロール

森林浴気分でリラックス

ピーエス・カフェ *PS.Cafe*

シンガポールを代表するおしゃれカフェ。数ある店舗のなかでもおすすめは、緑に包まれた丘の上に建つハーディング・ロード店。英国軍兵舎をリノベーションしたカフェ＆ダイニングで、西洋料理にアジアンテイストを加えたフュージョン料理が味わえる。木立を吹き抜ける風や木漏れ日が心地よいテラス席が人気。

▶Map P.122-B2

シンガポール全図 住28B Harding Rd. 囲6708-9288 開8:00～22:30（金・土曜、祝日前日～23:00） 休無休 CardJ.M.V. 交中心部からタクシーで10～20分 URLwww.pscafe.com

1 スパイシーなキングプロウン・アーリオ・オーリオ（$30）はランチにおすすめ 2 チーズフレークをかけたトリュフ風味のポテトフライ（$18） 3 食べ応えのあるケーキ（$13～）が人気 4 森林浴気分になれるガラス張りの店内 5 看板メニューのダブルチョコレート・ブラックアウト（$18）

Tea Break!

Afternoon tea or High tea?

好みのスタイルで楽しむ
優雅な午後のお茶時間

イギリス統治時代に根づいた正統派アフタヌーンティー、
ビュッフェ形式のハイティー、アジアの多様な食文化を映し出すティーセットetc.
多民族の国シンガポールならではの午後のひとときをどうぞ。

シンガポール式アフタヌーンティー

好みのケーキ、スコーン、フィンガーサンドイッチ、2種類のお茶が付く「Parisian」

香り高いお茶の香りに気分華やぐ

TWGティー・オン・ザ・ベイ・アット・マリーナベイ・サンズ

TWG Tea on the Bay at Marina Bay Sands

シンガポール発の高級ティーブランドのサロン。世界各国の800種以上の茶葉やフルーツ、スパイスを独自にブレンドしたオートクチュールティーが用意されており、お菓子とのマリアージュを楽しめる。14:00〜18:00にティータイムセット($25〜)を提供。お気に入りのフレーバーは、併設のティーショップで購入できる。

▶Map P.128-B2

マリーナ・ベイ周辺 住2 Bayfront Ave., B1-122/125 The Shoppes at Marina Bay Sands TEL6535-1837 開10:00〜22:00(金・土曜、祝日前日〜23:00。L.O.21:30、22:00) 休無休 料ティータイムセット(Parisian)$92 CardA.D.J.M.V. 予不要 交MRTベイフロント駅から徒歩約5分 URLwww.twgtea.com

1 ベリーのクレームブリュレ「シンガポールサプライズ」 2 マッチャ・ナラは抹茶風味のマカロン付き 3 ラグジュアリーな雰囲気 4 サンズ内の別店舗

多様な食文化が彩り豊か

コロニー *Colony*

かつてイギリスが貿易でつないだアジア各国の食文化を旅するアフタヌーンティーセット。レトロ風のティフィンでインドや中国などの軽食(セイボリー)を提供し、スイーツはベーカリービュッフェから好みのものを選べるシステム。

▶Map P.127-D2

シティ・ホール&マリーナ・エリア 住7 Raffles Ave., Level 3 The Ritz-Carlton, Millenia Singapore TEL6434-5288 開アフタヌーンティー月〜土曜15:30〜17:30(L.O.17:15) 休無休 料$65 CardA.D.J.M.V. 予ウェブから要予約(2ヵ月前から予約可能) 服スマートカジュアル 交MRTプロムナード駅から徒歩約5分 URLwww.colony.com.sg

セットとビュッフェが楽しめる

写真は2人用。シャンパンかカクテル(モクテル)ひとり1杯付き

1 ベーカリーショップも併設 2 ケーキやスコーン、アイスクリームなどが並ぶビュッフェ 3 シックな内装のホテルのオールデイダイニング 4 メニューは年に数回変更される

リッツ・カールトン・ミレニア・シンガポールは「コロニー」のほか、バーの「リパブリック」で英国スタイルのアフタヌーンティーセットを提供。

アフタヌーンティー&ハイティーの基本

1 アフタヌーンティーとハイティー、どう違う?
シンガポールでは3段トレイで供されるクラシカルなスタイルをアフタヌーンティー、スイーツに加え、飲茶や軽食を揃えたティータイムをハイティーと呼ぶことが多い。

2 予約は必要?
世界中から予約が入る人気のティールームは数週間〜1ヵ月前に予約が埋まることも。週末やハイシーズンは、早めの予約を。ウェブサイトやメールを利用すると便利。

3 どのくらいのボリュームがあるの?
アフタヌーンティー、ハイティー、どちらのスタイルも1食+デザートたっぷり、くらいのボリュームがある。ビュッフェスタイルはさらに満腹度大。昼食抜き、または夕食は軽めの予定に。

4 子供料金はあるの?
子供料金を設定しているところもあるが、それ以外は子供も同料金を支払うものと覚悟しよう。店が混んでいなければ大人ふたり分の料金で子供は無料となることもあるので、席に案内される前に確認してみよう。

英国式アフタヌーンティー

クラシカルな3段トレイでサーブ。時期によって内容は変わる

1 ビクトリア様式の柱やシャンデリアが歴史を物語るロビー 2 宿泊客を除いてホテルのロビーに入れるのはレストラン利用者のみ

名門ホテルの優雅な雰囲気に浸る

グランドロビー *The Grand Lobby*

ラッフルズ・シンガポール(→P.48)のアフタヌーンティーは歴史が刻まれたロビーの雰囲気とともに楽しみたい。3段トレイのスイーツやフィンガーサンドはていねいに手作りされた逸品。「マリアージュフレール」の紅茶とともに味わおう。

▶Map P.127-C1

シティ・ホール&マリーナ・エリア 住1 Beach Rd., Grand Lobby, Raffles Singapore TEL6412-1816 開アフタヌーンティー12:00〜18:00 休無休 料$98(時期ごとのセット内容で変わる) CardA.D.J.M.V. 予要予約 服カジュアルシック 交MRTシティ・ホール駅、エスプラネード駅から徒歩約5分 URLwww.raffles.com/ja/singapore/dining/the-grand-lobby

すばらしい展望のくつろぎ空間

アティコ・ラウンジ *Atico Lounge*

S.C.アイオン・オーチャードの56階にあるラウンジからは、街のスカイラインが一望のもと。ショッピングの合間にゆったりとソファでお茶を楽しめる穴場的空間となっている。ハイティーは月ごとにテーマを設けたセットが登場。

▶Map P.133-C3

オーチャード・ロード(西部) 住2 Orchard Turn, Level 56 ION Orchard TEL6970-2039 開ハイティー12:00〜17:30 休無休 料$35 CardA.M.V. 予望ましい 服ビーチサンダル不可 交MRTオーチャード駅から徒歩約3分 URLwww.1-atico.sg/atico-lounge

コスパのよいティーセット

2人用のセット

1 上段にパイやキッシュなどのセイボリー、下段はスイーツ 2 マリーナ・エリアまで見渡せ、夜景も見事 3 テーブル席は間隔をあけゆったりと配置

ローカルな喫茶店
コピティアムで朝食を

Kopitiam

昔ながらのコーヒーショップで、コピ(コーヒー)とカヤトーストの最強コンビを試してみて!

カヤトーストの朝食セット

\Check!/

カヤトーストにサンドされているのは、卵とココナッツミルク、砂糖を煮詰めて作ったカヤジャム。これにコピ(コーヒー)と、とろとろの半熟卵を合わせて定番モーニングセット($5〜6)の完成。

\豆知識/

コピティアムってどんなところ?

伝統的なドリンクと朝食の店。屋台から始まった店もあり、店の造りはシンプル。ノーエアコン、相席システムの店がほとんど。カヤトーストに加えて麺料理を出す店もある。

出勤前に朝食を食べにくる人が多い

コーヒー豆のこだわり

インドネシア産のロブスタ種が多い。輸送中に香りが損なわれないように、砂糖やバター(マーガリン)でコーティングする工夫がとられた。焙煎は深煎り、香ばしく濃厚なのがコピの特徴。

砂糖でコーティングしたコーヒー豆

地元流カヤトーストの食べ方

1.甘い醤油のダークソースとコショウを半熟卵にかける。コショウ多めがポイント

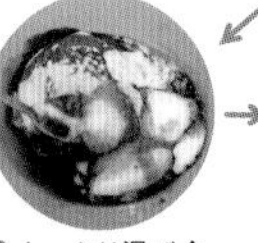

2.しっかり混ぜ合わせる

3.カヤトーストにこの半熟卵をつけて食べる

おもな飲み物Menu

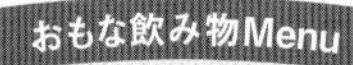

コピの基本3種類

コピ *Kopi*
コーヒー+砂糖+コンデンスミルク

コピ・シー *Kopi C*
コーヒー+エバミルク

コピ・オー *Kopi O*
コーヒー+砂糖

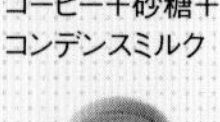

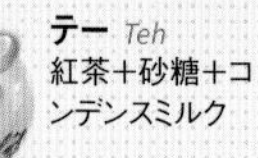

テー *Teh*
紅茶+砂糖+コンデンスミルク

甘さのレベル

コソン…砂糖抜き
シウダイ…甘さ控えめ
ガーダイ…普通より甘い

頼み方は「コピの種類+甘さ」

- ブラックのアイスコーヒー
  …**コピ・オー・コソン・ペン**
- 甘さ控えめミルクコーヒー
  …**コピ・シウダイ**

※語尾にペンを付けるとアイスの意味
※語尾にダーバオを付けるとテイクアウトの意味

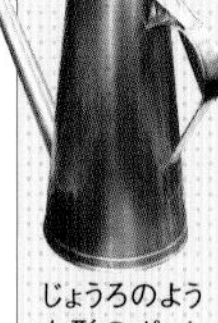

じょうろのような形のポットで注ぐ

4つの言語を駆使して注文!

- **コピ**…マレー語でコーヒー
- **オー**…福建地方で「カラス=ブラック」の意味
- **シー**…海南地方で「新鮮な」の意味
- **コソン**…マレー語で「からっぽ」の意味
- **シウダイ**…福州地方で「甘さ控えめ」の意味

2大有名コピティアムはココ！

カヤトーストを世界へ発信
ヤクン・カヤトースト *Ya Kun Kaya Toast*
亞坤咖椰烤面包

国内に50店舗以上、海外にも進出する有名店。この店のカヤトーストはココアバターを練り込んだ、ほのかに甘いパンを使うのが特徴。本店では創業時のままの炭火焼きしたトーストが味わえる。

▶Map P.131-C1　チャイナタウン&シェントン・ウェイ
住18 China St., #01-01 Far East Square TEL6438-3638
開7:30～16:00（土・日曜～15:00）休祝日、旧正月
CardJ.M.V. 交MRTテロック・アヤ駅から徒歩約3分

1 食堂風の店内席と屋外席がある 2 炭火で焼いたパンはクリスピーで香ばしい 3 コーヒーパウダーを煮出して抽出するのが伝統的コピ 4 カヤトースト、卵、コーヒーの朝食セット$6.3 5 ここのカヤジャムは滑らかで、比較的甘さ控えめ。左は$6.3、右の2瓶セットは$8.1。賞味期限は開封後約1ヵ月

甘さがクセになるカヤジャム
キリニー・コピティアム
Killiney Kopitiam

1919年創業の伝統的スタイルの店。厨房で作られるカヤジャムは、カスタードクリームのように濃厚で、地元ファンが多い。カリーチキンやラクサなどのメニューもある。チェーン展開しているが、本店がおすすめ。

▶Map P.134-B3
オーチャード・ロード（東部）
住67 Killiney Rd. TEL6734-3910
開6:00～18:00 休旧正月3～5日間 Card不可
交MRTサマセット駅から徒歩約7分

1 着色料や保存料は無添加のカヤジャムを販売 2 薄くカットされたパンにカヤジャムがたっぷり（$1.8） 3 地元客も観光客も同じテーブルで 4 甘くてとろりとしたコピ 5 フランスパンのカヤサンドもある 6 甘酸っぱいたれのあえ麺「ミーシャム」（$5.2）も朝食メニュー

安くておいしいB級グルメの宝庫！
ホーカーズ利用術
How to use Hawkers

シンガポールのパワーの源「ホーカーズ」。
ありとあらゆるフードが安くてうまい！
簡単な決まりごとを頭に入れて繰り出そう!!

料理をテーブルまで運んでくれるホーカーもある。その場合はテーブルの位置や番号を注文時に伝えておく。

ビルの谷間のラオ・パ・サ・フェスティバル・マーケット（→P.73）

ホーカーズってなに？
ホーカーは路上屋台のこと。かつて路上で販売していた屋台を1ヵ所に集めたものがホーカーズだ。正式名はフードセンターで、政府系機関が管轄。市場や公営住宅（HDB）に併設されていることが多い。ショッピングセンター内にある民間経営のものはフードコート。

近隣住民の憩いの場でもある

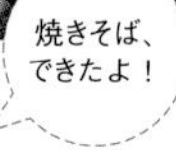

焼きそば、できたよ！

利用のキーポイント

1 最初に席を確保
テーブルは全店共用。テーブルの上に持ち物を置いて席を確保。ティッシュひとつでも「ここキープ！」のサインとなる。貴重品は置かないように。

2 店を選ぶ

1.掲載紙の記事
店頭に張り出された自分の店が掲載された雑誌記事、推薦状などをチェック。

2.行列
行列のできている店は試してみる価値あり。

3.衛生ランク
政府が実施する衛生検査の結果がアルファベットで表示されている。Aが最良。

3 注文&支払い
注文時に伝えるのは、1.メニュー名、2.何ドルのものにするか、3.必要な数。注文時、または料理ができた時点で料金を支払う（多くが現金のみ）。基本はセルフサービスなので、料理は自分で席へ運ぶ。

1 店頭に並ぶ料理や麺を指さし注文 2 食器や調味料は自分で用意する

4 食べ終わったら
食器は返却場所へ片づける。おもにマレー・ムスリム料理の食事は「ハラル」へ、それ以外の食事は「ノンハラル」に返却。

もっと教えて！ Q&A

Q 営業時間は？
A 朝食メニューを出す店は早朝～昼過ぎまで。それ以外は昼前～20:00くらい。14:00～16:00の間に閉店する店や、深夜営業の店もあるので事前にチェックしよう。

Q 予算はいくら？
A 麺類やご飯メニューはだいたい$3～6。スナックやドリンクは$1.5～3。

Q トイレはあるの？
A トイレは設置されている。¢10～20の使用料が必要なので、小銭の用意を。

タイプ別おすすめホーカーズ

初心者も使いやすい

❶ マックスウェル・フードセンター
Maxwell Food Centre

王道かつおいしい店が集合。比較的きれいで観光客の利用も多い。スナック類が充実しているのも魅力。

▶Map P.130-B2 チャイナタウン&シェントン・ウェイ

住1 Kadayanallur St. 開店によって異なる。通常は10:00頃～、早い店は7:00頃～、閉店は18:00～22:00の間 交MRTマックスウェル駅から徒歩約1分

店は縦3列にずらりと並ぶ

イチオシ
- 天天海南雞飯(→P.54)のチキンライス
- 金華魚片米粉のスライス・フィッシュ・ビーフン(#01-77)
- 洪家福州蠔餅のオイスターケーキ(カキ入り揚げパン)(#01-05)

インド料理ならココ

❷ テッカ・センター *Tekka Centre*

インドやマレー料理がメインで珍しい料理に出合える。客はほとんどインド系で、熱気いっぱい。

▶Map P.136-B2 ブギス&リトル・インディア

住Blk.665 Buffalo Rd. 開店によって異なる。通常は10:00頃～、早い店は7:00～。夕方頃に閉まる店と21:00頃まで営業する店がある 交MRTリトル・インディア駅から徒歩約3分

食べ物と人々の熱気に満ちている

イチオシ
- アラーディンズ・ビリヤーニのナシ・ビリヤーニ(#01-232)
- アル・ラーマン・ロイヤル・プラタのロティ・プラタ(#01-248)

屋台気分を満喫！

❸ ラオ・パ・サ・フェスティバル・マーケット
Lau Pa Sat Festival Market

ローカルからエスニックまでバリエーションが豊富。建物脇の路上は夕方からサテーの屋台街となり深夜までにぎわう。

▶Map P.131-C2 チャイナタウン&シェントン・ウェイ

住8 Raffles Quay 開店によって異なるが、だいたい11:00頃～22:00頃。サテー屋台は19:00頃～翌2:00頃(金・土曜～翌3:00、日曜、祝日15:00～) 交MRTラッフルズ・プレイス駅、ダウンタウン駅から徒歩約5分

1 八角形のコロニアル調建築の建物 2 十数軒のサテー屋台は炭火で調理

イチオシ
- ブーン・タット・ストリートのサテー・ストリート
- 老夫子炒粿條のチャー・クエティヤオ(#01-74&75)

ローカルグルメの名店の宝庫

❹ オールドエアポート・ロード・フードセンター
Old Airport Road Food Centre

地元人気が高い郊外のホーカーズ。中国系の名店が多数入っていることで有名で、食事時は行列ができる店も多い。

▶Map P.123-C2 シンガポール全図

住Blk. 51 Old Airport Rd. 開11:00頃～22:00頃 交MRTマウントバッテン駅から徒歩約5分

チリクラブや飲茶などの店もある

イチオシ
- ナムシン・ホッケン・フライド・ミー(→P.57)のフライド・ホッケン・ミー(#01-32)
- チョンバル・ローミーのローミー(#01-124)
- トアパヨ・ロジャのロジャ(#01-108)

旅行者にも行きやすい

❺ チョンバル・マーケット&フードセンター
Tiong Bahru Market & Food Centre

住宅街の真ん中にあるホーカーズ。中国系の店が多く、ミシュランガイドのビブグルマンを獲得した名店も潜む。

▶Map P.124-B3 シンガポール中心部

住83 Seng Po Rd. 開10:00頃～22:00頃 交MRTチョンバル駅から徒歩約10分

ホーカーズは市場の2階にある

イチオシ
- 中峇魯海南起骨雞飯のチキンライス(#02-82)
- 鴻興炒蘇東蝦麵のフライド・ホッケン・ミー(#02-01)
- 楗柏水粿のシュイクエ(#02-05)

ディープな雰囲気が漂う

❻ ホン・リム・フードセンター
Hong Lim Food Centre

公営住宅(HDB)の1～2階にある。お客はほぼ地元客だが、食通の評価が高い店が多く、足を運ぶ価値あり。

▶Map P.130-B1 チャイナタウン&シェントン・ウェイ

住Blk.531A Upper Cross Rd. 開10:00頃～20:00頃 休日曜、祝日は休む店が多い 交MRTチャイナタウン駅から徒歩約3分

オフィス街にあるため昼前に行くのがおすすめ

イチオシ
- ヘンキー・カリーチキン・ビーフン・ミー(→P.59)のカリーチキンヌードル
- 歐南園炒粿條麵のチャー・クエティヤオ(#02-17)

ホーカーズのおすすめグルメ

❶〜❻の番号に対応するホーカーズの店名はP.73でチェックしよう。

ホーカーズが混雑している場合は持ち帰りもおすすめ。注文時に「Take Awayテイクアウエイ」と伝えればOK。

フライド・ホッケン・ミー
Fried Hokkien Mee

豚肉や海鮮のうま味が凝縮されたシンガポールの焼きそば。具は豚肉、エビ、イカなど。❹

カリーチキンヌードル
Curry Chicken Noodle

ココナッツベースのカレースープに福建麺を合わせたがっつりメニュー。具はゆでたチキン、油揚げ、ジャガイモなど。❻

ローミー *Lor Mee*

片栗粉でとろみをつけた醤油ベースのスープに幅広麺が絡まる。隠し味に使用する八角がおいしさの秘訣。ニンニクと黒酢を効かせながら食べる。❹

チャー・クエティヤオ
Char Kway Teow

クェイ・ティアオ（きしめんのような米粉の麺）とモヤシ、エビ、赤貝などを一緒に黒醤油で炒めたもの。❻

フィッシュボールミー
Fish Ball Mee

潮州名物の魚のすり身団子が入った、あっさりスープ麺。魚の団子はふわふわ食感でいくつでもいけそう。スープのみのオーダーもOK。

スライス・フィッシュ・ビーフン
Slice Fish Beehoon

魚の頭などでだしを取り、豚骨スープのように白濁したスープにビーフンを合わせた料理。具は魚の切り身や、揚げた魚の頭など。❶

ワンタンミー *Wantan Mee*

シンガポール式ワンタン麺は、スープなしのドライが主流。やや甘めの醤油だれにチリペーストを加えた甘辛味がくせになる。具はチャーシュウとワンタンなど。

ミーシャム *Mee Siam*

タイがルーツとされるビーフン料理。エビでだしを取り、チリペーストなどを加えたスパイシーで甘くて酸っぱいスープが、そうめんのように細いビーフンとマッチ。

チャー・ホーファン
Char Hor Fun

ホーファンという幅の広い米粉の麺を軽く炒め、あんをかけた料理。具は海鮮と豚肉。

Rice

ハッカ・レイチャ
Hakka Lei Cha (Thunder Tea Rice)

「客家擂茶」という料理で、野菜や豆腐をさいの目に切って炒めたものと干し魚などをご飯にのせたもの。ハーブや茶葉で作ったスープをかけながら食べる。❸

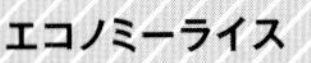

カントニーズ・ローストミート
Cantonese Roast Meat

広東式のロースト専門店では、店によって鴨、豚バラ肉、チャーシュウ、チキンなどさまざまな肉を販売。これらを切り分けてライスにのせて提供。

チキンライス *Chicken Rice*

弱火でじっくりゆでた鶏肉を、チキンスープで炊いたご飯にのせた、シンガポールを代表するメニュー。❺

エコノミーライス
Economy Rice

20種類ほどの中国総菜から好きなものを指さし注文し、ご飯の上にのせてもらうぶっかけご飯。料金はおかずの種類と数で計算する。

ナシ・ビリヤーニ *Nasi Biryani*

数種類のスパイスにヨーグルトを加えて炊き上げたインド式炊き込みご飯。パラリと炊き上がったご飯にカレーをかけて食べるマレースタイルが主流。❷

Other

ロティ・プラタ *Roti Prata*

油脂を混ぜ込んだ小麦粉ベースの生地を広げては伸ばし、最後に丸くまとめて焼き上げるインドのパンケーキ。カレーをつけて食べるのが定番。❷

ロジャ *Rojak*

マレーのフルーツサラダがシンガポールで中国風に進化。キュウリ、パイナップル、揚げパンなどをエビの発酵ソースであえた不思議なサラダ。❹

キャロットケーキ
Carrot Cake

大根餅、卵、漬物のみじん切りを平たく焼き上げた料理。甘めの黒醤油を使ったブラックと、塩味のホワイトの2種類ある。

サテー *Satay*

マレーの串焼き。具はビーフ、チキン、マトンなどで、甘いピーナッツソースにつけて食べる。❸

Snack & Drink

カレーパフ
Curry Puff

ゆでたジャガイモや卵、チキンをつぶし、スパイスを効かせた具材を包んで揚げたスナックの代表格。

ピサン・ゴレン
Pisang Goreng

バナナの天ぷら。カリッと揚がった衣と、ホクホクのバナナにやみつき。

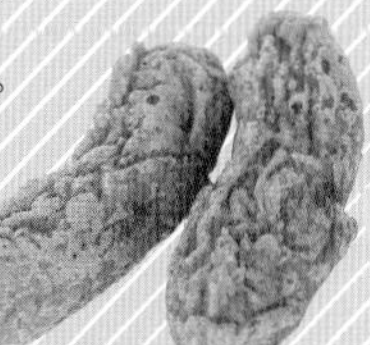

タイガービール
Tiger Beer

シンガポールのご当地ビール。ホーカーズでは瓶ビールが$8.5くらい。

ダーパオ 大包

ふんわり甘口の生地の中華まん。肉汁たっぷりの具には卵も入っている。❺

ポピア 薄餅

ダイコンの千切りや卵焼き、エビなどをクレープ生地で包んで巻いた、ちょっと甘めの春巻。福建名物。

シュガーケイン・ジュース
Sugarcane Juice

サトウキビを搾って作るジュース。ライムを搾り入れると飲みやすい。

安い おいしい 楽しい

フードコートの人気メニューを制覇！

ひとりご飯も時短ランチもおまかせ。
趣向を凝らしたフードコートが次々登場し、
安い、おいしい、楽しい！ が揃いぶみ。

フード・リパブリックの313・アット・サマセット店ではドリンクのワゴン販売も

1 中国、インド、マレー、ローカル料理は何でも揃う。手前はフライド・ホッケン・ミー 2 ドリンクやスイーツ店も完備

マレーシアの屋台料理を集めた「マレーシア・ボレ！」（→P.77）では、マレーシアの伝統的なローカル料理やスイーツが楽しめる。

テーマフードコートの先駆け

フード・リパブリック

Food Republic

食のアミューズメントともいえる斬新なスタイルで、国内に13店舗が展開。店舗ごとにテーマ性のあるデザインを施し、歴史ある名店や話題を集める注目店をセレクト。何度も通いたくなる食の充実度だ。

おさえておきたい基本情報

●ロケーション
ショッピングセンター内にある。観光スポットに併設されていることも。

●営業時間
だいたい10:00～21:00、または22:00。

●料理＆予算
ローカル料理がメイン。日本料理やアジア料理も網羅。お得なセットメニューも多い。通常1品$5～8。レストラン並みの$10～15という高級フードコートもある。クレジットカードが使える店もある。

●利用法
基本的にはホーカーズ（→P.72）と同じ。全店セルフサービス。食べ終えた食器は返却場所へ。

＼初心者も使いやすい／

313・アット・サマセット店

▶Map P.134-A2

オーチャード・ロード（東部）
住313 Orchard Rd., L5 313 @Somerset
TEL6509-6643 開10:00～22:00 休無休 Card不可
交MRTサマセット駅から徒歩約3分

1 モダンで近未来的な内装。約1000席ある 2「泰豐」のフライド・ホッケン・ミー 3 ドリアンペーストをトッピングしたチェンドル$3.8

＼レトロチャイナ風の／

ビボ・シティ店

1900年代初頭をイメージした広い店内はまるで異空間。約30店のバリエーション

▶Map P.139-D1

セントーサ島主要部
住1 Harbour Front Walk, #03-01 VivoCity
TEL6276-0521 開10:00～22:00 休無休 Card不可
交MRTハーバーフロント駅から徒歩約3分

＼ポップでかわいいインテリア／

ショー・ハウス店

1 リサイクル素材を用いたインテリアやポップなアートが随所に施されている 2 マレー料理の定食、ナシ・パダンの店「ワルン・パダン」

▶Map P.133-C2

オーチャード・ロード（西部）
住350 Orchard Rd., #B1-02 Shaw House
TEL6235-0995 開10:00～22:00 休無休 Card不可
交MRTオーチャード駅から徒歩約3分

カラフルなプラナカン装飾で彩られている

マレーシアのローカルフードが充実

タングス・マーケット

Tangs Market

オーチャード・ロードのデパート「タングス」の地下にある。入店数12と規模は小さいが、プラナカン風のカラフルなインテリアが楽しい気分に。シンガポールとはひと味違うマレーシアの人気料理が味わえる。

▶Map P.133-C2 オーチャード・ロード（西部）

住310 Orchard Rd., B1F Tangs TEL6370-1155 開11:00〜21:00 休無休 Card不可 交MRTオーチャード駅から徒歩約3分

ペナンのチェンドル

人気

1 フライド・オイスター 2 グラメラカと呼ばれるブラウンシュガーがたっぷりかかったチェンドル 3 フィッシュボールヌードルセット 4,5 マレーシア、クランの土鍋バクテーの店。クランのバクテーは濃い色で漢方薬材の風味が強め

木目を生かしたモダンな雰囲気のフードコート

名店揃いのモダンなフードコート

コピティアム・フードホール

Kopitiam Food Hall

ユニークな名店が集められていて、ほかにはない料理も。ミシュランビブグルマン選出の「ホーカー・チャン」（ソヤソースチキンが有名）や「Ar Er Soup」（薬膳スープ）をはじめ、特製ポークレバー麺やインドネシアBBQなど、バラエティ豊富。

▶Map P.135-C2 オーチャード・ロード（東部）

住68 Orchard Rd., #06-15〜17 Plaza Singapura TEL6380-5851 開8:00〜22:00（金・土曜、祝日前日〜23:00） 休無休 CardM.V. 交MRTドービー・ゴート駅から徒歩約3分

テーブル席のタイプはさまざまあり

あっさりした海鮮だし

「プーティエン・ママ」の福建海鮮鹵麺（海鮮スープ麺）

スライスアワビをトッピング

人気

1 ポークレバーのコクのあるスープ付き特製あえ麺（$6.3）は「Ah Ma Chi Mian」の名物 2 醤油だれに漬け込んだ鶏肉をのせた麺やご飯が有名な「ホーカー・チャン」

漢方素材のスープは効能書きも参考に。写真はクレソンとポークリブのスープ（$6）

ココもおすすめ

オーチャード・エリア フード・オペラ *Food Opera*

▶Map P.133-C3 オーチャード・ロード（西部）

住2 Orchard Turn, #B4-03/04 ION Orchard TEL6509-9198
開10:00〜22:00（金・土曜、祝日前日〜23:00）
休無休 Card不可
交MRTオーチャード駅から徒歩約2分

マリーナ・エリア ラサプラ・マスターズ ▶P.15

ブギス・エリア マレーシア・ボレ！ *Malaysia Boleh!*

▶Map P.137-C3 ブギス&リトル・インディア

※ブギス・ジャンクション（3F）ほか、オーチャードのセンターポイント（B1階）など全6店舗。

Singapore Motif
シンガポールモチーフ

ナショナル・ギャラリー・シンガポール内のショップ「ギャラリー・ストア・バイ・ABRY」（→P.92）もデザイン雑貨の品揃えがよい。

1「バイナリースタイル」の鳥カゴのコットンスカーフ Ⓔ　2 パスポートカバーとトラベルタグのセット Ⓔ　3 街のアイコンやランの花をモチーフにしたコットンリネンのノート Ⓖ　4 シンガポールの街並みを描いた絵皿は有田焼とのコラボ作品 Ⓐ　5 お粥やバクテーに添えられる揚げパン（油條）のぬいぐるみ Ⓑ　6 レトロキャンディをかたどったドアマット Ⓑ　7 カラフルなショップハウスのイラスト入りタンブラー Ⓗ　8 シンガポールの文化と伝統がテーマのコースター Ⓕ　9 繊細な水彩画アートが特色の「Singlapa」のグッズは注目株。写真左は中国花柄のティータオル ⒺⒻ　10「Singlapa」のホーカーフード・テーブルランナー ⒺⒻ　11 トロピカルな植物を描いたトレイ Ⓕ　12 シンガポール独特の名称や言葉を「A To Z」で紹介するポストカード Ⓐ

代表的アイテムは絵皿
Ⓐ スーパーママ・ミュージアム・ストア@ACM
Supermama The Museum Store @ ACM

博物館内のショップ。有田焼とシンガポールのデザイナーがコラボする絵皿が人気。

▶Map P.126-B3

シティ・ホール&マリーナ・エリア
住1 Empress Place, Asian Civilisations Museum TEL9615-7473 開10:00～19:00（金曜～21:00） 休無休 CardA.J.M.V. 交MRTラッフルズ・プレイス駅から徒歩約5分 URLsupermamastore.com

懐かしくて新しいデザイン雑貨
Ⓑ ウェン・アイ・ワズ・フォー
Wheniwasfour 小时候

3人の女性デザイナーが手がける雑貨ブランド。ノスタルジックなデザインが特徴。

▶Map P.127-C1

シティ・ホール&マリーナ・エリア
住231 Bain St., #04-41 Bras Basah Complex TEL なし 開12:00～19:00（土曜12:30～18:30） 休日曜、祝日、旧正月 Card不可 交MRTブラス・バサー駅から徒歩約7分

インド雑貨ならココ
Ⓒ セレブレーション・オブ・アーツ
Celebration of Arts

インドを中心に、パキスタン、タイ、ベトナムなどから多彩なアイテムを集めた雑貨店。

▶Map P.136-B2

ブギス&リトル・インディア
住48 Serangoon Rd., #01-71/72 Little India Arcade TEL6392-0769 開9:00～21:00 休ディーパヴァリの祝日3日間 CardA.J.M.V. 交MRTリトル・インディア駅、ローチョー駅から徒歩約5分

アジアの雑貨が豊富
Ⓓ アカモティフ
AkaMotif

インドネシアのバティック製品をメインにタイやラオスのハンドメイド雑貨が揃う。

▶Map P.132-A2

オーチャード・ロード（西部）
住163 Tanglin Rd., #03-132 Tanglin Mall TEL なし 開10:00～20:00 休旧正月 CardA.M.V. 交MRTオーチャード・ブルバード駅から徒歩約5分

Peranakan Goods
プラナカン雑貨

しくなる!
ティング
工芸品から
デザイン雑貨まで
見つかる!

1 プラナカンタイルをデザインしたポーチ。内布もかわいい J　2 プラナカンタイルのモチーフのガラスマグ J　3 箱付きのプラナカンハウスのトートバッグ J　4 プラナカンテーマのお皿とプレースマット G　5 色鮮やかな花柄が美しい調味料入れとお皿 F　6 気分が華やぐマグカップ F　7 プラナカン陶器を手鏡にアレンジ K

Ethnic
エスニック

1 ハンドペイントが施されたトルコ製の蓋付き小物入れ M　2・3 ゴージャス感のあるエジプト製の香水瓶 L　4 花の形がキュートなトルコ製の陶器コースター M　5 オームモチーフの真鍮の小物入れ C　6 バティック生地を使ったがま口タイプのサイフとスマートフォンポーチ E　7 インドのブロックプリントが華やかなコットンハンカチ N　8 インドネシアのバティック生地で作られたネコのキーホルダー D

E デザイン・オーチャード ▶P.97
F タングス・ギフト・ショップ ▶P.97
G オンレウォ ▶P.29
H イエニドローズ&フレンズ ▶P.86
J キャット・ソクラテス ▶P.86
K キム・チュー・クエ・チャン ▶P.27
L ジャマール・カズラ・アロマティックス ▶P.99
M スーフィー ▶P.100
N ディリップ・テキスタイルズ ▶P.100

お手頃だけど優秀なものがずらり！

スーパーマーケットの厳選ご当地みやげ

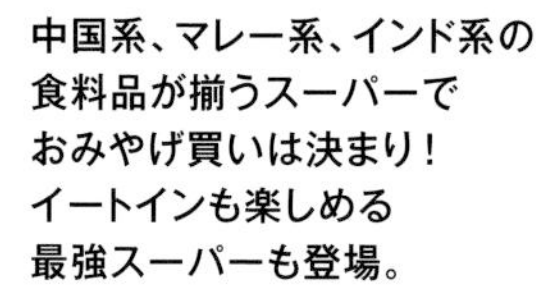

中国系、マレー系、インド系の食料品が揃うスーパーでおみやげ買いは決まり！イートインも楽しめる最強スーパーも登場。

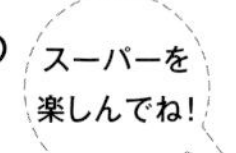

スーパーやコンビニなどでは22時30分～翌7時までお酒の販売が禁止されているので注意。

各$9.25
チキンライスの調理キット（左）は人気商品。プリマテイスト社の製品は安定の品質。右はシンガポールカレー用

各$3.5
グローリー社のカヤジャム。左は砂糖控えめ、右は砂糖抜き

$2.82
ニンニク入りのチリソース。直接料理につけたり、炒め物に大活躍

$2.34～
バクテーやチリクラブなどの調理キット。保存料・着色料無添加をうたう「Seah's Spice」の商品

各$1.66
ローカルフードフレーバーのカップ麺。左からチリクラブ、ラクサ、フィッシュヘッドカレー

各$9.35
シンガポールのアロマトリュフ社製のトリュフポテトチップス

4袋入りパック$11.35
プリマテイスト社のインスタント麺は本格派。なかでもラクサが人気No.1

$4～
左は肉料理によいXOサンバルチリ、右は鍋料理のつけだれ用スチームボート・チリ

各$10
シンガポール・スリング（右）やカヤジャム、コピ風味のクリームが入ったチョコレート

観光客向けの進化形スーパー

フェアプライス・ファイネスト

FairPrice Finest

2024年、観光スポットのクラーク・キー内に登場。倉庫をイメージした店の中心には、イタリア・レバノン・日本料理などの店を配したフードホールがあり、ワインや酒コーナーにはバーを設置。シンガポール雑貨を集めたコーナーもあり、おみやげも買える。

フードコート形式のフードホール

スリランカのムレスナティーも種類豊富（$5.05～）

▶Map P.126-A2
シティ・ホール&マリーナ・エリア
住3 River Valley Rd., Block B, #01-05/06 Clarke Quay 電なし 開8:00～23:00（金・土曜～24:00）休無休 CardA.M.V. 交MRTフォート・カニング駅から徒歩約5分

バーではカクテルも提供

マーライオン雑貨も並ぶ

2個入り$8

プラナカン風の小箱に入ったパイナップルケーキ。ばらまきみやげにGood

$8

肉厚で甘いフィリピン産のドライマンゴー。チョコがけタイプもあり

各$1.15

クールミントの刺激がたまらないヒマラヤソルトキャンディ

$3.02

老舗の菓子メーカー、康元(Khong Guan)のシンプルなクラッカー。レトロなパッケージも◎

5袋入り$2.6

インドネシアのミーゴレン(焼きそば)のインスタント麺

40包入り$7.79

アラビカ種のコーヒー豆使用のコピ(ローカルコーヒー)、コーヒーバッグ

各$6.52

ブルーワークスのマーライオン缶クラフトビール各種

$4.34

タイガービールの新商品。ビールにソジュ(韓国焼酎)を加えたラガーで、プラムとグレープ風味がある

各$1.92

レモンやマンダリンの果汁を加えたタイガー・ラドラーも人気

$1.98～

1947年創業のシンガポールの菓子メーカー、康元(Khong Guan)のお菓子。ココアクリームを挟んだココアパフと、カラフルな砂糖菓子をのせたビスケット

おもなスーパーマーケット

老舗のスーパー

コールド・ストレージ

Cold Storage

オーチャードの髙島屋百貨店内の店は食品みやげが充実。

▶Map P.133-D3

オーチャード・ロード(西部)

住391A Orchard Rd., #B2-01-1 Takashimaya Department Store TEL6735-1266 開10:00～21:30 休無休 CardA.D.J.M.V. 交MRTオーチャード駅から徒歩約5分

プレミア商品あり

イセタン・スコッツ・スーパーマーケット(ショー・ハウス店)

Isetan Scotts Supermarket (Shaw House)

イセタン・スコッツの地下に食品みやげをセレクトしたコーナーがある。

▶Map P.133-C2

オーチャード・ロード(西部)

住350 Orchard Rd., B1F Isetan Scotts, Shaw House TEL6733-1111 開10:00～21:00 休旧正月1日 CardA.D.J.M.V 交MRTオーチャード駅から徒歩約5分

安くて商品の種類も多い

シェンシオン・スーパーマーケット

昇崧量販超市

Sheng Siong Supermarket

住宅街を中心に約50店ある。生活に密着した品揃え。

▶Map P.137-C1

ブギス&リトル・インディア

住1 Jalan Berseh, #B1-02/22 New World Centre TEL6295-5508 開24時間 休無休 CardM.V. 交MRTジャラン・ベサール駅から徒歩約5分

「TWGティー」や「ブンガワン・ソロ」はチャンギ国際空港にもショップがあるので、買い忘れたら空港で。

お茶&コーヒー、ビール
Tea & Coffee, Beer

100g缶 $48

TWGティーのシンガポール・ブレックファスト・ティー A
紅茶と緑茶をベースにオレンジの皮やジンジャーなどスパイスを入れた茶葉。エキゾチックな風味が香る。

各$30

エッテのローカルフレーバーのお茶 I
玄米茶&ほうじ茶にココナッツフレークとチリなどをブレンドした「ナシ・レマ」やレモングラス&バタフライピー配合の「ケバヤブルー」など。

5包入り$6.6

キムズ・デュエットのコピ・コーヒーバッグ E
ローカルコーヒー「コピ」のコーヒーバッグ。砂糖少量、低脂肪などヘルシー志向がウリ。写真はコピとテー（紅茶）のバラエティパック。

おいしさ太鼓判！

こだわりの逸品をゲット！
Food Souvenirs

南国ならではの素材を用いた食品から名店グルメまで、見ても食べてもおいしいおみやげをセレクト。

50包入り$20

白新春茶荘のレトロ缶入り鉄観音茶 B
バクテー店で出されるミニパックの茶葉が50包入っているので、ばらまきみやげにしてもいい。レトロな包装紙が魅力。

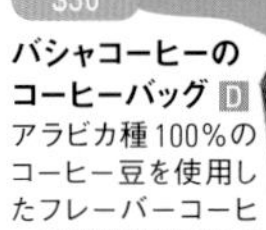

20包入り$34

ラッフルズ・ブティックのシンガポールスリング風味の紅茶 C
トロピカルでフルーティな複雑な香りをまとったフレーバーティー。ティーバッグ商品。

$30

バシャコーヒーのコーヒーバッグ D
アラビカ種100%のコーヒー豆を使用したフレーバーコーヒーが種類豊富にラインアップ。

$7.5

15包入り$24.3

キムズ・デュエットのコーヒーバッグのギフトセット E
かわいいイラストの箱入り。ブラック、砂糖入り、ミルクと砂糖少量の各5包入り。

ソンファのバクテーに合うティークラフトビール「キングス・ガーデン・エール」 L
ソンファ・バクテーと白新春茶荘（→P.102）がコラボしたティークラフトビールは、フルーティで飲みやすい。一部のソンファ・バクテーの店舗で飲むことができ、購入も可。

ジャム&調理ソース
Jam & Seasoning Sauce

バクテーセット$16、チキンライスセット$20

ラッフルズ・ブティックの海南チキンライスとバクテーの調理キット（ソース付き） C
詳細な調理法に従って本場の味を自宅で再現。専用ソースが付いているのがポイント。

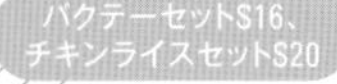

ソンファ・バクテーのバクテーの素と煮込み調味料 L
上はバクテー、下は豚角煮用スパイス。具材と一緒に煮込めば自宅でお店の味が楽しめる。

$22～

各$6.8

スープ・レストランの各種ソース G
ジンジャーチキンで有名な「スープ・レストラン」のオリジナルソース。真ん中のショウガを油漬けにしたジンジャーソースがいち押し。左はXO醤、右はチリソース。一部のスーパーでも販売。

$14（200g）

ラッフルズ・ブティックのカヤジャム C
良質なココナッツミルク、卵、砂糖、パンダンリーフで作られたプレミアムなカヤジャム。

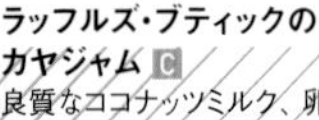

お菓子
Sweets

TWGティーのマカロン A
生地に茶葉をしのばせたマカロンは、上品で洗練された味わい。甘過ぎず好評。
6個入り $15

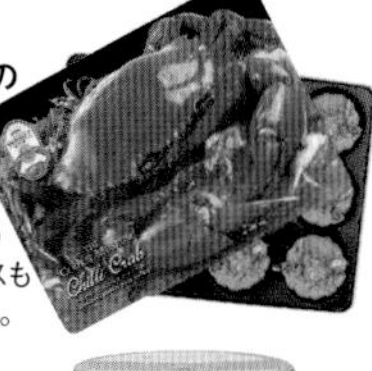

各$22.8 **オールド・センチョーンのニョニャ料理のクッキー H**
右はクエ・コスイ（ブラウンシュガーとココナッツフレークの餅菓子）、左はスパイシーな干しエビのサンバル（蝦米香）を再現。

$42 **クッキーミュージアムのチリクラブ・クッキー K**
シンガポールの名物料理、チリクラブ風味のクッキー。甘くてスパイスも効いた不思議な味わい。

$27.5 **ブンガワン・ソロのクッキー J**
伝統菓子店「ブンガワン・ソロ」のクッキーは、定番みやげのひとつ。写真のアーモンド入りをはじめ、カシューナッツやピーナッツも。

10個入り $15.8 **エル・イー・カフェのパイナップル・タルト M**
さっくりした生地の中に甘酸っぱいパイナップルあんがぎっしり詰まった大粒のタルト。

$8.5～ **アーヴィンズ・ソルテッドエッグのポテトチップス N**
アヒルの塩漬け卵の黄身をまぶしたチップスがヒット中。アーヴィンズの商品はブームの火付け役。

各$12 **ジャニス・ウォンのビーントゥバーのチョコレート F**
左はソイミルクチョコ。右のエクアドル産シングルオリジンカカオ55%のチョコは花やフルーツの繊細な香り。

$25 **ラッフルズ・ブティックのパイナップルタルト C**
個包装のパイナップルタルト8個入り。甘さ控えめで上品な味わい。

$13 **バシャコーヒーのコーヒービーンチョコレート D**
ローストしたコーヒー豆をミルクチョコレートでコーティング。宝石のようなパッケージがすてき。

各$8 **ジャニス・ウォンのクッキー F**
左は塩漬け卵の黄身の濃厚風味を生かした「ソルテッド・エッグヨーク」、右は「チョコレート・バクワ」。

A TWGティー・オン・ザ・ベイ・アット・マリーナベイ・サンズ ▶P.14、68
B 白新春茶荘 ▶P.102
C ラッフルズ・ブティック ▶P.49
D バシャコーヒー ▶P.66
E タングス・ギフト・ショップ ▶P.97
F ジャニス・ウォン ▶P.19

G スープ・レストラン Soup Restaurant
▶Map P.133-D3
オーチャード・ロード（西部）
住290 Orchard Rd., #B1-07 Paragon 電6333-6228 開11:30～22:00（L.O.21:30） 休無休 CardA.J.M.V. 交MRTオーチャード駅から徒歩約5分

H オールド・センチョーン Old Seng Choong
▶Map P.128-B2 マリーナ・ベイ周辺
住2 Bayfront Ave., #01-72 The Shoppes at Marina Bay Sands 電6688-7341 開10:30～21:30（金・土曜、祝日前日～22:30） 休無休 CardA.J.M.V. 交MRTベイフロント駅から徒歩約3分 URL www.oldsengchoong.com

I エッテ・ティー・ブティック
ETTE Tea Boutique
▶Map P.130-B2
チャイナタウン&シェントン・ウェイ
住333 Kreta Ayer Rd., #03-25 電6908-5354 開14:30～20:00（土曜13:00～17:00） 休日・月曜、祝日 CardM.V. 予事前に要電話予約 交MRTマックスウェル駅から徒歩約3分 URL www.ettetea.com

J ブンガワン・ソロ Bengawan Solo
▶Map P.133-D3
オーチャード・ロード（西部）
住391A Orchard Rd., #B207-2-2 Takashimaya Department Store 電6735-5391 開10:00～21:30 休無休 CardA.D.J.M.V. 交MRTオーチャード駅から徒歩約5分

K クッキー ミュージアム
The Cookie Museum
▶Map P.127-D2 シティ・ホール&マリーナ・エリア
住3 Temasek Blvd., #01-313 Suntec City Mall 電6749-7496 開11:00～21:00 休旧正月2～3日間 CardA.J.M.V. 交MRTエスプラネード駅から徒歩約6分

L ソンファ・バクテー
Song Fa Bak Kut Teh（クラフトビールを扱う店舗）
▶Map P.130-B1 チャイナタウン&シェントン・ウェイ
住133 New Bridge Rd., #01-04 Chinatown Point 電6443-1033 開11:00～21:00（金曜～21:30、土曜10:30～21:30、日曜10:30～21:00） 休無休 CardA.J.M.V. 交MRTチャイナタウン駅から徒歩約1分 URL songfa.com.sg
※ニューブリッジ・ロード店→P.56

M エル・イー・カフェ LE Cafe
▶Map P.136-A2
ブギス&リトル・インディア
住31/33 Mackenzie Rd., #01-01 電6337-2417 開10:30～18:30（日曜、祝日～16:30） 休無休 Card不可 交MRTリトル・インディア駅から徒歩約3分

N アーヴィンズ・ソルテッドエッグ
IRVINS Salted Egg
▶Map P.134-B2 オーチャード・ロード（東部）
住277 Orchard Rd., L1-K3 Orchardgateway 電6264-3073 開10:00～20:30 休無休 CardM.V. 交MRTサマセット駅から徒歩約3分

天然成分配合のコスメを購入する際には、パッケージなどにある製造年月日や消費期限を確認しよう。

注目アイテムが勢揃い！

美肌&艶髪を手に入れる ナチュラル&ヘルスコスメ

インドやマレーの伝統ハーブ入りコスメやケア用品など、種類も豊富で比較的リーズナブルに入手できる。

for Face

肌のタイプに合わせて選ぼう

各 $2.9

Himalayaのシートマスク。アロエベラやサフラン、ザクロなどの植物由来の成分で保湿・肌の調子を整えてくれる❸

各 $4.6

インドネシアの化粧品・漢方薬メーカーのムスティカラトゥの人気商品。左のフェイスピーリングクリームは美肌効果の高いウコン配合。右は美白効果があるイモ科の植物、ブンコアン配合の洗顔クリーム❷

各 $7.5

インドの老舗アーユルヴェーダブランド、Himalayaの美白ケア用洗顔クリーム（左）とピールオフマスク（右）❸

Himalayaのスキンクリーム。潤いや栄養を与える万能クリームとして定番的人気アイテム❶❸

$3.7

各 $1.6

ムスティカラトゥの美白パウダーマスク。左はブンコアン、右は貝殻の成分配合❷

for Lips

おみやげの定番。自分用にも

Himalayaのリップはライチの甘い香りが◎。ビタミンEと抗酸化物質配合で唇をケア❶

$3.8

for Body

天然素材のボディケア製品

美白効果が高いとされる植物、ブンコアン入りのボディスクラブ。洗い上がりしっとり❷

$3.1

Pradasari
Krem Mandi Lulur
BENGKOANG

左はリフレッシュ、右はリラックス。ショップオリジナルのアロママッサージオイル❷

各 $6

$4.8

Himalayaのハンドクリーム。手の小じわを軽減し、滑らかに保ってくれる❶

パパイヤやオリーブなど植物由来の油脂を用いたボディバターは、使い心地もよい❷

各 $6.2

for Hair
しっとりツヤ髪の味方!

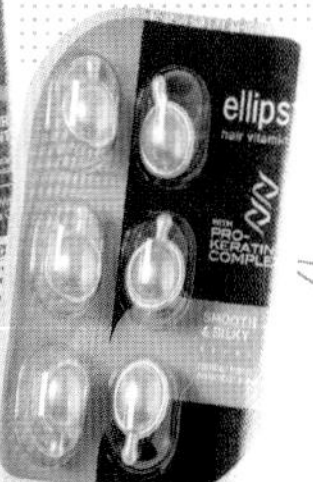

ホホバオイル&ビタミン配合のカプセル入りヘアトリートメントオイル6個パック❷❸

各 $1.6

頭皮のマッサージオイル。左は抜け毛予防、右はフケ予防に効果的❶

各 $8.8

明るいブラウンからブラックまで揃ったヘナパウダー。1箱でロングヘア1回分❸

各 $4.5

$4.8〜

アーユルヴェーダに基づいて、数種類の天然ハーブをブレンドしたPatanjaliのシャンプー❶

$2.1

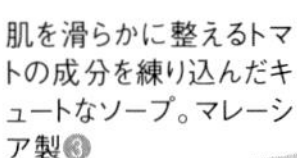

肌を滑らかに整えるトマトの成分を練り込んだキュートなソープ。マレーシア製❸

Soap
香り豊かなハーブ配合の石鹸

$2.5

美白効果が高いとされるパパイヤ果実エキスとビタミンEを豊富に含んだパパイヤ形石鹸❶❸

100%天然成分のMedimixのアーユルヴェーダ石鹸❶

各 $1.8

Inner Care
体の中から整えるお茶、サプリ

インドでは万能のハーブと呼ばれるトゥルシーのハーブティー(右)とマサラチャイ(左)❶

各 $6.8

中国漢方薬店、余仁生特製のツバメの巣コラーゲンドリンク❹

1本 $8.5

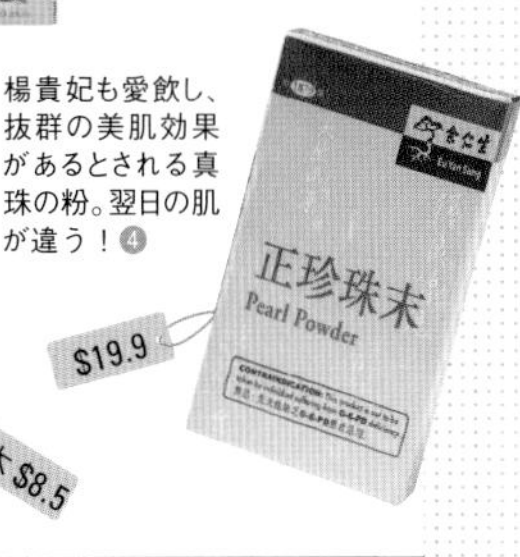

楊貴妃も愛飲し、抜群の美肌効果があるとされる真珠の粉。翌日の肌が違う!❹

$19.9

Shop List

インド漢方ケア製品が充実 ❶

ジョティ・ストア&フラワーショップ *Jothi Store & Flower Shop*

リトル・インディア・アーケード北側にある花屋兼ドラッグストア。インドのアーユルヴェーダ製品が中心で、マニアックな品もある。

▶Map P.136-B2 ブギス&リトル・インディア

住1 Campbell Lane 電6338-7008
開9:30〜21:00(日曜〜19:30) 休無休 Card不可
交MRTリトル・インディア駅から徒歩約3分

ハーブ美容の殿堂 ❷

アル・バラカー *Al Barakah*

インドネシアの伝統ハーブ療法で使われる、ジャムー製品を扱う。スキン&ヘアケア製品から食品まで幅広い品揃え。

▶Map P.138-B1 カトン

住48 Joo Chiat Rd. 電8798-7114 開9:00〜19:00
休 ハリ・ラヤ・ハジ、ハリ・ラヤ・プアサの祝日
Card A.M.V. 交MRTパヤ・レバ駅から徒歩約15分、またはタクシーで約5分

化粧品も揃うメガストア ❸

ムスタファ・センター *Mustafa Centre*

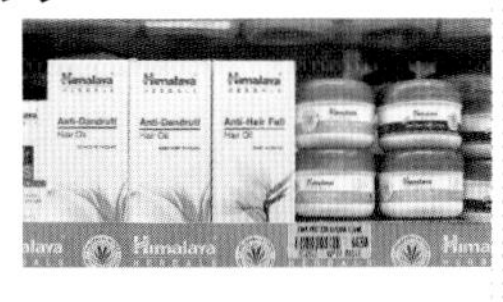

石鹸から各種ケア製品まで圧倒的なアイテム数。

▶Data P.105

老舗の中国漢方薬店 ❹

余仁生 *Eu Yan Sang*

体の内側からきれいを引き出す漢方が揃う。

▶Map P.130-B1
チャイナタウン&シェントン・ウェイ

住26 Upper Cross St.
電6223-6333 開10:00〜19:00
休日曜、旧正月 Card A.M.V.
交MRTチャイナタウン駅から徒歩約3分 ※店舗多数

61 SENG POH LANE

レトロで新しい街
チョンバルさんぽ

チョンバルは、曲線を描く白壁のHDB(住宅団地)が
軒を連ねるローカルエリア。
老舗の食堂に交じり合うように、
おしゃれなカフェや雑貨店がたたずむ。
新旧が調和するチョンバルで、
シンガポールの“今”を感じてみよう。

チョンバルにあるHDBは、1930年代のイギリス統治下で建てられた最も古い公営団地のひとつで、保存地区に指定されている。

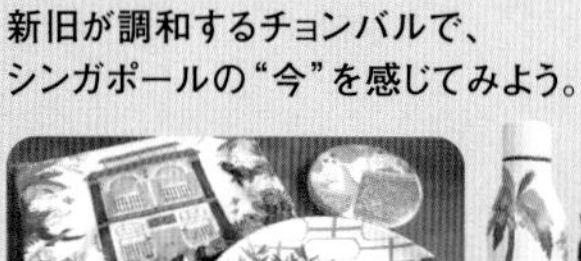

1 プラナカンモチーフのアイテム各種。手前右は竹製プレート(2枚$22.9) 2 タンブラー($29.9〜)は箱付きでギフトにもよい

おすすめスポット

Ⓐ チョンバル・ベーカリー
Tiong Bahru Bakery

フランスの有名パン職人ゴントラン・シェリエ氏がプロデュースするベーカリー&カフェ。パンは$4〜7くらい。

▶Map P.124-B3
住56 Eng Hoon St., #01-70 TEL6220-3430 開7:30〜20:00 休旧正月 Card A.M.V. 交MRTハブロック駅から徒歩約5分

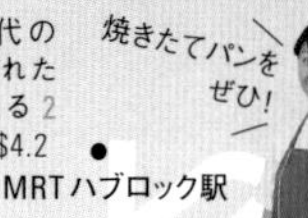

1 英国植民地時代の1930年代に建てられた趣あるHDB内にある 2 名物のクロワッサン$4.2

Ⓑ イエニドローズ&フレンズ Yenidraws & Friends

女性イラストレーター、イエニさんが描くシンガポールの風景をデザインした雑貨はおみやげにぴったり。

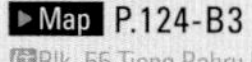
▶Map P.124-B3
住Blk. 55 Tiong Bahru Rd. TELなし 開10:00〜17:00 休日・月曜 Card A.J.M.V. 交MRTハブロック駅から徒歩約5分

種類豊富な絵皿はいち押し!

3 色鮮やかでかわいいタッチの商品が並ぶ店内。別ブランドのウエアやアクセサリーも置いている

Ⓒ キャット・ソクラテス Cat Socrates

アイドル的存在の猫がいる雑貨店。オリジナルのプラナカンデザインのバッグやポーチが人気商品。猫や動物関連グッズもある。

▶Map P.124-A3
住Blk.78 Yong Siak St., 01-04 TEL6333-0870 開10:00〜19:00(日・月曜、祝日〜18:00、金・土曜〜20:00) 休旧正月2日間 Card A.M.V. 交MRTハブロック駅から徒歩約8分

看板猫をイラストで描いた皿は各$7.9

1 雑貨が詰まったおもちゃ箱のような店 2 プラナカンタイルをデザインしたポーチ($12.8) 3 看板猫のMayoが出迎えてくれる

グルメ&スイーツ

Ⓔ ゴールデン・スプーンのクラブ・ビーフン

▶Map P.124-B3

カニ味噌たっぷりの濃厚なスープに、つるんとした食感のビーフンが絡み感動のおいしさ。

Ⓓ クリーミアーの手作りアイスクリーム

▶Map P.124-A3

シーソルトグラメラカやブルーピーバニラなどローカルフレーバーのアイスクリームもある。ワッフルに好みのアイスをトッピングするメニューが好評。

Ⓕ 阿昌粥のお粥 ▶Map P.124-B3

とろとろの広東風のお粥は、胃腸に優しくほっとするおいしさ。具は魚の切り身がおすすめ。

SINGAPORE AREA GUIDE

Marina Area, City Hall, Orchard Road, Arab Street, Chinatown, Little India

シンガポール　エリアガイド

中華系、マレー系、インド系など複数の民族が暮らし、
エリアによってまったく違った表情を見せるシンガポール。
街を歩くほどに、そのディープな魅力を感じられるはず。

観覧車のシンガポール・フライヤーには2名でカプセルを貸し切り、ディナーコースを楽しめる「165スカイダイニング」もある（要予約）。

AREA GUIDE 01

マリーナ・エリア

Marina Area

AREA NAVI

▶詳細Map P.126～129

どんなところ？
エネルギッシュなシンガポールを象徴するホットなエリア。観光、ビジネスの両面において世界中から注目の的。

散策のヒント
マーライオン・パークは夜景観賞もおすすめ。夜空にきらめく摩天楼やマリーナベイ・サンズが見応え十分。

交通メモ
エスプラネード駅は地下街が見どころやS.C.を結んでいるので、利用出口を確認し地下街移動が便利。

ハイライトが勢揃い

ベイサイドで絶景フォトを撮ろう！

新旧のシンガポールのアイコンをはじめ、ホットな観光スポットが満載のベイエリアで旅のベストショットをおさえよう！

1 シンガポールのシンボル マーライオン・パーク

Merlion Park

1972年、当時の首相リー・クアンユーの発案で作られたマーライオン像が立つ海辺の公園。現在の場所には2002年に移転し、海に向かって勢いよく水を吐き出している。高層ビルを従える勇姿を正面から見られるように桟橋が延び、観光客でにぎわっている。

▶Map P.128-A2

料 無料 交 MRTラッフルズ・プレイス駅から徒歩約10分

\ Check! /

マーライオンとおもしろショット！

マーライオンから噴射される水をキャッチするショットが流行中。
パークの桟橋周辺で、あんぐり口を開ける人続出！

元祖の後ろに立つミニ・マーライオン

「マーライオン」の由来

Column

国名の起源となった「シンガ（サンスクリット語でライオンの意味）」の顔と、港湾都市のシンボルである魚の胴体をもつマーライオンは1964年、シンガポール観光局設置に際し、デザインされたもの。政府公認のマーライオン像は6つある。

2 観光客向けの屋外ホーカーズ マカンストラ・グラットンズ・ベイ

Makansutra Gluttons Bay

エスプラネード・シアターズ・オン・ザ・ベイ（→P.89）の屋外の一画にある。サテーやチリクラブなどローカル料理を中心に12店がずらりと並び、観光客に人気。写真と英語表記メニューが掲示されていてわかりやすい。

▶Map P.128-B1

住 8 Raffles Ave., #01-15 Esplanade Mall 電 6438-4038
開 16:00～23:00（金・土曜～23:30、日曜15:00～）休 月曜
交 MRTエスプラネード駅から徒歩約10分
URL www.esplanade.com

本格イタリアンも

1 夕刻から営業
2 イタリア料理「サポリタ」はハードチーズの中で仕上げるパスタ（$18）が名物

Check!

ココナッツアイスでクールダウン

ナッツやドライフルーツを好みでトッピング。ココナッツジュース付きで$5～。

コ・ナッツ・インク
Co＋Nut＋ink
住#01-K5 Water Front 電9685-5573 開11:00～22:00（金～日曜、祝日10:30～22:30）休無休 Card不可 交MRTエスプラネード駅から徒歩約8分

Check!

ジュビリー・ブリッジ
Jubilee Bridge

マーライオン・パークとエスプラネードを結ぶ移動に便利な歩道橋。

Column

エスプラネード・シアターズ・オン・ザ・ベイ

ユニークな姿から「ドリアン」の愛称で親しまれるアートセンター。レストランがメインのモール（1～3階）や眺めのよいルーフテラス（4階）もある。

▶Map P.128-A1

住1 Esplanade Drv. 電6828-8377 交MRTエスプラネード駅から徒歩約8分 URL www.esplanade.com

▶▶所要 4時間

おすすめコース

16:30	マーライオン・パーク
17:00	マカンストラ・グラットンズ・ベイ
18:00	ファウンテン・オブ・ウエルス
19:00	シンガポール・フライヤー
20:00	ヘリックス・ブリッジ

19:00頃からライトアップ

3 繁栄都市のパワースポット
ファウンテン・オブ・ウエルス

財富之泉 Fountain of Wealth

風水に基づいて造られたシンガポール最大のS.C.、サンテック・シティ・モール内にある噴水。心の中で願いごとを唱え、右手で噴水の水に触りながら3周すると願いがかなうといわれている。

▶Map P.127-D1

住3 Temasek Blvd., Sun Tec City 電6337-3803 開9:00～22:00、噴水に触れられる時間10:00～12:00、14:00～16:00、18:00～19:30 休無休 料無料 交MRTエスプラネード駅から徒歩約5分

4 30分の空中散歩
シンガポール・フライヤー

Singapore Flyer

28人乗りのエアコン付きカプセルが最高165mまで上昇し、シンガポール全域はもとより、天気がよければインドネシアの島々も見渡せる世界最大級の観覧車。カクテル付きのフライトもある。日没直前の19:00頃がおすすめ。

▶Map P.129-C1

住30 Raffles Ave. 電6333-3311 開10:00～22:00（最終乗車21:30）休無休 料通常料金：大人$40、3～12歳$25。カクテルフライト：大人$79、子供$31（3～17歳には、モクテルを提供）Card A.J.M.V. 交MRTプロムナード駅から徒歩約7分 URL www.singaporeflyer.com

5 二重らせん構造の橋
ヘリックス・ブリッジ

Helix Bridge

マリーナ・ベイを挟むユースオリンピック公園とマリーナベイ・サンズをつなぐ全長280mの歩行者専用橋。その不思議な形状は、設計を担当したオーストラリア人建築家がDNAから構想を得たものだという。夜はライトアップし、近未来感が増幅。

▶Map P.128-B1

交MRTプロムナード駅から徒歩約5分

1 橋には4ヵ所の展望スペースがある 2 夜は一段と幻想的
3 橋のたもとから見たヘリックスとマリーナベイ・サンズの夜景

ナショナル・ギャラリー・シンガポール（→P.92）の6階のデッキは、眺めのよい穴場スポット。

AREA GUIDE 02

シティ・ホール周辺

City Hall

Column

船から確かめる シンガポール発展の歴史

コロニアル建築と高層ビル群のコントラストを楽しめるクルーズ。カラフルなショップハウスが並ぶシンガポール川河口からマリーナ・ベイに出て、マーライオン、マリーナベイ・サンズなど新旧の見どころを眺めながら約40分の周遊。

シンガポール・リバー・クルーズ Singapore River Cruise

▶Map P.126-A2

TEL 6336-6111 開 13:00～22:00（金～日曜、祝日10:00～22:30）の間、1時間ごとに運航 休 無休 料 大人$28、3～12歳$18 ※乗り場はクラーク・キーの桟橋 URL www.rivercruise.com.sg ※同様のルートでウオーターB社のクルーズ船も運航。

近代シンガポール発祥の地

コロニアルなエリアを巡る歴史＆アート散歩

シンガポールが近代国家への第一歩を踏み出した歴史あるエリアを歩けば、シンガポールの今が、違った輝きを放って見えてくるはず。

歴史遺産を洗練のデザインで再生させた「ナショナル・ギャラリー・シンガポール」（→P.92）

AREA NAVI

どんなところ？

シンガポール川河口の北側に位置し、コロニアル建築の歴史遺産が集中するアカデミックかつアーティスティックなエリア。

散策のヒント

ラッフルズ像やアジア文明博物館などがあるシンガポール川沿いは遊歩道になっており、休憩用のベンチもある。

交通メモ

アジア文明博物館からキャピトル・シンガポールまでは徒歩約10分。シンガポール国立博物館まで徒歩約20分。

▶詳細Map P.126～127

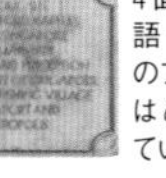

4面に1言語ずつ4枚のプレートがはめ込まれている

1 シンガポールの父 ラッフルズ上陸記念の地

Raffles Landing Site

1819年にラッフルズ卿が上陸したのが、シンガポール川河口の北岸に位置するこの場所。近代都市へ変貌を遂げるきっかけとなった、歴史の転換地点だ。台座にはシンガポールの公用4ヵ国語で「スタンフォード・トーマス・ラッフルズ卿（1781～1826）、1819年1月29日に初めてこの地に上陸」と印されている。

▶Map P.126-B3

交 MRTラッフルズ・プレイス駅から徒歩約7分

Column

ラッフルズの功績

イギリスの東インド会社の書記官だったラッフルズは、中継港建設地としてマレー半島南端の島に位置するこの地の地政学上の重要性に着目。1819年に上陸を果たした。1822～23年に駐在し、都市計画を練り、自由貿易港としての下地を整えた。

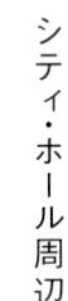

2 約150年の歴史を刻む ビクトリア・シアター&コンサートホール

Victoria Theatre & Concert Hall

1906年落成の高さ54mの時計台を中心に、向かって左側は、かつては市庁舎(1802年完成)、右側はビクトリア女王をたたえるメモリアルホール(1905年完成)だった。2014年、4年間の改修工事を経て再オープンし、現在はシアター&コンサートホールに。

▶Map P.126-B3

住9 Empress Place 電6908-8810 交MRTラッフルズ・プレイス駅から徒歩約7分 URL artshouselimited.sg/vtvch

シンガポール最古の劇場。コンサート、海外の現代劇や伝統芸能にいたるまであらゆるジャンルの公演を開催

Column

ラッフルズ像、元祖はこちら!

正面入口に立つ黒いラッフルズ像は1887年、ビクトリア女王在位50年を記念して制作されたもの。シンガポール川沿いの白いラッフルズ像(→P.90写真)は、ラッフルズ上陸150周年を記念してこの像の鋳型を取り、まったく同じ大きさで上陸地点に設置された。

シンガポール国立博物館とフォート・カニング・パークは屋外のエスカレーターでつながっている。

3 貴重な文化財を展示 アジア文明博物館

Asian Civilisations Museum

宗教にまつわる美術や出土品を通して、アジア全域の文化を鑑賞できるユニークな博物館。「海上貿易」（レベル1）、「信仰と信念」（レベル2）、「素材とデザイン」（レベル3）の3つのテーマ別に10のギャラリーで構成。レベル1には、1998年に発見された唐代（9世紀）の難破船から引き揚げられた陶器や金の装飾品が展示されている。

▶Map P.126-B3

住1 Empress Place TEL6332-7798 開10:00～19:00（金曜～21:00） 休無休 料大人$25、学生、60歳以上$20、6歳以下無料 交MRTラッフルズ・プレイス駅から徒歩約5分 URLwww.nhb.gov.sg/acm ※無料の日本語ガイドツアーは火～金曜10:30～と毎月第2土曜10:30～

1 カンボジア・アンコール王朝時代の仏陀の像（12世紀） 2 1000年以上海の底に沈んでいた積み荷の数々が展示されている「タン・シップレック・ギャラリー」 3 海底から引き揚げられた陶器 4 イスラム教の神馬ブラーク 5 19世紀建造の建物

4 歴史遺産と美術の融合 ナショナル・ギャラリー・シンガポール

National Gallery Singapore

1939年建設の旧最高裁判所（スプリーム・コート）と、1929年建設の旧市庁舎（シティ・ホール）を、10年の歳月をかけて改修。19世紀以降の東南アジアのモダンアート約8000点を有する、世界最大級のミュージアムだ。ミュージアム・ショップやファインダイニング、マリーナ・ベイを一望できるルーフテラスもあり、食事や夜景観賞だけでも訪れる価値あり。

▶Map P.126-B2

住1 St. Andrew's Rd. TEL6271-7000 開10:00～19:00 休無休 料大人$20、7～12歳、学生、60歳以上$15、6歳以下無料 CardA.D.J.M.V. 交MRTシティ・ホール駅から徒歩約5分 URLwww.nationalgallery.sg

1 館内にもドームが存在 2 旧裁判所の1階ロビーの床に礎石がある 3 マレー語を学ぶシンガポール華人の様子を描いた作品 4 オランダ王室から「王の画家」の称号を得たインドネシア人画家の作品展示室

ふたつの歴史建築物を結ぶブリッジからアトリウムが見渡せる

\Check!/

ミュージアム・ショップも要チェック！

展示作品にまつわるアイテムや地元デザイナーの雑貨やウエアなど、センスあふれる逸品揃い。

ギャラリー・ストア・バイ・ABRY

The Gallery Store by ABRY

住City Hall Wing, Level 1 TEL8869-6970 開10:00～19:00 休無休 CardA.J.M.V.

ショップハウスやタイルをデザインしたグッズはおみやげによい

Column

歴史遺産が眠る緑の丘
フォート・カニング・パーク Fort Canning Park

シンガポール国立博物館の裏手に広がる標高163mの小高い丘、フォート・カニング・パークは、かつて「forbidden hill（禁じられた丘）」と呼ばれ、14世紀初めには、庶民は立ち入ることの許されないマレーの君主の居住地だった。
その後ラッフルズがこの丘に居を構え、代々の総督の住まいとなったことから「ガバメント・ヒル」と呼称を変更。さらに、植民地時代には軍司令部が置かれ「フォート・カニング」と呼ばれることになった。敷地内にはこれらの歴史を物語る遺跡が残る。

▶Map P.126-A1～2

休無休 料無料 交MRTブラス・バザー駅から徒歩約8分、またはシティ・ホール駅から徒歩約10分 URL www.nparks.gov.sg

1 1926年にイギリス軍隊兵舎として建設されたフォート・カニング・センター 2 丘の西側にある古代の沐浴場「パンクール・ラランガン」 3 14世紀にこの地を治めたマレーの君主が埋葬されたといわれている

5 本格プラナカン料理でランチ
トゥルーブルー・キュイジーヌ
True Blue Cuisine

プラナカンハウスを利用したレストラン。オーナー一家に伝わるレシピをもとにていねいに作られた料理は、どれも絶品。代表料理のアヤム・ブアクルア（$30）やビーフ・レンダン（$25）の深い味わいを堪能。

▶Map P.126-B1

住47/49 Armenian St. TEL6440-0449 開11:30～14:30、17:30～21:30（L.O.閉店30分前） 休日曜、旧正月 Card A.D.J.M.V. 交MRTシティ・ホール駅から徒歩約8分

テーブルでご飯をサーブ

1 手前が木の実とチキンのスパイシーな煮込み料理、アヤム・ブアクルア 2 西洋やマレー、中国の折衷スタイルが色濃く表れた店の玄関

3 伝統的なプラナカンの家を再現した店内 4 手前がいち押しデザートのチェンドル。後方左はマンゴーピューレ、後方右はオンデ・オンデ

6 多彩な展示で見せる
シンガポール国立博物館
National Museum of Singapore

シンガポールの歴史と発展、暮らし、文化などに関するコレクションが、日本占領下、マレーシアからの独立などの重厚なテーマから風俗文化まで、時代ごとに展示されている。シンガポールの自然界をデジタルアートで体験できる「ストーリー・オブ・ザ・フォレスト」も見学したい。

1 シンガポールの動植物が投影されるストーリー・オブ・ザ・フォレストの回廊 2 ビクトリア女王在位50周年を記念して建てられた歴史的建築

▶Map P.126-B1

住93 Stamford Rd. TEL6332-3659 開10:00～19:00 休無休 料大人$15、18歳未満、学生、60歳以上$11、6歳以下無料 交MRTブラス・バザー駅から徒歩約4分 URL www.nhb.gov.sg/nationalmuseum ※ヒストリー・ギャラリーの無料の日本語ガイドツアー月～金曜、毎月第1土曜10:30～（定員15名、先着順）※2024年4月現在、一部改修工事中。

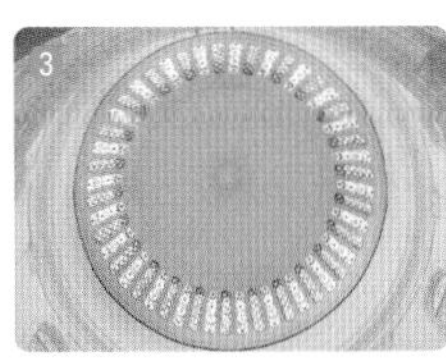

3 ドーム天井の美しいステンドグラスの数も50周年に合わせた50
4 14世紀中頃の生活再現映像

珠玉の世界を探訪

プラナカン博物館

約4年の改修工事を経て、2023年にリニューアルオープン。展示の仕方やデザインにモダンな感性を盛り込み、展示品にさらなる輝きを与えた。
3フロア、9つのギャラリーに約800点と見応えも十分。3つの展示テーマに沿って、展示のハイライトをご紹介。

プラナカン博物館
Peranakan Museum

▶Map P.126-B2
シティ・ホール&マリーナ・エリア

住39 Armenian St. TEL6332-7591 開10:00～19:00（金曜～21:00。最終入館は閉館30分前）休無休 料$16（学生、60歳以上$12、6歳以下無料）CardA.M.V. 交MRTシティ・ホール駅、ブラス・バサー駅から徒歩約10分 URLwww.nhb.gov.sg/peranakanmuseum
※火・水・金曜10:30から無料の日本語ガイドツアーがある。

1 もとは学校だった建物
2 吹き抜けのインスタレーション・アート

オリジン Origins

プラナカンのルーツがテーマ。貿易と移民のルートをたどり、紡がれたプラナカン文化の多様性を展示。

プラナカンのコミュニティを築いた人々の写真が一堂に

スタイル Style

バティック、テキスタイル、ファッション、ジュエリーを通して、デザイン美と匠の技にフォーカス。

1・2 1920年頃のビーズ刺繍のテーブルカバー。100万個以上の極小のビーズで鳥や花などが刺繍で描かれている

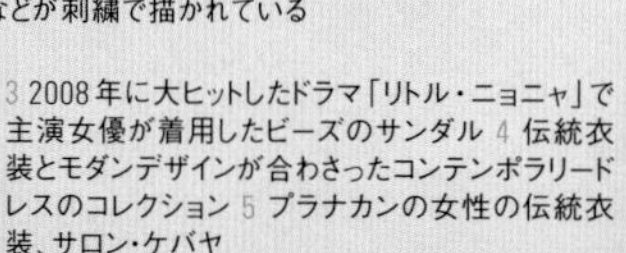

3 2008年に大ヒットしたドラマ「リトル・ニョニャ」で主演女優が着用したビーズのサンダル 4 伝統衣装とモダンデザインが合わさったコンテンポラリードレスのコレクション 5 プラナカンの女性の伝統衣装、サロン・ケバヤ

ホーム Home

ニョニャウエアと呼ばれる陶磁器と食文化を紹介。 注目は繊細な絵柄のニョニャウエア。

ピントゥ・パガーと呼ばれるスイングドアが住居の特徴のひとつ。金箔を施した彫刻が見事

フィンガーボウルも

チャイニーズ・プラナカンの食事スタイル「トクパンジャン」の展示。長テーブルで供される結婚式や誕生日など祝宴のテーブルセッティングのことで、ヨーロッパ、中国、マレーの要素が折衷している

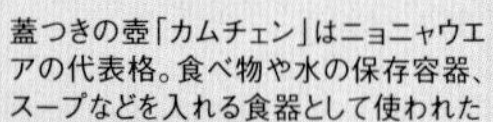

蓋つきの壺「カムチェン」はニョニャウエアの代表格。食べ物や水の保存容器、スープなどを入れる食器として使われた

「プラナカン」という言葉

プラナカンとはマレー語で「この地で生まれた」という意味。国際貿易の拠点だったマレー半島一帯で、海外から来た商人と地元の人が結婚し、その子孫が現地文化と中国やインド、アラブ、ヨーロッパなどの文化を融合させた独特の文化を築き上げた。

1階にプラナカンモチーフの雑貨、食器、ジュエリーなどを扱うショップ「サンズSuns」がある。

AREA GUIDE 03

オーチャード・ロード

Orchard Road

ローカル雑貨からハイブランドまで

買い物モード全開！注目のS.C.とショップを巡る

緑したたる街路樹の下を世界各国の人々が行き交うショッピングストリートで、シンガポールの今を体感。

AREA NAVI

どんなところ？

美しい街路樹の通りにショッピングセンターや高級ホテルが建ち並び、世界中からモノと人が集まる、シンガポールで最も華やいだエリア。

散策のヒント

オーチャード・ロードは全長約3km。オーチャード駅の真上にあるアイオン・オーチャードを街歩きの起点&目印にするとよい。

交通メモ

オーチャード・ロード沿いには西からオーチャード、サマセット、ドービー・ゴートの3駅がある。目的地に合わせて下車駅を選ぼう。

▶詳細Map P.132～135

Column

オーチャードの名の由来

19世紀まではこの一帯にナツメグなどを栽培する果樹園(orchard)があったことに由来するといわれている。「すべてのものを新しく」。リー・クアンユー首相(当時)の指揮のもと、50年ほど前から開発が進められ、今や世界に名をはせる繁華街となった。

▶所要 9時間

おすすめコース

10:00 アイオン・オーチャード
12:00 シンガポール髙島屋S.C.
クリスタル・ジェイド・ホンコン・キッチンでランチ
14:00 マンダリン・ギャラリー
15:00 デザイン・オーチャード
16:00 タングス・ギフト・ショップ
17:00 スープ・レストランで早めの夕食
18:30 イセタン・スコッツ

Check!

旅のお助け窓口

観光案内をはじめ、ツアー申し込み、ホテル予約、イベントチケットの販売もしている。2階はコワーキングスペース。

シンガポール・ビジター・センター

Singapore Visitors Centre

▶Map P.134-B2

住216 Orchard Rd. Free1800-736-2000 開10:00～19:00 休無休 交MRTサマセット駅から徒歩約1分

1 エリアのアイコン的S.C.
アイオン・オーチャード
ION Orchard

MRTオーチャード駅の真上にある近未来的なデザインが目を引く巨大S.C.。300店以上の店舗が入居し、L1～3には高級ブランド、B1～B4にはお手頃価格の旬のブランドが集合。

▶Map P.133-C3

住2 Orchard Turn TEL6238-8228 開10:00～22:00 休無休 交MRTオーチャード駅から徒歩約2分 URLwww.ionorchard.com

ショップリスト
- L3 ロンシャン、COS
- L2 ディオール、TWGティー
- L1 ボッテガ・ヴェネタ、カルティエ、ルイ・ヴィトン、プラダ
- B1 ケイト・スペード
- B2 マンゴ、ザラ、セフォラ
- B3 チャールズ&キース

B1F 人気のシンガポールブランド
イングッド・カンパニー
In Good Company

生地のクオリティや縫製の美しさにこだわり、流行にとらわれずに愛用できるファッションを提案。エッジの効いたアクセサリーやバッグと合わせるとおしゃれ度がさらにアップ。

1 幅広い年齢層に対応。メンズも揃う 2 フェミニンなコットンのサマードレス($209) 3 モコモコ感とフォルムがかわいいミニバッグ($129)

B4F 約80種類のお茶が揃う
1872クリッパー・ティー
The 1872 Clipper Tea Co.

シンガポールの茶葉貿易会社が立ち上げたティーブランド。オリジナルブレンドのハーブティーやフルーツティーはパッケージも洗練されていて、おみやげにおすすめ。

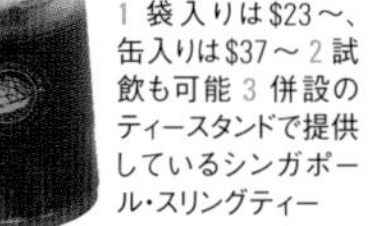

1 袋入りは$23～、缶入りは$37～ 2 試飲も可能 3 併設のティースタンドで提供しているシンガポール・スリングティー

2 一等地に建つ大御所
シンガポール髙島屋S.C.
Singapore Takashimaya S.C.

ショッピング・コンプレックス、ニー・アン・シティの中にあり、中央棟を挟んで向かって右側が、専門店が入店しているS.C.(左側は髙島屋百貨店)。シンガポール初出店のブランドも入店。地下2階にはスーパーマーケットやフードコートがある。

▶Map P.133-D3

住391 Orchard Rd., Ngee Ann City TEL6738-1111 開10:00～21:30(レストラン街は～23:00) 休店によって異なる 交MRTオーチャード駅から徒歩約5分 URLwww.takashimaya.com.sg

ショップリスト
- 3F シャンハイタン
- 2F ティファニー、カルティエ、ピアジェ、ヴァンクリーフ&アーペル
- 1F シャネル、ルイ・ヴィトン、フェンディ、セリーヌ、ボス、ディオール
- B1 セフォラ、エディターズ・マーケット
- B2 ワトソンズ、余仁生

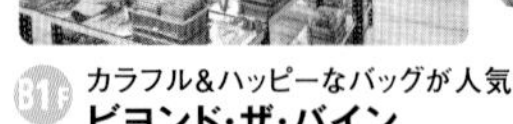

B1F カラフル&ハッピーなバッグが人気
ビヨンド・ザ・バイン
Beyond The Vines

「よいデザインを多くの人へ」という思いで創始したシンガポールブランド。軽くて使いやすくカラーバリエ豊富なバッグが人気を呼び急成長。看板商品は餃子の形状に似た「ダンプリングバッグ」。色の組み合わせが楽しいレディス、メンズ、キッズのウエアも。

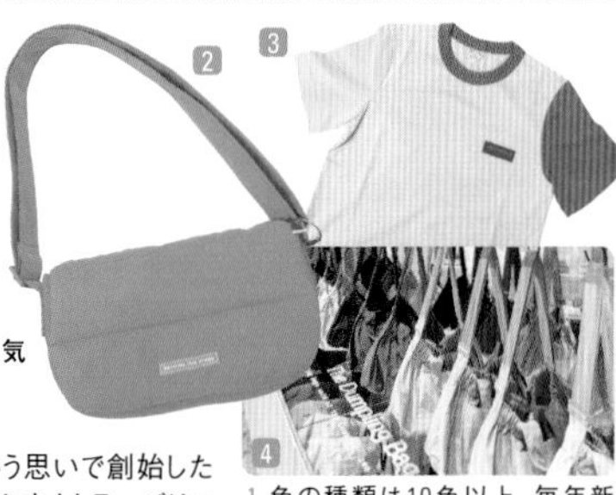

1 色の種類は10色以上。毎年新色が登場 2 キルティングを使ったプーフィーバッグ($89) 3 Tシャツは$49～ 4 ダンプリングバッグ($69～)のサイズは4種類ある

1 点心は常時約25種類 2 ロースト盛り合わせ(手前)もおすすめ

B2F ランチにおすすめ
クリスタル・ジェイド・ホンコン・キッチン
Crystal Jade Hong Kong Kitchen

地下2階にある人気店。点心や麺、お粥、ローストなど香港のローカル料理が勢揃い。カジュアルな雰囲気だが、味は本格派。点心は終日楽しめ1品$6.9～。

TEL8368-9008 開11:00～22:30(土・日曜、祝日10:30～、L.O.21:30) 休旧正月2日間 CardA.J.M.V.

シンガポール髙島屋S.C.3階には、花をテーマにした写真映えするカフェ「カフェQ クラシファイド」(#03-15)がある。

3 個性派&雑貨フリーク必見
マンダリン・ギャラリー
Mandarin Gallery

4フロアに100店舗と小規模ながら個性的なテナントが入居。L1～2はインターナショナルブランド、L3は個性派カジュアル、L4にはレストランやカフェが多い。

▶Map P.134-A2

住333A Orchard Rd. TEL6831-6363 開11:00～21:00(店によって異なる) 休店によって異なる 交MRTサマセット駅から徒歩約5分

ショップリスト
- L2 ベイシング・エイプ、シモーネ・ペレール
- L1 Y3、リモワ、ボス、マイケル・コース、ヴィクトリアズ・シークレット、ビンバイローラ、MLB、マックスマーラ

L2 手作りのビーズバッグに注目
クインテセンシャル
Quintessential

シンガポールの女性デザイナーが立ち上げた革やビーズのバッグブランド。大胆でユニークなビーズ刺繍のデザインと素材使いが特徴。

1 マンダリン・ギャラリーはヒルトン・シンガポール・オーチャードに併設されたモール 2 牛乳パックのような形のパロディポシェット$169 3 ビーズ刺繍のクラッチバッグ($169～)はプラナカンタイル柄がいち押し 4 本革のトートバッグ$249

4 気鋭のシンガポールブランドが集合
デザイン・オーチャード
Design Orchard

地元デザイナーやクリエイターの作品が一堂に会する大規模なショップ。ウエアやアクセサリーをはじめ、インテリア雑貨、コスメ、ビーチウエアまでバラエティ豊富な商品展開。

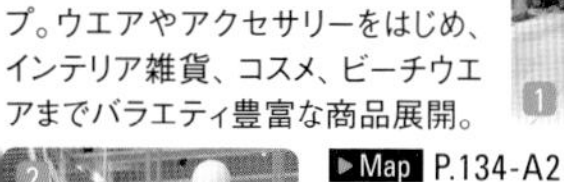

▶Map P.134-A2

住 250 Orchard Rd., #01-01 TEL 9379-4725 開10:30～21:30 休旧正月1日 CardA.M.V. 交MRTサマセット駅から徒歩約6分 URLwww.designorchard.sg

1 約100ブランドが集結 2 伝統織りのイカットをファッショナブルに 3 シンガポールのランドマークを描いた缶ホルダーとプラナカンのプレースマット($44)

1 生活雑貨からアクセサリーまで一堂に 2 バティックサロン(各$35) 3 ロンガンやレモン風味のバタークッキー(各$12)

5 雑貨&フードのおみやげ品コーナー
タングス・ギフト・ショップ
Tangs Gift Shop

百貨店「タングス」B1階にコーナー展開。プラナカンの陶器、地元デザイナー雑貨、バティックといったグッズと、お菓子やお茶、調味料などフードのコーナーがあり、おみやげ探しに役立つ。

▶Map P.133-C2

住 310 Orchard Rd., B1F Tangs TEL 6737-5500 開10:30～21:30(日曜11:00～21:00) 休無休 CardA.D.J.M.V. 交MRTオーチャード駅から徒歩約3分 URLtangs.com

6 名物ジンジャーチキンに舌鼓
スープ・レストラン
Soup Restaurant

広東省三水の正月料理である三水姜茸鶏(ジンジャーチキン、$20.9～)が看板メニュー。薬膳スープも揃っていて、メニューの効能書きを参考にオーダーしたい。

▶Map P.133-D3

住 290 Orchard Rd., #B1-07 Paragon TEL 6333-6228 開11:30～22:00(L.O.21:30) 休無休 CardA.J.M.V.

1 三水姜茸鶏(手前)はジンジャーソースをつけて、レタスで巻いて食べる 2 長時間煮込んだ日替わりのスープ(2～4人前$22.9)

7 おいしいおみやげが見つかる
イセタン・スコッツ
Isetan Scotts

地下のスーパーはフードみやげ選びに重宝する。2階のシンガポールブランドのファッションや雑貨を集めたコーナーも要チェック。

▶Map P.133-C2

住350 Orchard Rd., Shaw House TEL6733-1111 開10:00～21:00 休旧正月1日 交MRTオーチャード駅から徒歩約5分

1 地下のスーパーにえりすぐりのフードみやげを集めたコーナーがある 2 2階のデザイン雑貨コーナー 3 シンガポールアイコンをちりばめたノート

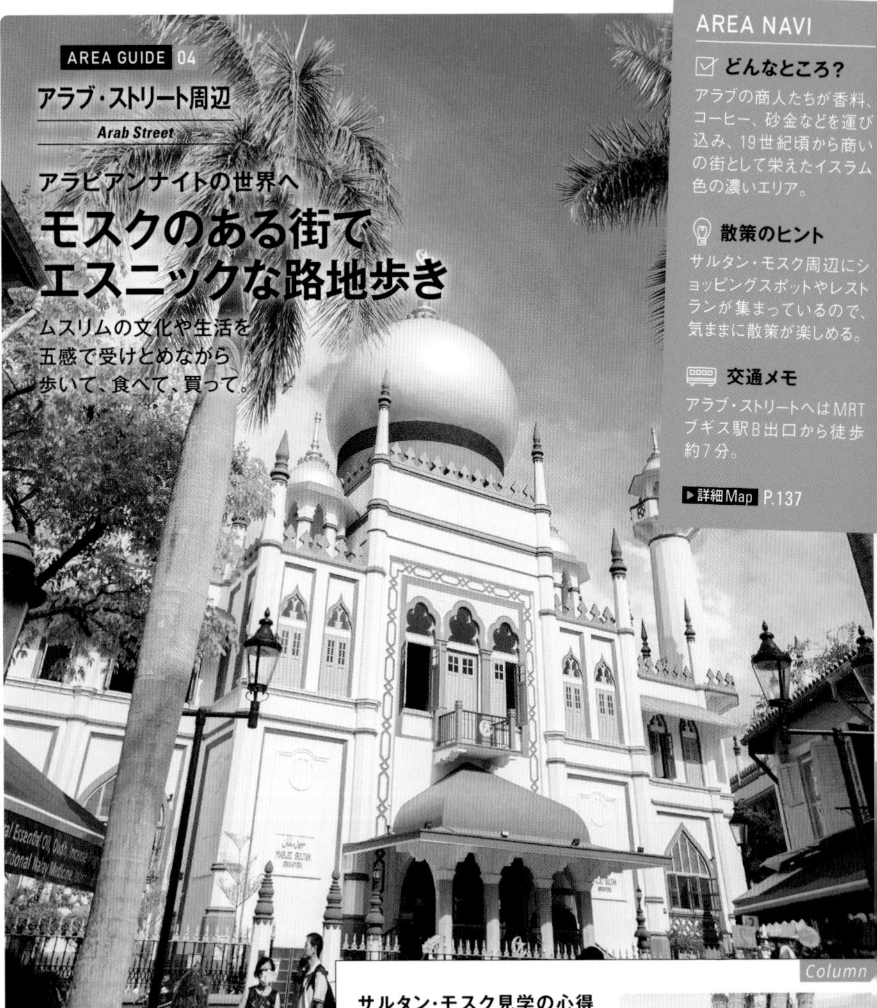

サルタン・モスクでは1日5回（5時15分、12時30分、16時、18時45分、20時）礼拝が行われる。

AREA GUIDE 04

アラブ・ストリート周辺

Arab Street

アラビアンナイトの世界へ

モスクのある街で エスニックな路地歩き

ムスリムの文化や生活を
五感で受けとめながら
歩いて、食べて、買って。

AREA NAVI

どんなところ？

アラブの商人たちが香料、コーヒー、砂金などを運び込み、19世紀頃から商いの街として栄えたイスラム色の濃いエリア。

散策のヒント

サルタン・モスク周辺にショッピングスポットやレストランが集まっているので、気ままに散策が楽しめる。

交通メモ

アラブ・ストリートへはMRTブギス駅B出口から徒歩約7分。

▶詳細Map P.137

1 黄金のドーム サルタン・モスク

Sultan Mosque

1824年に建立の、シンガポール最古最大のイスラム教寺院。モスクは建立100周年を迎えた1924年から4年の歳月をかけて増改築され、現在の姿となった。モスク内部は神聖な雰囲気で、凛とした空気が張りつめている。

▶Map P.137-C2

住3 Muscat St. TEL6293-4405 開10:00～12:00、14:00～16:00 休金曜 料無料 交MRTブギス駅から徒歩約7分

Column

サルタン・モスク見学の心得

信者たちが日常的に礼拝、瞑想に訪れる神聖な場所。マナーを守り、静かに見学しよう。

- 礼拝の時間はノースリーブ、ミニスカート、ショートパンツなど肌の露出が目立つ服装は避ける。もし、肌の露出が多い服装で訪れた場合は、入口でガウンを借りることができるが、数は限られる。
- 1日5回ある礼拝の時間は観光客の入場が制限される。
- カメラでの撮影可。ビデオは許可が必要。

5000人を
できる主
堂。観光
周囲の廊
ら見学でき

2 テ・タレの専門店 タリック
Tarik

テ・タレと呼ばれる甘いミルクティーはシンガポール名物のひとつ。サルタン・モスク前で営むこの店は、サフランをはじめ、ミントやパンダンを加えた香りのよい紅茶を販売（テイクアウトのみ）。

▶Map P.137-C3

住92 Arab St., 01-02 電なし 開8:00～22:00 休ハリ・ラヤ・プアサ、ハリ・ラヤ・ハジの祝日 CardM.V. 交MRTブギス駅から徒歩約7分

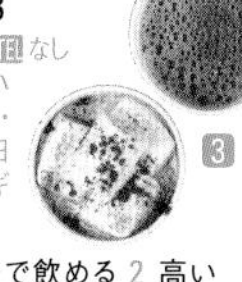

1 店の前のベンチで飲める 2 高い位置から注いで作ることで、まろやかな味わいに 3 サフランとスパイス入りのテ・タリ（上、$3.3）。下はチョコレート・サフラン

3 お気に入りの香りを持ち帰ろう ジャマール・カズラ・アロマティックス
Jamal Kazura Aromatics

1933年創業の老舗香水専門店。アルコールフリー、植物由来の香油のみで作る香水は、香りが長く楽しめるのが特徴。200種以上ある香油のなかから好きな香りを選ぼう。6mℓで$12～。

▶Map P.137-C2

住39 Bussorah St. 電6295-1948 開9:30～18:00 休ハリ・ラヤ・プアサ、ハリ・ラヤ・ハジの祝日 CardA.M.V. 交MRTブギス駅から徒歩約10分

\Check!/
人気の香りBEST 3

1位　Galaxy
ホワイトフローラルをベースにサンダルウッド、スズランをミックスした芳醇な香り

2位　Moments
ベルガモット、ピンクグレープフルーツがベースのシトラス系

3位　Esteem
ラベンダー、イランイランなどの花の香油をブレンドした女性的な香り

1 エジプト、ドバイ、チェコなどから仕入れる手作りの香水瓶がずらり 2・3・4 繊細でカラフルなエジプシャングラスの香水瓶は$20～

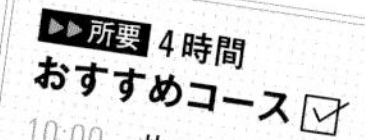

▶▶所要 4時間
おすすめコース

10:00 サルタン・モスクを見学
10:30 タリックでひと休み
11:00 ブッソーラ・ストリート散策
11:30 アラブ・ストリート散策
12:00 ハジ・レーン散策
13:00 ペルマータでランチ

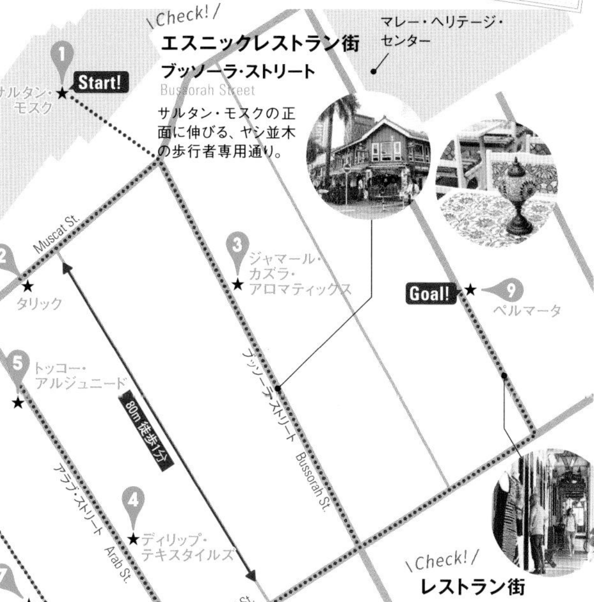

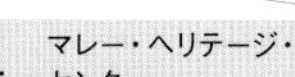

\Check!/
エスニックレストラン街
ブッソーラ・ストリート
Bussorah Street

サルタン・モスクの正面に伸びる、ヤシ並木の歩行者専用通り。

マレー・ヘリテージ・センター

\Check!/

テキスタイル街
アラブ・ストリート
Arab Street

仕立て屋を兼ねたシルクやバティックの生地店、ビーズなどを扱う手芸店が並ぶ。ペルシャ絨毯の店も多い。

\Check!/
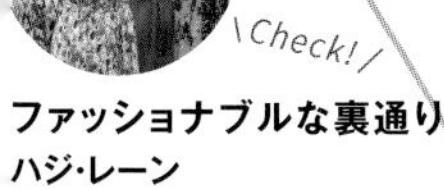

ファッショナブルな裏通り
ハジ・レーン
Haji Lane

エスニックな雑貨やアクセサリーのセレクトショップ、ローカルアーティストのショップが集まる、シンガポールの若者に人気のおしゃれ通り。

\Check!/
レストラン街
カンダハール・ストリート
Kandahar Street

マレー料理やインドネシア料理のショップハウスが並ぶ。

個性的なセレクトショップやカフェが建ち並ぶハジ・レーンは、ほとんどの店が昼過ぎからオープン。

4 1970年代から続くテキスタイルショップ ディリップ・テキスタイルズ

Dilip Textiles

北インドの伝統工芸であるブロックプリントが施された色とりどりのテキスタイルが店頭を彩る。ハンカチやランチョンマットといった小さなものからベッドカバーまで種類やサイズも豊富。

▶Map P.137-C3

住74 Arab St. TEL6293-3633 開11:00～18:00 休日曜 CardA.J.M.V. 交MRTブギス駅から徒歩約8分

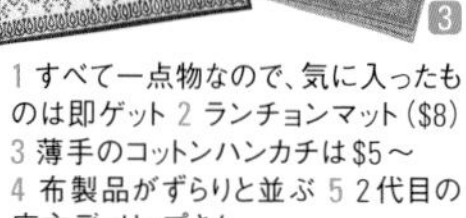

1 すべて一点物なので、気に入ったものは即ゲット 2 ランチョンマット（$8） 3 薄手のコットンハンカチは$5～ 4 布製品がずらりと並ぶ 5 2代目の店主ディリップさん

5 老舗のバティック専門店 トッコー・アルジュニード

Toko Aljunied

アラブ人経営のこの店の創業は1940年。マレーシア、インドネシア各地の手描きの高級バティックから、テーブルクロス、コースターやランチョンマットなどのおみやげ向きの小物まで、品揃え豊富。

1 民族衣装のケバヤやサロン、男性用ウエアなどもある 2 伝統柄のバティック・テーブルランナー（$18～） 3 バティックの巾着 $6～

▶Map P.137-C3

住91 Arab St. TEL6294-6897 開10:00～18:00 休日曜、ハリ・ラヤ・プアサの祝日、ハリ・ラヤ・ハジの祝日 CardA.M.V. 交MRTブギス駅から徒歩約8分

6 トルコカラーに彩られた雑貨店 スーフィー

Sufi

光を放つモザイクランプ、手描きの絵皿やカップ、ナザールボンジュウなどが並ぶトルコの市場のような店内で、精緻な手工芸品に釘付け。道を挟んだ向かいに同経営の絨毯店がある。

▶Map P.137-C3

住49 Arab St. TEL6396-6489 開10:00～21:00 休無休 CardA.M.V. 交MRTブギス駅から徒歩約10分

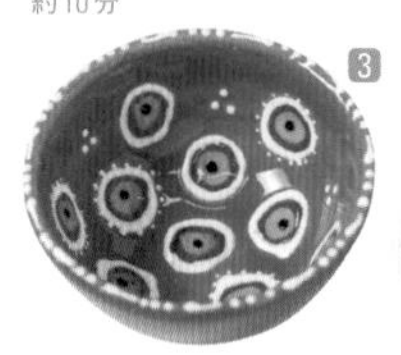

1 ナザールボンジュウ（$10） 2 職人の絵付けがすばらしい陶器の鍋敷き（$10） 3 ナザールボンジュウが描かれた小皿（$10） 4 トルココーヒー用のデミタスカップ 5 モザイクランプは$65～

Column

ラマダンとハリ・ラヤ・プアサ

イスラム教の開祖ムハマドが神の啓示を受けたイスラム暦の9月（ラマダン月）の30日間、世界中のほとんどのイスラム教徒は日の出から日没まで食べ物と飲み物を断つ。この期間を「ラマダン」といい、厳格な信者は、つばを飲み込むことさえしないという。1ヵ月に及ぶ断食が終わると、待ちに待ったお祝いの日がやってくる。それが「ハリ・ラヤ・プアサ（断食明けの祝日）」。この日に備えて、部屋の大掃除をし、ごちそうを作り、晴れ着を新調する。

アラブ・ストリート界隈は夜もおすすめ！

日が暮れると、昼とは違った表情を見せるこの界隈。トルコやモロッコなど中東のエキゾチックなレストランや、バーなど夜遊び系の店も多く、地元の若者や観光客が繰り出す。ライトアップされたモスクも美しい。

\Check!/

街を彩るド派手なウオールアート

旬の店が並ぶハジ・レーン、エキゾチックなモスク周辺は今や激アツの観光スポットに。壁面に描かれたアートの数々でさらにヒートアップ！

「タリック」（→P.99）がある建物の外壁は、この界隈の昔の光景が大規模に描かれている

ハジ・レーンのバーの壁面

7 南国で映えるオリジナルウエア ユートピア

Utopia

インドネシアのバティックや鮮やかなエスニックプリントの生地を組み合わせたワンピースやトップスが並ぶブティック。アクセサリーやバッグも揃い、トータルコーディネートも可能。

▶Map P.137-C3

住47 Haji Lane TEL9297-6681 開11:00～20:00（金・土曜～21:00）休無休 CardA.D.J.M.V. 交MRTブギス駅から徒歩約7分

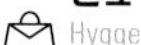

1 バティックの壁画が施されたショップハウス内にある 2 ブロックプリントのサンドレス（$148） 3 エスニック調のアクセサリーも扱う

8 雑貨好きは要チェック ヒュッゲ

Hygge

心がほっこりするような雑貨やアクセサリー、ウエアをセレクト。シンガポールのデザイン雑貨をはじめ、タイ、インドネシア、日本、韓国など世界各国から集めた品々がずらりと並ぶ。

▶Map P.137-C3

住672 North Bridge Rd. TEL8163-1893 開11:00頃～19:00頃 休日曜、不定休 CardA.J.M.V. 交MRTブギス駅から徒歩約7分

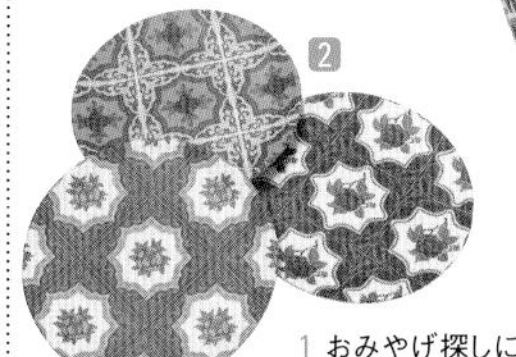

1 おみやげ探しに立ち寄りたい 2 プラナカンタイル柄のプレート（各$9.9） 3 プラスチックで編んだカゴバッグ 4 レトロな布地がかわいいポーチ（$12）

9 瀟洒なヴィラでビュッフェ料理を ペルマータ

Permata

19世紀半ばに建てられたサルタン一族の邸宅内にあるレストラン。重厚な調度品やオリジナルの床面などに昔がしのばれる。40～50品が並ぶビュッフェはインドネシア・マレー料理、シンガポール料理など多彩。

▶Map P.137-C2

住73 Sultan Gate TEL9082-9941 開12:00～14:30、18:00～21:30（土・日曜17:00～19:00、19:30～21:30）
休無休 料1人$88（土・日曜$98）※1人分払えば2人目無料 CardA..M.V. 予望ましい 交MRTブギス駅から徒歩約8分
URL www.gedungkuning.sg/permata

1 サラダ、麺類、メイン、デザートなどさまざまな料理が並ぶ 2 期間ごとにテーマを設けたビュッフェを開催 3「黄色い邸宅」と呼ばれる歴史建築 4・5 庭で炭火焼きするサテー類は焼きたてが食べられる

チャイナタウンにヒンドゥー教寺院があるのは、19世紀中頃までこの近辺に多くのインド人が住んでいた名残。

AREA GUIDE 05

チャイナタウン

Chinatown

ストリートマーケットをぶらり

中国の伝統文化が息づく路地歩き

中国寺院の近くにヒンドゥー寺院、
おみやげストリートには老舗も点在。
目まぐるしく移り変わる光景が
チャイナタウンのおもしろさ。

漢方薬店や甘味店など中国色の濃い店が並ぶテンプル・ストリート

AREA NAVI

どんなところ？

19世紀初頭に中国人居住区に指定され、100年近く続く老舗も残るエリア。

散策のヒント

MRTチャイナタウン駅A出口から延びるパゴダ・ストリート周辺が最もチャイナタウンらしいエリア。

交通メモ

中心部へはMRTチャイナタウン駅、チャイナタウンの南部へはマックスウェル駅、南西部へはアウトラム・パーク駅、東部へはテロック・アヤ駅を利用。

▶詳細Map P.130～131

1 シンガポール最古の中国寺院
シアン・ホッケン寺院

天福宮 Thian Hock Keng Temple

中国福建省から移住してきた人々が、はるばる中国から神像や彫刻を運び、1841年に創建した道教寺院。海の守護女神である天后が祀られている。寺院の面する通りはかつての海岸線で、船乗りたちは航海の安全を祈り、船出していったという。

▶Map P.131-C2

住158 Telok Ayer St. TEL6423-4616 開7:30～17:00(最終入場16:45) 休無休 料無料 交MRTテロック・アヤ駅から徒歩約3分、マックスウェル駅から徒歩約8分

1 シンガポールの重要文化財 2 扉の内側には寺院を守る門神が描かれている

2 レトロなお茶屋さん
白新春茶莊

Pek Sin Choon Pte. Ltd.

シンガポールのバクテー専門店の約8割にお茶を卸している、1925年創業の中国茶葉専門店。福建省の鉄観音、台湾のウーロンなどを独自にブレンドしている。レトロな絵柄のパッケージがキュート。

▶Map P.130-B1

住36 Mosque St. TEL6323-3238 開8:30～18:30 休日曜、祝日、旧正月 Card不可 交MRTチャイナタウン駅から徒歩約5分

1 150g入りの紙包装のお茶は$7.5～ 2 卸しと小売りを営む店

3 極彩色のヒンドゥー教寺院
スリ・マリアマン寺院

Sri Mariamman Temple

1827年完成のシンガポール最古のヒンドゥー教寺院。病気治癒に霊験あらたかといわれる南インドの守護女神「マリアマン」が祀られている。

▶Map P.130-B2

住244 South Brigge Rd. TEL6223-4064 開7:00～24:00 休無休 料無料 交MRTチャイナタウン駅、マックスウェル駅から徒歩約3分

ドーム型の天井が印象的

4 にぎわうストリートマーケット トレンガヌ・ストリート

Trengganu Street

1 中国グッズからエスニック物までさまざま 2 まとめ買いで割安になる物も 3 干支飾り

みやげ物の商店が並ぶ通り。ハンコ彫りや花文字の実演販売の店もあり、見て歩くだけでも楽しい。果物やスナックの店もあり。

▶Map P.130-B1～2

5 1930年代創業の老舗 東興

Tong Heng

ひし形のエッグタルト（→P.62）が有名な中国菓子専門店。イートインスペースもあり、エッグタルトやチキンカリーパフなど購入したお菓子を食べることができる。オリジナルのカヤジャムはおみやげにおすすめ。

▶Map P.130-B2

住 285 South Bridge Rd. 電6223-3649 開9:00～19:00 休 旧正月 Card 不可 交MRTマックスウェル駅から徒歩約2分

1 エッグタルトとカヤケーキ 2 3種のカヤジャムのギフトセットはおみやげにぴったり($12.9)

6 巨大な仏教寺院 新加坡佛牙寺龍華院

Buddha Tooth Relic Temple and Museum

唐代様式の壮麗な仏教寺院。3階には仏教博物館があり、仏陀の一生とその教えを仏教遺跡とともに紹介。最上階には、仏陀の歯が納められた金色のストゥーパがある。

▶Map P.130-B2

住288 South Bridge Rd. 電6220-0220 開7:00～17:00（仏教博物館9:00～）休無休 料無料 交MRTマックスウェル駅から徒歩約1分

1 屋上にあるマニ車 2 規模の大きな寺院

▶▶所要 7時間

おすすめコース

9:00	シアン・ホッケン寺院でお参り
9:30	白新春茶荘でお茶を購入
10:00	スリ・マリアマン寺院
10:30	トレンガヌ・ストリート散策
11:00	東興でひと休み
11:30	新加坡佛牙寺龍華院を見学

\ Check! /

味香園

Mei Heong Yuen

フルーツたっぷりスノーアイスの有名店。

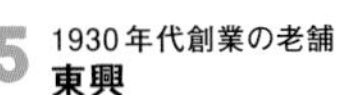

▶P.61

\ Check! /

マックスウェル・フードセンター

Maxwell Food Centre

名店と評される中国系の店がメインのホーカーズ。

▶P.73

\ Check! /

ヤクン・カヤトースト

Ya Kun Kaya Toast

香ばしいトーストがおいしい。

▶P.71

リトル・インディアは、日曜日は出稼ぎに来ている人々が繰り出し大混雑。散策は日曜以外がおすすめ。

AREA GUIDE 06

リトル・インディア

Little India

インドにワープした気分!

エキゾチックタウンでディープなショッピング体験

極彩色の寺院、スパイスの香り。
カラフルなサリー姿の女性が行き交う通りを
街の熱気を感じながら、歩いてみよう。

AREA NAVI

どんなところ?

19世紀初頭から、イギリスの植民地政策として南インドから移住させられた人々が住み着いたエリア。

散策のヒント

メインストリートのセラングーン・ロードを軸に歩くとわかりやすい。テッカ・センターからムスタファ・センターまで徒歩約15分。

交通メモ

MRTリトル・インディア駅周辺に見どころやショッピングスポットが集まっている。

▶詳細Map P.136～137

極彩色の塔門は神々や神聖な動物の像で埋め尽くされている

1 リトル・インディアのシンボル
スリ・ヴィラマカリアマン寺院

Sri Veeramakaliamman Temple

シヴァ神の妻で、殺戮と破壊を司る女神、カーリーを祀るヒンドゥー教寺院。寺院内にはガネーシャなど多数の神々も大集合。寺院の周りにも祠堂があるのでひと回りしてみよう。

▶Map P.136-B1

住141 Serangoon Rd. 電6293-4634 開5:30～12:00、17:00～21:00 休無休 料無料 交MRTリトル・インディア駅から徒歩約7分

2 活気に満ちたマーケット
テッカ・センター

Tekka Centre

人々の胃袋をまかなう巨大マーケット。1階はインドやマレー系の料理中心のホーカーズ(→P.73)と、品揃え豊富な生鮮食品市場。カラフルなサリーやパンジャビドレスが並ぶ2階では、衣類と日用雑貨を扱う。

▶Map P.136-B2

住Blk. 665, Buffalo Rd. 開6:00頃～18:00頃(ホーカーズは21:00頃まで) 休店によって異なる Card不可 交MRTリトル・インディア駅から徒歩約3分

1 ヒンドゥー教の神様のお供え用の花 2 インドの民族衣装 3 フルーツの種類も豊富 4 インド料理やムスリムの料理が充実のホーカーズ。中国系の料理やデザートもある 5 2階の吹き抜けから見た1階生鮮食品売り場

▶▶所要 7時間

おすすめコース

9:00 スリ・ヴィラマカリアマン寺院
10:00 テッカ・センターでショッピング
11:00 リトル・インディア・アーケード
12:00 インディアン・ヘリテージ・センター
13:30 マドラス・ニュー・ウッドランズでランチ
15:00 ムスタファ・センター

\Check!/

バッファロー・ロード
Buffalo Road

カラフルなショップハウスに香辛料や日用雑貨の店が並ぶ。

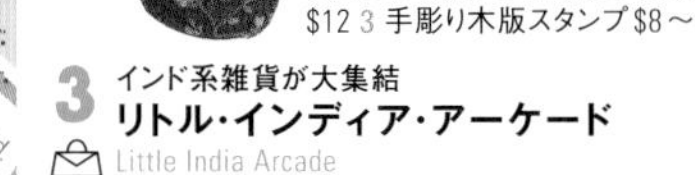

1 インドの木製小物入れ $28。引き出しは陶製 2 刺繍入り巾着 $12 3 手彫り木版スタンプ $8～

3 インド系雑貨が大集結 リトル・インディア・アーケード
Little India Arcade

インドのアクセサリーや、手工芸品、インド音楽のCDや香辛料など、インド系ショップがところ狭しと並ぶアーケード。価格もお手頃。インドの神様グッズにも注目！

▶Map P.136-B2
住48 Serangoon Rd. 開店によって異なり、10:00頃～20:00頃 交MRTローチョー駅から徒歩約3分、リトル・インディア駅から徒歩約5分

Column

ヘナ・タトゥに挑戦！

手足に幾何学模様のモチーフを描くヘナ・タトゥ。200以上のデザインがあり、$5～。ヘナは1週間～10日くらいで自然に色が消えていく。

セルヴィズ Selvi's ▶Map P.136-B2
住#01-17 Little India Arcade TEL6970-5975 開9:30～20:45(日曜～18:00) 休無休 Card不可

4 インド人移民の歴史をひもとく インディアン・ヘリテージ・センター
Indian Heritage Centre

展示室はLevel 2～4

シンガポールのインド人社会の成り立ちがわかる博物館。インド系移民の流入の背景や生活、社会的役割など5つのテーマで紹介。iPadの3Dガイドをレンタルして回ろう。

▶Map P.136-B2
住5 Campbell Lane TEL6291-1601 開10:00～18:00 休月曜 料大人$8、学生、60歳以上$5、6歳以下は無料 交MRTローチョー駅から徒歩約3分 URL www.indianheritage.org.sg

パキスタンのムルターンから寄贈されたモスクのファサード

1 マサラチャイのプレミックスパウダー($4.2) 2 バティックの長財布(各$8.9) 3 2階の食品売り場

4 種類豊富なスパイスは$1くらいから 5 どこもかしこも商品だらけの店内

5 本場インドの味 マドラス・ニュー・ウッドランズ
Madras New Woodlands

南インド料理中心のベジタリアン・レストラン。マサラカレーやダール(スパイシーな豆煮込み)など南インドの味を一度に楽しめるV.I.P.ターリー(写真2)は、満足のボリューム。

▶Map P.136-B2
住12-14 Upper Dickson Rd. TEL6297-1594 開7:30～22:00 休無休 Card不可 交MRTリトル・インディア駅から徒歩約6分

1 カリカリに焼き上げたペーパー・ドーサもおすすめ 2 紙風船のようなナンの一種、バトゥーラも付いて$11.9

6 爆買い必至！ ムスタファ・センター
Mustafa Centre

圧倒的な品数と在庫を誇る超大型ショッピングセンター。本館2階のみやげ物コーナーは旅行者に人気。文房具がおもしろい4階や、スパイス類が豊富な新館2階食料品売り場も要チェック！

\Check!/
大きな荷物は入口で預けるのがお約束

▶Map P.137-C1
住145 Syed Alwi Rd. TEL6295-5855 開9:30～翌2:00 休無休 Card A.D.J.M.V. 交MRTファーラー・パーク駅から徒歩約3分

マッサージ店やスパの予約は、ウェブサイトから行えるところが多い。電話の場合、ホテルのコンシェルジュにお願いする手もある。

世界のマッサージを体験

旅の疲れもほぐれる癒やされスパ&サロン

国際色豊かなメニューが揃う美容天国、シンガポールのスパ、マッサージサロンからおすすめを厳選。

お好みをチョイス!

地元人気が高い大手マッサージ店

ネイチャーランド

Natureland

衛生面、サービス、技術に定評があり国内に10店舗以上を展開。なかでも最大規模を誇るオーチャードのリアット・タワー店は高級感のあるオリエンタルなムード。足マッサージ、ボディマッサージ、中国式の推拿(すいな)などがメイン。

▶Map P.133-C2

オーチャード・ロード(西部) 住541 Orchard Road, #02-01 & #03-01 Liat Towers TEL6767-6780 開9:00〜翌2:00(最終予約翌1:00) 休無休 Card A.M.V. 予週末は要予約、平日も予約が望ましい 交MRTオーチャード駅から徒歩約5分 URL www.natureland.com.sg

ココがおすすめ!
★深夜まで営業していること、オーチャードのほか、ジュエルやマリーナベイ・サンズなどにも店舗があることから、旅行者にとって利用しやすい。

おすすめメニュー
●5 in 1テラピー
60分$74.12
足をメインに頭、首、肩、背中のマッサージも組み込まれている。

1 熟練のセラピストがリクエストに合った力加減で施術 2 足マッサージのチェアは約30台 3 緑いっぱいでリラックスできる 4 2フロアある

マッサージも美容系も施術メニューが豊富

アマニ・スパ

Amani Spa

健康食用油として注目されるアマニオイルは、肌のハリツヤアップや自律神経を整える効果も期待できる。ここでは日本製のオーガニック・アマニオイルを使用したトリートメントを試してみたい。タイマッサージや足つぼ、岩盤浴や酸素カプセルのメニューもある。

▶Map P.134-B3

オーチャード・ロード(東部) 住101 Killiney Rd. TEL8950-2533 開11:00〜22:30 休旧正月2日間 Card M.V. 予要予約 交MRTサマセット駅から徒歩約5分 URL amanispa.com.sg

ココがおすすめ!
★スパパッケージを予約すれば、追加料金なしでジャクージ付きのVIPルームを使用できる。

おすすめメニュー
●アマニ・シグネチャー・トリートメント
60分$141.7
アマニオイルを使用し、リンパの流れを改善することでリラックスや血行促進効果あり。強さは調節してくれる。

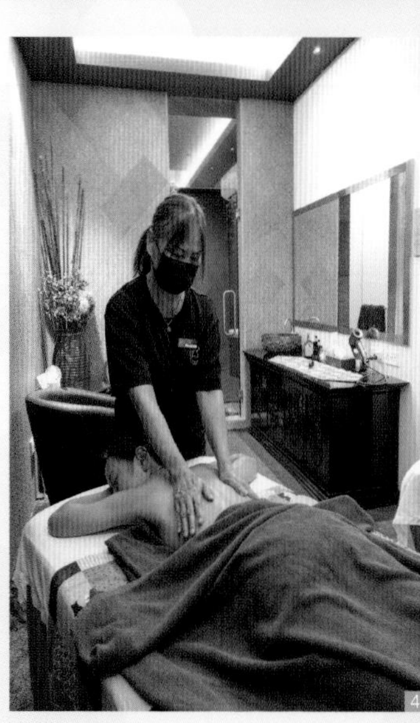

1 ジャクージ付きのVIPルームは1室のみ。早めに予約を 2 日系サロンなのでインテリアも和の趣 3 ショップハウスを改装した2階建てスパ 4 アマニ・シグネチャー・トリートメントはソフトなタッチ

シンガポール スパ&マッサージの心得

予約

希望する日時の2〜3日前に予約を入れるのがベスト。ハイシーズンや週末のスパの予約は1週間以上前が望ましい。予約はウェブサイトやメール、または電話で。

健康上の注意

病気やけがなどの治療中の人は、オイルや施術方法が体調に合わない場合があるので事前に相談を。満腹時や、施術前のアルコールの摂取は控えること。

マナー

遅刻は厳禁。遅れたぶんだけ施術時間が短くなることも。施設内での会話は静かに。

インド伝統医学の奥義でリラックス

アーユルヴェーダ

アーユッシュ・アーユルヴェディック

Ayush Ayurvedic

インド古来の伝統医学、アーユルヴェーダを修得したドクターが常駐するクリニックのようなサロン。問診により各自の体のタイプを割り出し、体調に合わせたケアを提案してくれる。

▶Map P.136-B1 ブギス&リトル・インディア

住146 Race Cource Rd. TEL6398-0415 開9:00〜21:00
休ディーパヴァリの祝日2日間 CardA.M.V. 予要予約
交MRTファーラー・パーク駅から徒歩約5分
URLayurvedasg.com

ココがおすすめ!

★本場のアーユルヴェーダが体験できるのは多国籍国家シンガポールならでは。

おすすめメニュー

●シロダーラ 50分 $87.2
温めたハーブオイルを額の中央に垂らし、深いリラックスへと導く。ストレス、不眠症、頭痛などに効果がある。

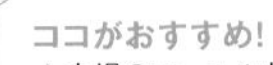

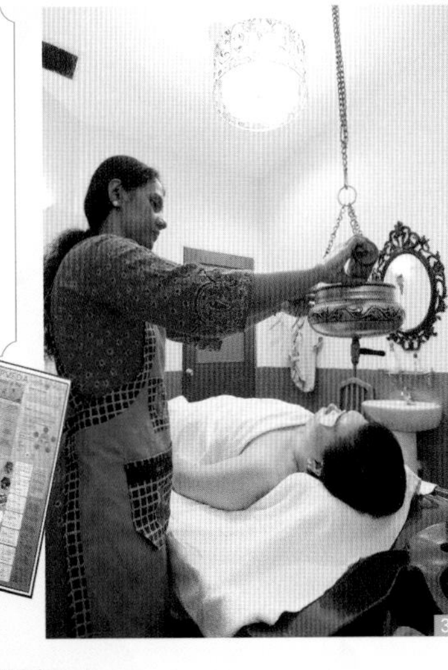

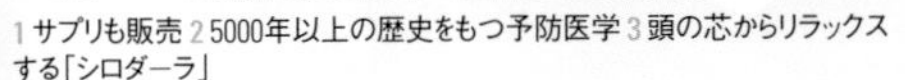

1 サプリも販売 2 5000年以上の歴史をもつ予防医学 3 頭の芯からリラックスする「シロダーラ」

歩き疲れた足も軽々!

足つぼマッサージ

ケンコー・ウェルネス・スパ・アンド・リフレクソロジー

Kenko Wellness Spa and Reflexology

1991年の創業以来、マッサージの技術が高いことで知られる老舗のスパチェーン。足マッサージがメインだが、深層部までほぐす指圧マッサージや、リンパ・デトックス・マッサージなど全身マッサージのメニューも豊富。

▶Map P.127-D2 シティ・ホール&マリーナ・エリア

住6 Raffles Blvd., #02-167/168 Marina Square
TEL6988-3636 開10:00〜21:00(最終予約20:00) 休旧正月1日 CardA.D.M.V. 予望ましい 交MRTエスプラネード駅から徒歩約5分 URLwww.kenko.com.sg

ココがおすすめ!

★着替え不要なので、買い物や観光の途中に立ち寄れ、気軽にリフレッシュ。

おすすめメニュー

●足・手・肩マッサージ 60分$98
中国式をベースにした独自のマッサージで、体のエネルギーをバランスよく保って老廃物を取り除いてくれる。

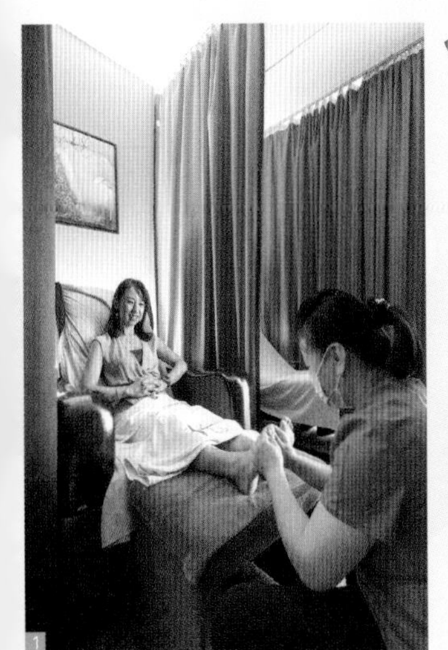

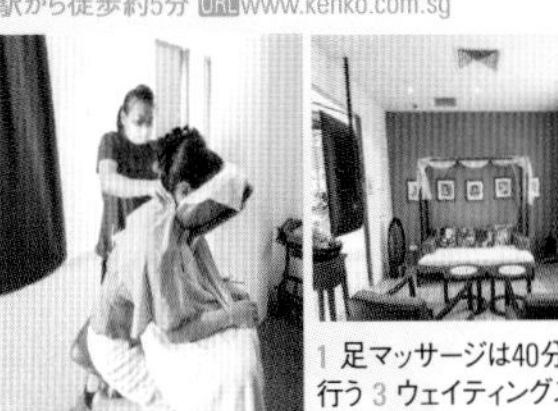

1 足マッサージは40分$68 2 肩や頭のマッサージは専用チェアで行う 3 ウェイティングスペース 4 S.C.マリーナ・スクエアの2階にあり、気軽に利用できる

シンガポールのおすすめホテル

ツアーでも使われるホテルから
おすすめをピックアップ。

＼Check!／
ダブルまたはツインの正規料金を掲載。表示料金に税・サービス料19%が加算される。時期によって割引料金を提供しているホテルもある。

シンガポールのホテル稼働率は年間を通じて高く、特に9月に行われるF1グランプリの期間中は軒並み満室状態になる。

スイソテル・ザ・スタンフォード
Swissôtel The Stamford

眺望がすばらしい地上226m、72階建てのシンガポール最高峰のホテル。
Map P.127-C2 シティ・ホール&マリーナ・エリア
住2 Stamford Rd. TEL6338-8585 料S$449～
URL www.swissotel-singapore-stamford.com

マンダリン・オリエンタル・シンガポール
Mandarin Oriental Singapore

アジアンテイストのインテリアを配したシンガポールを代表する高級ホテル。
Map P.127-D2 シティ・ホール&マリーナ・エリア
住5 Raffles Ave., Marina Square TEL6338-0066
料S$670～ URL www.mandarinoriental.com/singapore

リッツ・カールトン・ミレニア・シンガポール
The Ritz-Carlton Millenia Singapore

館内のアート作品も楽しめるラグジュアリーホテル。
Map P.127-D2 シティ・ホール&マリーナ・エリア
住7 Raffles Ave. TEL6337-8888 料S$1164.24～
URL www.ritzcarlton.com/singapore

コンラッド・センテニアル・シンガポール
Conrad Centennial Singapore

マリーナ・エリアのS.C.は徒歩圏内。館内はアート作品が飾られ、エレガントな雰囲気。
Map P.127-D2 シティ・ホール&マリーナ・エリア
住2 Temasek Blvd. TEL6334-8888 料S$370～
URL www.conradsingapore.com

マリーナベイ・サンズ
Marina Bay Sands

シンガポールのアイコン的存在のホテル。インフィニティ・プールが有名。
Map P.128-B2 マリーナ・ベイ周辺
住10 Bayfront Ave. TEL6688-8888 料S$600～
URL jp.marinabaysands.com

パークロイヤル・コレクション・マリーナベイ・シンガポール
Parkroyal Collection Marina Bay, Singapore

マリーナ・エリアに建つエコ・ラグジュアリーホテル。緑豊かなアトリウムは圧巻。
Map P.127-D2 シティ・ホール&マリーナ・エリア
住6 Raffles Blvd. TEL6845-1000 料S$350～ URL www.panpacific.com/en/hotels-and-resorts/pr-collection-marina-bay.html

パン・パシフィック・シンガポール
Pan Pacific Singapore

S.C.に直結、MRT駅へのアクセスも便利。ビジネス客が多く、ラウンジや施設も充実。
Map P.127-D2 シティ・ホール&マリーナ・エリア
住7 Raffles Blvd. TEL6336-8111 料S$300～ URL www.panpacific.com/en/hotels-and-resorts/pp-marina.html

グッドウッド・パーク・ホテル
Goodwood Park Hotel

とんがり屋根が目印の、かつてはドイツ人社交クラブだったコロニアルホテル。
Map P.133-D1 オーチャード・ロード(西部)
住22 Scotts Rd. TEL6737-7411 料S$300～
URL www.goodwoodparkhotel.com

セント レジス シンガポール
The St. Regis Singapore

ニューヨーク発祥の名門ホテル。24時間体制のバトラーサービスがある。
Map P.132-B2 オーチャード・ロード(西部)
住29 Tanglin Rd. TEL6506-6888 料S$900～
URL www.stregissingapore.com

フォーシーズンズ・ホテル・シンガポール
Four Seasons Hotel Singapore

重厚なインテリアのシックなラグジュアリーホテル。バトラーサービスがある。
Map P.132-B2 オーチャード・ロード(西部)
住190 Orchard Blvd. TEL6734-1110 料S$400～
URL www.fourseasons.com/singapore

シンガポール・エディション
The Singapore EDITION

2023年オープン。ミニマルながらもエレガントなデザインで、屋上のプールなど設備も充実。
Map P.132-B2 オーチャード・ロード(西部)
住38 Cuscaden Rd. TEL6329-5000 料S$789～ URL www.marriott.com/en-us/hotels/sineb-the-singapore-edition

シャングリ・ラ ホテル
Shangri-La Hotel

閑静な高台に建ち、各国VIPも滞在時に指名する名門ホテル。
Map P.132-B1 オーチャード・ロード(西部)
住22 Orange Grove Rd. TEL6737-3644 料S$475～
URL www.shangri-la.com/singapore/shangrila

シンガポール・マリオット・タン・プラザ・ホテル
Singapore Marriott Tang Plaza Hotel

MRTオーチャード駅の真上に建ち、アイオン・オーチャードやイセタン・スコッツと地下道で連絡。
Map P.133-C2 オーチャード・ロード(西部)
住320 Orchard Rd. TEL6735-5800 料S$380～
URL www.marriott.com/sindt

パン・パシフィック・オーチャード・シンガポール
Pan Pacific Orchard, Singapore

自然をコンセプトに森、ビーチ、ガーデン、クラウドの4つが融合したユニークな空間。
Map P.133-C2 オーチャード・ロード(西部)
住10 Claymore Rd. TEL6991-6888 料S$460～ URL www.panpacific.com/en/hotels-and-resorts/pp-orchard-sg.html

シェラトン・タワーズ・シンガポール
Sheraton Towers Singapore

全室バトラーサービス付き、上質のアメニティグッズなどのこまやかなサービスが好評。
Map P.133-D1 オーチャード・ロード(西部)
住39 Scotts Rd. TEL6737-6888 料S$350～
URL www.sheratontowerssingapore.com

ホテルの予約方法

オフィシャルサイトの予約フォームで直接予約、または日本語対応のブッキングサイトを利用してもよい。不安があるときは、予約を代行している日本の予約事務所や旅行代理店を利用しよう。

ホテル予約専門サイト

● 地球の歩き方海外ホテル予約サイト
URL hotel.arukikata.com

● ブッキングドットコム
URL www.booking.com

● エクスペディア
URL www.expedia.co.jp

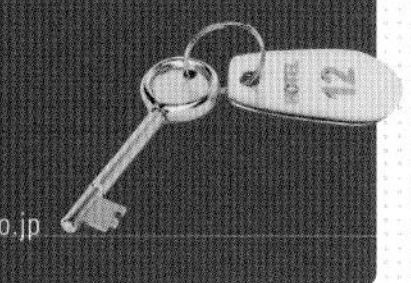

コモ・メトロポリタン・シンガポール
COMO Metropolitan Singapore

スタイリッシュなデザインのアーバーンリゾート。オーチャード・ロードへは徒歩圏内。

Map P.134-A1 オーチャード・ロード（東部）

住 30 Bideford Rd. TEL 6233-3888 料 $335～
URL www.comohotels.com/Singapore

アーティゼン・シンガポール
Artyzen Singapore

ロビーやルーフトップにトロピカルな庭園を配した、モダンなデザインホテル。

Map P.132-B2 オーチャード・ロード（西部）

住 9 Cuscaden Rd. TEL 6363-6000 料 $450～
URL www.artyzen.com/en/hotels/artyzen-singapore

ロイヤル・プラザ・オン・スコッツ
Royal Plaza on Scotts

便利なロケーションと、ヒップなデザインが好評。客室のミニバーの飲み物は無料。

Map P.133-C2 オーチャード・ロード（西部）

住 25 Scotts Rd. TEL 6737-7966 料 $530～
URL www.royalplaza.com.sg

ジェン・シンガポール オーチャードゲイトウェイ・バイ・シャングリ・ラ
JEN Singapore Orchardgateway by Shangri-La

洗浄機能付きトイレや自販機を完備した機能性の高いホテル。サマセット駅の真上にあり便利。

Map P.134-B2 オーチャード・ロード（東部）

住 277 Orchard Rd., #10-01 TEL 6708-8888 料 $290～ URL www.shangri-la.com/en/hotels/jen/singapore/orchardgateway

オーチャード・ホテル
Orchard Hotel

広東料理店「ホア・ティン」などグルメが注目するダイニングが揃う。

Map P.132-B2 オーチャード・ロード（西部）

住 442 Orchard Rd. TEL 6734-7766 料 $199～ URL www.millenniumhotels.com/en/singapore/orchard-hotel-singapore

キャピトル・ケンピンスキー・ホテル・シンガポール
The Capitol Kempinski Hotel Singapore

歴史遺産のコロニアル建築を修復したクラシックモダンなホテル。飲食施設が充実。

Map P.126-B2 シティ・ホール&マリーナ・エリア

住 15 Stamford Rd. TEL 6368-8888 料 $450～
URL www.kempinski.com/en/the-capitol-singapore

フラトン・ホテル・シンガポール
The Fullerton Hotel Singapore

ラッフルズ像のあるシンガポール川沿いに建つ、ヘリテージホテル。

Map P.127-C3 シティ・ホール&マリーナ・エリア

住 1 Fullerton Square TEL 6733-8388 料 $560～
URL www.fullertonhotels.com

フラトン・ベイ・ホテル・シンガポール
The Fullerton Bay Hotel Singapore

マリーナ・ベイに浮かぶガラスの箱のような外観のラグジュアリーホテル。

Map P.128-A2 マリーナ・ベイ周辺

住 80 Collyer Quay TEL 6333-8388 料 $550～
URL www.fullertonhotels.com

インターコンチネンタル・シンガポール
InterContinental Singapore

客室の2割はプラナカン風インテリアの「ショップハウスルーム」。

Map P.136-B3 ブギス&リトル・インディア

住 80 Middle Rd. TEL 6338-7600 料 $550～
URL singapore.intercontinental.com

シャングリ・ラ ラサ・セントーサ・シンガポール
Shangri-La's Rasa Sentosa Singapore

セントーサ島にあるファミリーに人気のリゾート。

Map P.139-C1 セントーサ島主要部

住 101 Siloso Rd., Sentosa TEL 6275-0100 料 $360～
URL www.shangri-la.com/jp/singapore/rasasentosaresort

アウトポスト・ホテル・セントーサ
The Outpost Hotel Sentosa

13歳以上限定の、大人のためのリゾートホテル。レクリエーションプログラムも豊富。

Map P.139-D2 セントーサ島主要部

住 10 Artillery Ave., #03-01 Sentosa TEL 6722-0801
料 $400～ URL www.theoutposthotel.com.sg

ビレッジ・ホテル・セントーサ
Village Hotel Sentosa

4つのテーマプールがあるファミリー向けリゾート。

Map P.139-D2 セントーサ島主要部

住 10 Artillery Ave., #02-01 Palawan Ridge, Sentosa
TEL 6722-0800 料 $400～ URL www.villagehotels.asia/en/hotels/village-hotel-sentosa

イビス・シンガポール・オン・ベンクーレン
Ibis Singapore on Bencoolen

世界規模のホテルグループ経営のスタイリッシュなエコノミーホテル。

Map P.136-B3 ブギス&リトル・インディア

住 170 Bencoolen St. TEL 6593-2888 料 $186～
URL all.accor.com/hotel/6657/index.en.shtml

ビレッジ・ホテル・アルバート・コート
Village Hotel Albert Court

比較的リーズナブルなホテル。客室の一部はショップハウス風のエキゾチックな内装。

Map P.136-B2 ブギス&リトル・インディア

住 180 Albert St. TEL 6339-3939 料 $200～ URL www.villagehotels.asia/en/hotels/village-hotel-albert-court

ホリデイ・イン・エクスプレス・シンガポール・クラーク・キー
Holiday Inn Express Singapore Clarke Quay

全室スタンダードルームのエコノミーホテル。朝食ビュッフェ無料。

Map P.124-B2 シンガポール中心部

住 2 Magazine Rd. TEL 6589-8000 料 $230～ URL www.ihg.com/holidayinnexpress/hotels/us/en/singapore/sincq/hoteldetail

空港内に24時間営業のコンビニやスーパーマーケット（だいたい7時～23時）もあるので、買い忘れたフードみやげはこちらで。

旅の最後にまとめ買い

チャンギ国際空港のおすすめみやげ

シンガポールのおみやげに絶対外せないアイテムをご紹介。フライト前の最後のショッピングを楽しんで。▶Map P.123-D2

1位

バシャコーヒーのコーヒー

シンガポールみやげの新定番。コーヒーバッグのほか、コーヒービーンチョコレート（上右）も人気。機内には持ち込めないが、コーヒーのテイクアウトもできる（右）。

2位

TWGティーのお茶

シンガポールブランド「TWGティー」のお茶は自宅用にも入手したい。優雅な香りがお茶タイムを贅沢なものにしてくれるはず。マカロンもおすすめ。

3位

タイガーバーム

ミニサイズのタイガーバームは、ばらまきみやげに。ワトソンズやガーディアンなどのドラッグストア、コンビニで買える。

4位

デザイン雑貨

「ディスカバー・シンガポール」は定番のおみやげからデザイン雑貨まで扱う要チェック店。バッグやTシャツ、小物類、フードと品揃えよし。

5位

オールド・センチョーンのターミナル限定クッキー

T2とT4のそれぞれの店舗で限定フレーバーを販売（右）。6種類の味が楽しめる個包装タイプのクッキー（左）もある。

6位

スタバの限定グッズ

空港内に数店あるスターバックスのシンガポール限定商品がおみやげに人気。ご当地アイコンをデザインしたタンブラーやマグカップなどがある。

7位

パイナップルタルト

形が崩れやすいパイナップルタルトは空港で購入して手荷物で持ち帰ると安心。「ディスカバー・シンガポール」のプラナカンボックス入りパイナップルタルトがおすすめ。

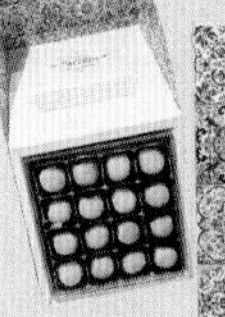

SHOP LIST

Terminal1＝❶ Terminal2＝❷ Terminal3＝❸ Termina4＝❹ Jewel＝Ⓙ

Bacha Coffee ❶❷❸❹
美珍香（Bee Cheng Hiang）❶❷❹Ⓙ
Bengawan Solo ❶❷❸❹Ⓙ
Bottega Veneta ❸
Burberry ❶❸
Changi Recommends ❶❷❸❹
Charles & Keith ❶❷❸❹Ⓙ
Coach Ⓙ
Discover Singapore ❶❷❸❹
余仁生（Eu Yan Sang）❷❸Ⓙ
Giordano ❶❷
Guardian Health & Beauty ❶❷❸
Gucci ❶❷❸
Hermes ❶❷❸
Irvins Salted Egg ❶❸Ⓙ
Kate Spade Ⓙ
Lacoste ❶❷❸❹
Longchamp ❶❷❸
Louis Vuitton ❶❸
Michael Kors ❶❸
Old Seng Choong ❷❹
Prada ❸
Starbacks Coffee ❶❷❸❹
Tiffany & Co. ❶❸
TWG Tea Boutique ❶❷❸❹
Uniqlo ❶Ⓙ
Victoria's Secret ❷❸
Watsons Ⓙ

TRAVEL INFORMATION

Immigration, Public Transportation, Safety Information, Useful Travel Tips

旅の基本情報

シンガポール行きが決まったら、いよいよ準備開始。
交通、治安、マナーなど現地情報をおさえておけば、
初めてのシンガポールでも安心。

シンガポールの基本情報

滞在先の基本情報を知ることも、
大切な旅支度のひとつ。
事前に確認しておくことで、快適に安全に旅を楽しめる。

シンガポール中心部で両替レートがいいのはラッキー・プラザ（Map P・133-C2）の地下にある両替商。

基本情報

● 国旗

赤は世界人類の融和と平等を、白は美徳と純粋性を、5つの星は平和・進歩・正義・平等、民主主義の5つの理想の進展を表し、三日月はイスラム教を象徴する。

● 正式国名

シンガポール共和国
The Republic of Singapore

● 国歌

マジュラ・シンガプーラ
Majulah Singapura

● 面積

721.5km²
（国家統計局）
東京23区とほぼ同じ

● 人口

591.8万人
（2023年/シンガポール政府統計局）

● 元首

ターマン・シャンムガラトナム
Tharman Shanmugaratnam
首相はローレンス・ウォン
Lawrence Wong

● 政体

大統領を元首とする共和制

● 民族構成

華人系74.3%、マレー系13.5%、インド系9%、そのほか3.2%

● 宗教

仏教、イスラム教、キリスト教、ヒンドゥー教、道教など

● 言語

国語はマレー語。公用語として英語、中国語、マレー語、タミール語

通貨・レート

● $1＝¢100＝約115円（2024年5月現在）

通貨単位はシンガポール・ドルS$、補助通貨はシンガポール・セントS¢（本書ではそれぞれ$、¢と表記）。2013年に新硬貨5種類が発行された。

$2

$5

$10

$50

$100

$1000（2021年1月をもって発行中止したが、現在も出回っており使用可能）

新¢5　新¢10　新¢20　新¢50　新$1

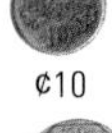

¢1　¢5　¢10　¢20　¢50　$1

電話

シンガポールで電話をかけるには、ホテルの客室に設置された電話や、SIMフリーのスマートフォンにSIMカードを入れて利用するといった方法がある。SIMカードはチャンギ国際空港などで購入できる。また、ahamo、楽天モバイルはSIMの入れ替えなしで国際ローミングが利用できる。公衆電話は、空港以外はほとんどない。

● 日本→シンガポール　〈シンガポール6123-4567にかける場合〉

0033/0061/005345ほか	010	65	6123-4567
国際電話会社の番号	国際電話識別番号	シンガポールの国番号	相手先電話番号

● シンガポール→日本　〈東京03-1234-5678にかける場合〉

001	81	3-1234-5678
国際電話識別番号	日本の国番号	市外局番を含む相手の電話番号（固定電話・携帯とも最初の0は取る）

● 現地で

市外局番などはなく、6から始まる固定電話、8と9から始まる携帯電話や緊急電話、1800と800から始まる無料通話がある。

祝祭日の営業

旧正月(中国正月)の2～3日間は中国系の店舗を中心に休業するレストランや店が多い。マレー系の店ではハリ・ラヤ・プアサやハリ・ラヤ・ハジのイスラムの祝日、インド系の店ではディーパヴァリに休む店が多い。これらの祝日は、毎年異なるので旅行計画を立てる際に確認を。

日付の書き方

シンガポールではイギリス式に「日・月・年」の順で日付を表す。日本と順番が異なるので注意。例えば「2024年9月1日」の場合は「1/9/2024」「1/9/24」と書く。「8/10」と書いてあると、日本人は8月10日と思ってしまうが、これは10月8日のこと。

両替

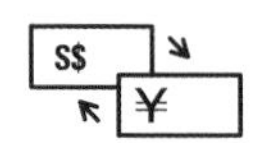

●レートは両替所により異なる

日本円からシンガポール・ドルへの両替は空港や街なかの両替商、ショッピングセンター、ホテルなどでできる。手数料やレートはそれぞれ異なるので必ず確認を。比較的レートがいいのは「公認両替商/Authorized Money Changer」という看板の出た両替商。

クレジットカード

●シンガポールはカード社会

コーヒー1杯からカードで支払いOKのシンガポールはまさにクレジットカード社会。屋台や小さな個人商店などの例外を除き、ほぼすべてのホテル、ショッピングセンター、レストランで使用できる。現金の取り扱いがなく、カードでの支払いしか受け付けない店もある。

時差

●－1時間

日本との時差は1時間で、日本時間から1時間を引くとシンガポール時間になる。つまり日本の正午はシンガポール時間の同日午前11:00となる。サマータイムはない。

日本からの飛行時間

●約6時間30分～7時間30分

日本各地から直行便が運航。成田・羽田から約7時間30分、名古屋から約7時間15分、大阪から約7時間5分、福岡から約6時間35分など。日本航空、全日空、シンガポール航空、シルクエアー、デルタ航空、スクート、ジェットスター・アジア航空、ZIPエアなどが就航している。

旅行期間

●3泊4日以上が望ましい

旬の観光スポットやショッピング、食べ歩きをひととおり楽しむなら、最低3泊4日はしたいところ。帰りを深夜便、機内泊1泊で3泊5日というプランもある。

ATM

●キャッシングを上手に活用

空港や街なかなどいたるところにあり、VISAやMaster Cardなど国際ブランドのカードでシンガポール・ドルをキャッシングできる。出発前に海外利用限度額と暗証番号を確認しておこう。金利には留意を。

言語

●さまざまな言語が飛び交う

公用語が4つある(→P.112)多民族国家のシンガポールでは、他民族間のコミュニケーションは英語。また英語をベースに多様な言語が混ざり合ったシングリッシュが、日常語として使われている。

物価

●日本より少し高い

外食は、値段の幅が広くホーカーズなどで済ませれば$5程度からあり。メニューも豊富。

- 市販の蒸留水(500mℓ)$0.6～
- MRT最低料金$1.09～
- タクシー最低料金$4.1～

チップ

●基本的に不要

レストランなどでよいサービスを受けたと思ったら、小銭のおつりを置いてもいい。ホテルのベルボーイ、ルームメイドには$2前後が目安。

ビザ

●14日もしくは30日間の滞在なら不要

14日か30日かは入国審査官の判断による。一般的な観光の場合は30日間になることが多い。パスポート残存有効期間は、シンガポール到着時に滞在予定日数＋6ヵ月以上必要。

シンガポールには旧正月前の「チャイニーズ・ニューイヤー・セール」と5月後半～7月後半の「グレート・シンガポール・セール」というふたつのバーゲンシーズンがある。

電圧・電源

シンガポールの電圧は230V、50Hz。プラグは四角形の穴が3つのタイプ（BF型）が一般的だが、一部には丸穴が3つのタイプ（B3型）もある。日本の電気製品をそのまま使う場合には変圧器が必要。持っていく携帯電話やスマートデバイスの充電器などが海外で使用可能かどうか確認を。

トイレ

ショッピングセンターやテーマパーク、美術館などの観光スポットには清潔なトイレがあり、無料で利用できる。ホーカーズにもトイレがあるが、有料だったり（¢20）、掃除が行き届いていない場合がある。ほとんどが洋式の水洗トイレ。

郵便

●日本への航空郵便料金

はがき、エアログラム…¢70
封書…¢80（20gまで）10g増すごとに＋¢25
郵便局の営業時間は月～金曜8:30～17:00、土曜～13:00（場所によっては月～金曜10:30～19:00、土曜～14:00なども）

水

シンガポールの上水道はWHO（世界保健機関）の審査基準をクリアしており、飲料に適している。ただし、胃腸が弱い人はミネラルウオーターや市販の蒸留水を飲むことをおすすめする。市販の水は500mℓ入りのペットボトルで$0.6～2くらい。

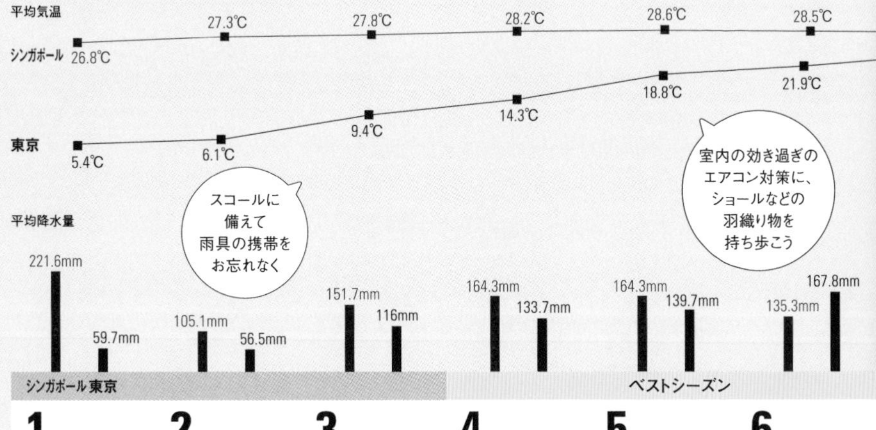

1 January

1/1
ニュー・イヤーズ・デイ
New Year's Day

1/29、30
チャイニーズ・ニューイヤー*
Chinese New Year/旧正月
ルナ・ニューイヤーとも呼ばれる。

2 February

2/11
タイプーサム*
ヒンドゥー教の奇祭。発祥の地インドでは禁止されており、今はマレーシアとシンガポールでのみ行われている。

3 March

3/31
ハリ・ラヤ・プアサ*
Hari Raya Puasa
イスラム教の断食明け（ラマダン明け）を祝う祭。

4 April

4/18
グッドフライデイ*
Good Friday
キリスト教の復活祭を祝う週末の金曜日。

5 May

5/1
レイバー・デイ
Labor Day
労働者の日。

5/12
ベサック・デイ*
Vesak Day
お釈迦様の誕生日。日本では「花祭り」と呼ばれている。

6 June

6/6
ハリ・ラヤ・ハジ*
Hari Raya Haji
メッカ巡礼者を祝うイスラム教の祝日。

ベストシーズン　●4月から9月

熱帯モンスーン気候に属し、1年を通して高温多湿。雨季と乾季に分かれており、10～3月の雨季は気温がいくらか下がる。乾季にあたる4～9月は空気が乾燥しているが、スコールは頻繁にある。6～8月は特に日差しが強い。

インターネット

シンガポールでは国策でインターネット環境の整備を進めており、チャンギ空港のインフォメーション・カウンターで短期滞在の旅行者に臨時パスワードとユーザーネームを発行している。無料Wi-Fiを提供している飲食店も多く、格安ホテルは接続無料(一部の高級ホテルは有料)。

喫煙

飲食関連施設、ナイトスポットでは喫煙エリアと明示されている場所を除き、基本的にすべてが禁煙。全館禁煙とするホテルも増えている。たばこの持ち込みは1g(または1本)あたり¢42.7が課税される。電子たばこは持ち込み禁止。

マナー

宗教上のタブーは特にないが、イスラム教寺院を訪れるときは、肌を露出した服装は避ける。第2次世界大戦中に旧日本軍が3年間占領した時代があるため、年輩者のなかには反日感情をもつ人もいることに留意しておこう。高級ホテルで飲食する際はドレスコードを確認して、その場に合った服装で。

規則と罰金

シンガポールでは多民族国家を統制するため、多くの罰金制度が設けられており、旅行者もルールを守らなければならない。シンガポールのルールの一例:ゴミのポイ捨て/喫煙所以外での喫煙/公共の場所で痰やつばを吐く/鳥への餌やりなどの行為には最高$1000の罰金が科される。

出典:シンガポールと東京の月ごとの平均気温と降水量(シンガポール:National Environment Agency　東京:気象庁)

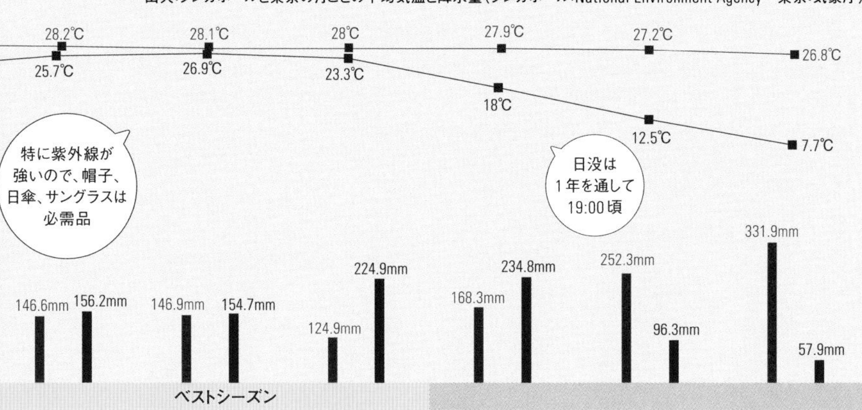

7 July

大きな行事はない。

8 August

8/9

ナショナル・デイ
National Day
シンガポールの独立記念日。1965年にマレーシアから分離独立した。ナショナル・デイ・パレードが行われる。

ナショナル・デイはマリーナ・ベイで花火が打ち上げられる

9 September

9/13

中秋節*
家族や親しい友人が集まり、月をめでる中国の伝統的な祭日。ショッピングセンターやホテルでさまざまな種類の月餅が売り出される。

10 October

10/20

ディーパヴァリ*
Deepavali
「光の祭典」とも呼ばれるヒンドゥー教徒の正月。1ヵ月ほど、リトル・インディア周辺はカラフルな電飾でライトアップされる。

11 November

大きな行事はない。

12 December

12/25

クリスマスデイ
Christmas Day
11月終わり頃から、オーチャード・ロードのライトアップや各ホテルのツリーデコレーションが楽しめる。

※日程は2025年のもの。赤字は休日。
※多民族国家のシンガポールでは、キリスト教、仏教、イスラム教、ヒンドゥー教など各宗教ごとに祝祭日があり、暦ごとに定められているため、年によって日付が変わる移動祝祭日となる。*は移動祝祭日

シンガポール入出国

入国審査を抜ければ、いよいよシンガポール。持ち込み禁止品や申告基準には特に気をつけよう。

チューイングガム、花火や爆竹、わいせつな雑誌やビデオの持ち込みは禁止されている。

日本からシンガポールへ

1 シンガポール到着

飛行機を降りたら空港ビル2階を通って、エスカレーターで1階にある入国審査(IMMIGRATION)に向かう。

2 シンガポール入国審査

入国管理局(ICA)のウェブサイトかアプリ「MyICA」であらかじめSGアライバルカードを登録しておくこと(右記参照)。自動入国ゲートで、機械にパスポートをかざし、顔・虹彩をスキャンして認証されれば、審査終了。SGアライバルカード確認書をダウンロードしたデータ、またはそれをプリントした書類の提示を求められることはほぼないが、念のため提示できるようにしておこう。

3 荷物受け取り

搭乗便名の表示があるターンテーブルで機内預け荷物をピックアップ。万一荷物が出てこなければ、空港スタッフにバゲージ・クレームタグを提示し手続きを。

4 税関審査

免税範囲(右記)を超えた物品を持ち込む場合は赤の通関路で申告する。申告するものがない場合は緑の通関路を進む。

5 到着ロビー

観光案内所や両替所などがある。市内への交通手段はP.118を参照。

SGアライバルカードの登録

到着3日前から、入国管理局(ICA)のウェブサイト(以下URL)か、アプリ「MyICA」にて、SGアライバルカードの登録をしておく。
URL eservices.ica.gov.sg/sgarrivalcard

登録内容は以下のもの。記入の詳細は日本語表示にできる。

- 有効なパスポート情報
- 居住地／eメールアドレス　※e-Pass(電子訪問パス)の受け取りに必要。現地で確認できるメールアドレスを登録すること。
- 旅行スケジュール(フライト情報、ホテル情報、出発地や次の目的地、シンガポール出発日など)

これで登録完了。申請が認められると、SGアライバルカードに登録したメールアドレス宛てに、SGアライバルカード確認書が送られてくる。ダウンロードしたデータをスマートフォンなどに保存、またはそれをプリントした書面を携行する。

シンガポール入国時の免税範囲

たばこ	1本から申告が必要。1g(1本)につき¢42.7が課税される。持ち込み可能な分量は400gまで。ただしパッケージにロゴやブランドマークが入っていないなど条件があり、日本国内で販売されているたばこは条件を満たしていないため、持ち込みは不可。
酒類	蒸留酒、ワイン、ビール、各種類1ℓ、最大2ℓまで。ただし、ワインとビールは単体で2ℓまで可能。
通貨	$3万相当以上は申告が必要。

機内持ち込み手荷物の制限

● おもな制限品

刃物類(ナイフ、はさみなど)…持ち込み不可　**液体物**…容量制限あり※
喫煙用ライター…ひとり1個のみ(機内預けの荷物に入れるのは不可)

※100mℓ以下の容器に入った液体物(ジェル類、エアゾール類含む)で、容量1ℓ以下の再封可能な透明プラスチック袋に入れた場合は持ち込み可。

● 機内預け荷物の重量制限

航空会社や搭乗クラスにより異なるが、シンガポール航空のエコノミークラスの場合、個数に関係なく総重量は30kgまで。

シンガポールから日本へ

1 消費税(GST)の払い戻し

必要な人のみ。GSTの払い戻しを受ける人は、未使用の購入品と領収書、買い物の際に手続きをして受け取ったバウチャーを持参し、空港内にあるeTRS(下欄参照)のGST Refund端末や、還付代行会社のカウンターで手続きを行う。還付金は現金、小切手、またはクレジットカード口座への入金のいずれかで返金される。

2 搭乗手続き(チェックイン)

空港ビル2階の出発ホール利用航空会社のチェックインカウンターでeチケットの控えとパスポートを提示。機内預け荷物はここでチェックインし、バゲージ・クレームタグをもらう。

3 出国審査

自動出国ゲートで、機械にパスポートをかざし、顔・虹彩をスキャンして認証されれば、審査終了。

4 出国ロビーから搭乗エリアへ

時間があれば免税店で最後の買い物を楽しむのもいい。搭乗開始時刻をチェックし、遅くとも30分前までには搭乗ゲートへ。まれにゲートが変更されることもあるので注意。

5 セキュリティチェック

搭乗前にゲート入口で機内持ち込み手荷物のX線検査とボディチェックを受ける。

6 帰国

機内で配られた「携帯品・別送品申告書」に必要事項を記入し(別送品がある場合は2枚必要)、日本の空港の税関審査にて提出、到着ロビーへ。「Visit Japan Web」(以下URL)で税関申告を済ませることもできる。
URL services.digital.go.jp/visit-japan-web

携帯品・別送品申告書の記入例

● A面

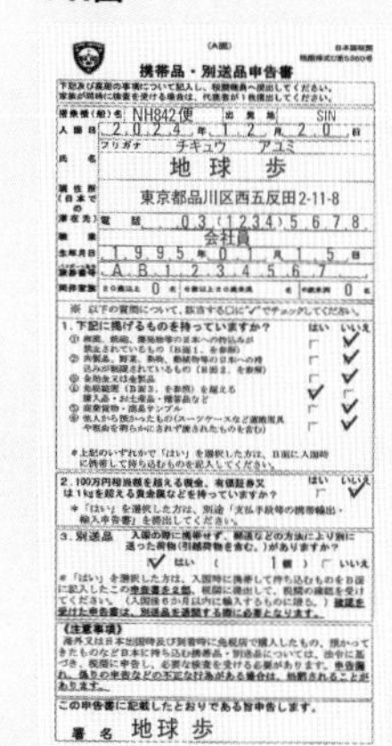
(A面)
携帯品・別送品申告書
搭乗機(船)名 NH842便　出発地 SIN
入国日 2024年12月20日
フリガナ チキュウ アユミ
氏名 地球 歩
現住所(日本での滞在先) 東京都品川区西五反田2-11-8
電話 03(1234)5678
職業 会社員
生年月日 1995年01月15日
旅券番号 AB1234567
同伴家族 20歳以上 0名　6歳未満 0名
1. 下記に掲げるものを持っていますか?
2. 100万円相当額を超える現金、有価証券又は1kgを超える貴金属などを持っていますか?
3. 別送品　入国の際に携帯せず、郵送などの方法により別に送った荷物(引越荷物を含む。)がありますか?　✓はい (1個)　いいえ
(注意事項)
この申告書に記載したとおりである旨申告します。
署名 地球 歩
IMM JP C5360B JAPANESE

● B面

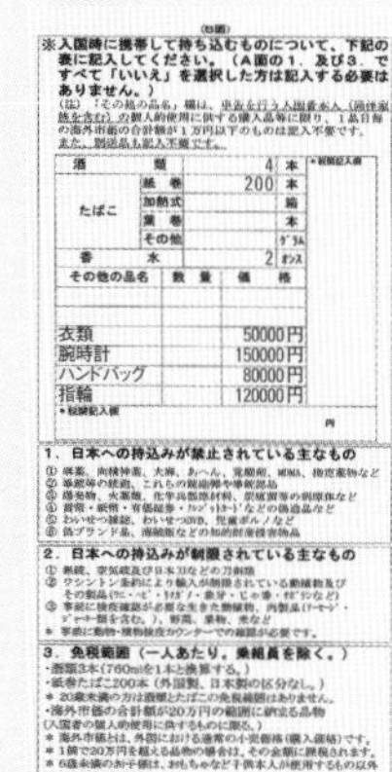
(B面)
※入国時に携帯して持ち込むものについて、下記の表に記入してください。(A面の1．及び3．ですべて「いいえ」を選択した方は記入する必要はありません。)

酒類		4	本
たばこ	紙巻	200	本
	加熱式		箱
	葉巻		本
	その他		グラム
香水		2	オンス

その他の品名	数量	価格
衣類		50000円
腕時計		150000円
ハンドバッグ		80000円
指輪		120000円

1．日本への持込みが禁止されている主なもの
2．日本への持込みが制限されている主なもの
3．免税範囲(一人あたり。乗組員を除く。)

日本入国時の免税範囲

● 税関 URL www.customs.go.jp

酒類	3本(1本760mℓのもの)
香水	2オンス(1オンスは約28mℓ。オードトワレ・オーデコロンは含まれない)
たばこ	紙巻きたばこ200本、または葉巻50本、または加熱式たばこ個包装10個。その他の種類と合計した総重量250gまで。
その他	20万円以内のもの(海外市価の合計額)
おもな輸入禁止品目	麻薬、向精神薬、大麻、アヘン、覚せい剤、MDMA、けん銃等の銃砲、爆発物、火薬類、貨幣、有価証券、クレジットカード等の偽造品、偽ブランド品、海賊版など

消費税(GST)の払い戻し

シンガポールでは9%の消費税(GST)を加算している。旅行者は購入した商品をシンガポール国外に持ち出す場合、1軒の店で同日にGST込みで$100以上の買い物をした場合など、一定の条件を満たしていれば、その商品に支払ったGSTから還付代行会社の手数料を差し引いた額の払い戻しを受けることができる。

電子ツーリスト還付プログラム(eTRS):eTRSに加入している小売店で、eTRSのチケットとレシートをもらっておき、帰国の際チャンギ国際空港出発ロビーのセルフキオスクで払い戻しの手続きを行う。申請の際には購入した商品の提示が必要となることがある。詳細はシンガポール政府観光局のホームページで確認を。
URL www.visitsingapore.com/ja_jp/travel-guide-tips/tourist-information/gst-tax-refund

空港から市内へ

ターミナル1〜3間の移動には、無料のスカイトレインを利用するのが便利。

いよいよシンガポールの空の玄関、チャンギ国際空港に到着。市内へはタクシーかMRT（電車）でアクセスするのが一般的。

● 東南アジアのハブ空港

チャンギ国際空港

Changi International Airport

シンガポール本島の東端、チャンギ・ビーチに位置する。「エアトロポリスAirtropolis（空港都市）」のコンセプトのもと、ハイテクを駆使した近代的施設には、ショッピングセンター、レストラン、医療施設、ホテル、プール、サウナやジムなどを備えている。2019年には複合施設、ジュエル・チャンギ・エアポートが開業した。

おもな航空会社のチャンギ航空発着ターミナル

ターミナル1	ターミナル2	ターミナル3	ターミナル4
日本航空（JL）	シンガポール航空（SQ）	シンガポール航空（SQ）	キャセイパシフィック航空（CX）
シンガポール航空（SG）	全日空（NH）	チャイナエアライン（CA）	大韓航空（KE）
スクート（TZ）	エア・インディア（AI）	スクート（TZ）	エアアジア（AK）
ブリティッシュ・エアウェイズ（BA）	ユナイテッド航空（UA）		ベトナム航空（VN）
			ジェットスター・アジア航空（3K）

チャンギ国際空港から市内へのアクセス

空港から市内へ向かう交通機関は、MRT、バス、エアポート・シャトル・サービス、タクシーがある。いずれも市内までは30分程度。荷物の量や人数、ホテルへのアクセス、時間帯などを考慮して選ぼう。

会社	所要時間	料金	行き先	乗り場
エム・アール・ティー MRT	タナ・メラ駅で東西線に乗り換え、シティ・ホール駅まで約30分（5:31〜0:06、日曜、祝日5:59〜0:06の9〜11分間隔）。タナ・メラ駅から市内方面の最終は23:18	$2.04	タナ・メラ駅乗り換え→シティ・ホール駅	ターミナル2と3の間
バス **SBSトランジット** SBS Transit **No.36巡回バス**	30〜40分（6:00〜24:00の8〜12分間隔）	$2.5	マリーナ・エリア オーチャード・ロード	ターミナル1、2、3の空港地下バスターミナル
エアポート・シャトル・サービス Airport Shuttle Service	30〜40分（24時間運行、15〜30分間隔）	大人$10、12歳以下$7	セントーサ島、チャンギ・ビレッジを除く市内のホテル	到着ホールにあるカウンターで申し込み
タクシー Taxi	市内まで約30分	$25〜50 ピークアワー、深夜は割増し		到着ホール

シンガポールの市内交通

旅行者が利用しやすい交通手段はMRT（電車）、タクシー、バスの3つ。特にMRTは都心部は地下鉄となり、おもな見どころを結んでいるので便利。

エム・アール・ティー MRT

東西線（East West Line）、南北線（North South Line）、東北線（North East Line）、サークル線（Circle Line）、ダウンタウン線（Downtown Line）、トムソン・イーストコースト線（Thomson-East Coast Line）の6路線があり、路線によって多少異なるが始発は5:30～6:00頃、最終は23:00～24:00。

運賃の支払い方

カードタイプのスタンダードチケットは2022年3月末に廃止、現在は「シンプリーゴー SimplyGo」という運賃決済システムが導入されており、非接触決済のクレジットカード（ビザ、マスターのみ）やアップルペイ、グーグルペイなどのモバイルウォレットをMRTの改札またはバス車内のセンサーにかざせば、登録不要でMRTやバスへの乗車が可能。利用履歴の確認はアプリで行う。
また、右記のいずれかのカードを購入してもOK。

カードの種類

●イージー・リンク・カード EZ Link Card

チャージ式ICカード。従来のイージー・リンク・カードにシンプリーゴー（→左カコミ）の機能が搭載されている。$10で使用可能額は$5（$5はカード代）。MRT、バスを割引料金で利用できる。残額が$3を切ったら、自動券売機でチャージ（トップアップ Top Up）しなければならない。現金なら$2から、クレジットカードなら$10からチャージできる。カードは駅構内のチケットオフィスで購入できる。残額はチケットオフィスで払い戻し可能。

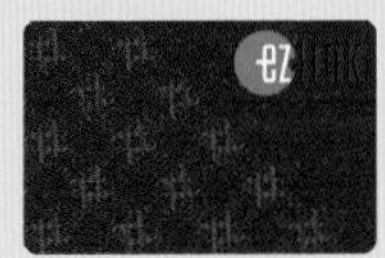

●シンガポール・ツーリスト・パス Singapore Tourist Pass

旅行者向けのMRTとバスの乗り放題パス。1日用$22、2日用$29、3日用$34がある（デポジット$10含む）。5日以内であればデポジットの返却が可能。

MRTの乗り方

1 駅を探す

MRTと印されたマークが目印。各路線が色分けされておりわかりやすい（路線図→P.140）。

2 改札、ホームへ

改札上部のセンサーにカードやクレジットカードをかざすと改札が開く。案内表示に従ってホームへ。

3 乗車、降車

路線は6色で色分けされており、それぞれホームも異なるので、乗車するホームを確認しよう。ホームの掲示板には次の電車の行き先が表示されている。

4 乗り換え

路線名が書かれた表示と色に従ってホームへ進む。

5 出口

下車したら、センサーにタッチして改札を抜ける。出口は複数あるので、案内板で目的地最寄りの出口を確認しよう。

シンガポールでは配車サービス「Grab」も便利。スマホにアプリを入れておこう。

タクシー Taxi

タクシー料金はメーター制で、初乗り$4.1～$5。ただし時間帯や乗車場所などによって追加料金が加算されることを覚えておこう。

●空車の見分け方

屋根の表示灯がグリーンに点灯していたら空車。赤色でHIREDなら乗客を乗せている。on callは日本でいう迎車なので、ひろえない。

タクシーの乗り方

1 手を上げて止める

観光地やS.C.などのタクシースタンドのほか、一般道で流しのタクシーをひろうこともできる。道路脇に黄色の2本線やジグザグ線がある場所は乗り降り禁止。

2 乗り方

ドアの開閉は自分で。定員は大人4名。シートベルト着用の義務があり、違反した場合は$120の罰金。

3 料金について

料金はメーターに表示される。クレジットカードを使えるタクシーも多いが、手数料がかかる。チップは不要。

タクシーの料金

●基本料金

初乗り$4.1～$5（1kmまで）、その後10kmまでは400mごと、10km以降は350mごとに¢22～23加算される。このほかにも乗車時間帯や乗車場所によって追加料金が加算される。

●追加料金

チャンギ国際空港から市内へは$3～追加、リゾート・ワールド・セントーサ、ガーデンズ・バイ・ザ・ベイからの乗車は$3追加。
電話予約は$2.3～$3.3追加など。

バス Bus

運行経路、停留所が表示される電子掲示板が設置されたバスが増えている。市内を網の目のように結んでおり、乗りこなすと便利。

料金体系

最低$1.09、その後距離に応じて¢10～20刻みで最高$2.97まで。イージー・リンク・カードでの支払いが便利だが、持っていない場合は、乗車時に行き先を運転手に告げ、料金を教えてもらって支払う。

バスの乗り方

1 バス停で

停車するバスの路線番号、路線コースと停車場所、運行時間が表示された路線ボードを確認しよう。バスが来たら手を上げて合図する。

2 乗車

前乗り、後ろ降りで料金は乗車時に支払う。おつりは出ないので小銭の用意を。イージー・リンク・カードを使用するときは、料金箱脇のセンサーにかざす。

3 下車

降りたい停留所が近づいたら、車内のポールについている赤いボタンで知らせる。イージー・リンク・カード使用の場合は、降車時にもカードをセンサーにかざす。
※乗車時に運転手に下車したい場所を知らせておくという手もある

旅の安全対策

治安のよさは東南アジア有数といわれるシンガポール。
とはいえ外国なので、油断は禁物。
ちょっとした注意で、無用なトラブルを回避することができる。

治安

スリ、置き引き、強盗などの発生率は日本より高い。手荷物から目を離さない、深夜のひとり歩きはしないなど注意を怠らないように。事前に渡航先の安全情報をチェックしよう。

● **外務省海外安全ホームページ**
URL www.anzen.mofa.go.jp

● **たびレジ**
URL www.ezairyu.mofa.go.jp

病気・健康管理

暑さは年間を通して厳しいので紫外線対策や水分補給対策、室内のエアコン効き過ぎによる冷え対策は必須。旅先ではいつもより欲張って食べてしまいがち。食べ過ぎや冷たいものの取り過ぎに注意しよう。風邪薬や胃腸薬など、普段飲み慣れているものがあれば日本から持っていくと安心。

海外旅行保険

海外の病院で診察を受ける場合、保険に加入していないと高額の医療費を請求される。海外旅行保険にはぜひ加入しておきたい。空港でも加入できるが、事前にウェブで加入手続きをしておくと、あわてずに済む。自分が必要とする補償だけを選ぶこともでき、携行品の破損、盗難についてカバーすることもできる。

こんなことにも気をつけて！

●ぼったくりタクシーにあったら

空港から市内へ向かうタクシーでメーター表示の何倍もの料金を請求されるトラブルが起きている。深夜などは割増料金がかかるが$50を超えることはない。問題があったら、助手席側のダッシュボードに掲げてある運転手の名前とタクシー番号を控え、タクシー会社に申し入れを。

●日本語で声をかけてくる輩に注意

オーチャード・ロードなどの繁華街で道案内を口実に日本語で声をかけ、警戒心が緩んだところで高額のガイド料を請求されるなどの被害が報告されている。見ず知らずの人がしつこくしてくるときは、毅然とした態度を。

●スリ、置き引きに気をつける場所

混雑したMRT内やS.C.でのスリ被害や、ホテルのチェックイン、チェックアウト時に床に置いた荷物を盗まれるといった被害が増えている。現金、貴重品は分散して持ち、支払いのときは財布の中を他人に見せないように。

緊急連絡先

警察　999
救急　995

在シンガポール日本国大使館領事部
6235-8855

病院（日本語可）

● ラッフルズ・ジャパニーズ・クリニック
6311-1190

● ジャパン・グリーン・クリニック
6734-8871

● 日本メディカルケアー
6474-7707
（時間外**6470-5688**）

遺失物相談

● 遺失物集中管理事務所（FUPO）
6842-9645

● チャンギ国際空港遺失物センター問い合わせフォーム
URL changiairport.my.salesforce-sites.com/LostEnquiryWeb

クレジットカード会社

● アメリカン・エキスプレス
1800-535-2209

● ダイナースクラブ
81-3-6770-2796
（盗難・紛失の連絡。日本へのコレクトコール）

● JCBカード
001-800-00090009
（盗難・紛失海外サポート）

● MasterCard
800-1100-113
（緊急連絡先）

● VISA
1-303-967-1090
（グローバル・カスタマー・アシスタンス・サービス）

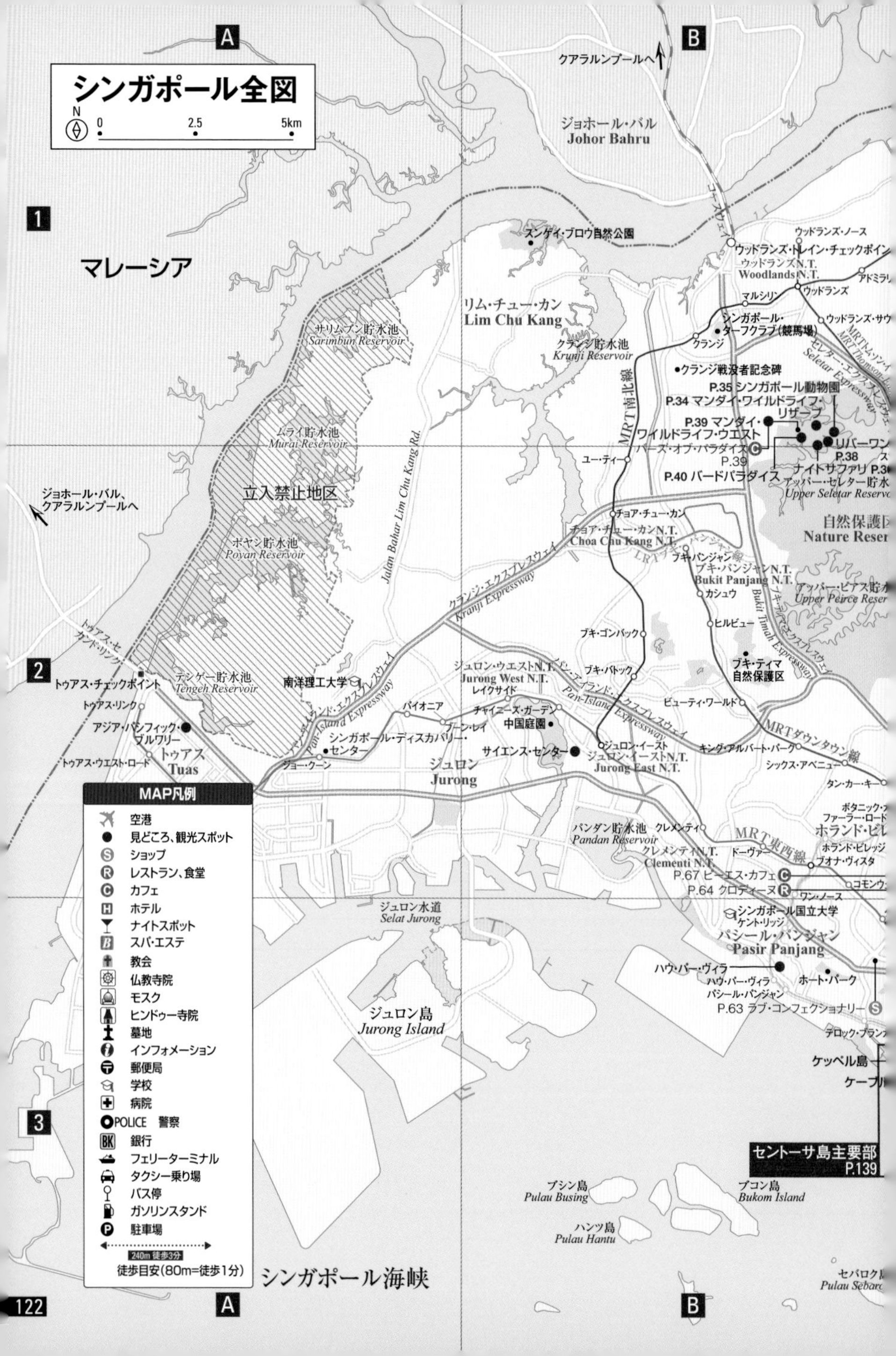

シンガポール全図
N
0
2.5
5km
A
B
1
2
3
クアラルンプールへ
ジョホール・バル
Johor Bahru
マレーシア
コーズウェイ
スンゲイ・ブロウ自然公園
ウッドランズ・ノース
ウッドランズ・トレイン・チェックポイン
ウッドランズN.T.
Woodlands N.T.
アドミラル
マルシリン
ウッドランズ
ウッドランズ・サウ
リム・チュー・カン
Lim Chu Kang
サリムブン貯水池
Sarimbun Reservoir
クランジ貯水池
Krunji Reservoir
シンガポール・ターフクラブ(競馬場)
クランジ
クランジ戦没者記念碑
MRT南北線
MRTトムソン線
セレター・エクスプレスウェイ
Seletar Expressway
P.35 シンガポール動物園
P.34 マンダイ・ワイルドライフ・リザーブ
P.39 マンダイ・ワイルドライフ・ウエスト
バーズ・オブ・パラダイス
P.39
リバーワン
P.38
ナイトサファリ
P.40 バードパラダイス
アッパー・セレター貯水池
Upper Seletar Reservoir
ムライ貯水池
Murai Reservoir
ユー・ティー
立入禁止地区
ジョホール・バル、クアラルンプールへ
Jalan Bahar Lim Chu Kang Rd.
チョア・チュー・カン
チョア・チュー・カンN.T.
Choa Chu Kang N.T.
自然保護区
Nature Reserve
ポヤン貯水池
Poyan Reservoir
LRTブキ・パンジャン線
ブキ・パンジャン
ブキ・パンジャンN.T.
Bukit Panjang N.T.
クランジ・エクスプレスウェイ
Kranji Expressway
カシュウ
アッパー・ピアス貯水池
Upper Peirce Reservoir
ブキ・ティマ・エクスプレスウェイ
Bukit Timah Expressway
ヒルビュー
トゥアス・セカンド・リンク
ブキ・ゴンバック
ブキ・ティマ自然保護区
テンゲー貯水池
Tengeh Reservoir
トゥアス・チェックポイント
南洋理工大学
ジュロン・ウエストN.T.
Jurong West N.T.
ブキ・バトック
パン・アイランド・エクスプレスウェイ
Pan-Island Expressway
トゥアス・リンク
レイクサイド
パイオニア
チャイニーズ・ガーデン
ビューティ・ワールド
アジア・パシフィック・ブルワリー
ブーン・レイ
中国庭園
MRTダウンタウン線
シンガポール・ディスカバリー・センター
トゥアス
Tuas
トゥアス・ウエスト・ロード
サイエンス・センター
ジュロン・イースト
ジュロン・イーストN.T.
Jurong East N.T.
キング・アルバート・パーク
シックス・アベニュー
ジョー・クーン
ジュロン
Jurong
タン・カー・キー
ボタニック・ガ
ファーラー・ロード
ホランド・ビレ
ホランド・ビレッジ
ブオナ・ヴィスタ
パンダン貯水池
Pandan Reservoir
クレメンティ
MRT東西線
クレメンティN.T.
Clementi N.T.
ドーヴァー
P.67 ピーエス・カフェ
P.64 クロディーヌ
ワン・ノース
コモンウ
ジュロン水道
Selat Jurong
シンガポール国立大学
ケント・リッジ
パシール・パンジャン
Pasir Panjang
ハウ・パー・ヴィラ
ホート・パーク
パシール・パンジャン
P.63 ラブ・コンフェクショナリー
テロック・ブラン
ジュロン島
Jurong Island
ケッペル島
ケーブル
セントーサ島主要部
P.139
ブシン島
Pulau Busing
ブコン島
Bukom Island
ハンツ島
Pulau Hantu
セバロク島
Pulau Sebarok
シンガポール海峡
MAP凡例
空港
見どころ、観光スポット
ショップ
レストラン、食堂
カフェ
ホテル
ナイトスポット
スパ・エステ
教会
仏教寺院
モスク
ヒンドゥー寺院
墓地
インフォメーション
郵便局
学校
病院
POLICE 警察
銀行
フェリーターミナル
タクシー乗り場
バス停
ガソリンスタンド
駐車場
240m 徒歩3分
徒歩目安(80m=徒歩1分)

C
D
1
2
3
ジョホール水道
Selat Johor
マレーシア
(ジョホール州)
イーシュン
イーシュンN.T.
Yishun N.T.
カーティブ
セレター空港
ポンゴル
ポンゴル・マリーナ・カントリークラブ
ウビン島
Pulau Ubin
チェクジャワ湿地帯
セラングーン島
Pulau Serangoon
ケタム島
Pulau Ketam
ウビン・ビレッジ
チャンギ・ポイント・フェリーターミナル
(ウビン島、ジョホール・バル行き船乗り場)
チャンギ・ビレッジ・バスターミナル
MRT南北線
センカン
LRTセンカン線
タンピネス・エクスプレスウェイ
Tampines Expressway
Serangoon Harbour
パシール・リス・パーク
パシール・リスN.T.
Pasir Ris N.T.
ワイルド・ワイルド・ウエット
パシール・リス
チャンギ
Changi
チャンギ・フェリーターミナル
(デサルー行きカーフェリー乗り場)
ヨー・チュー・カン
ブアンコック
アン・モ・キオN.T.
Ang Mo Kio N.T.
ホーガンN.T.
Hougang N.T.
ホウガン
アン・モ・キオ
ビシャン・パーク2
Bishan Park 2
ビシャン・パーク1
Bishan Park 1
セラングーンN.T.
Serangoon N.T.
日本人墓地公園
MRT東北線
コヴァン
セラングーン
Serangoon
タンピネス
Tampines
P.110 チャンギ国際空港
チャンギ刑務所礼拝堂&博物館
クラウン・プラザ・チャンギ・エアポート
ジュエル・チャンギ・エアポート P.30
チャンギ・エアポート
タンピネス・イースト
ビシャン
ロロン・チュアン
メリーマウント
ビシャンN.T.
Bishan N.T.
ブラッデル
トア・パヨ・ニュータウン
トア・パヨ
パートレイ
MRTサークル線
タンピネスN.T.
Tampines N.T.
タンピネス・ウエスト
アッパー・チャンギ
シーメイ
Simei
ベドック貯水池
Bedok Reservoir
ベドック・レザボア
ベドック・ノース
タイ・セン
カキ・ブキ
ウビ
マッター
ポトン・パシール
マクファーソン
パン・アイランド・エクスプレスウェイ
Pan-Island Expressway
ベドックN.T.
Bedok N.T.
ベドック
タナ・メラ
エキスポ
カンティン(L5) P.32
ギフト・バイ・チャンギ・エアポート(L4) P.33
ビーンフォークス・バイ・レムエルチョコレート(L3) P.33
リッチ&グッドケーキショップ(L1) P.33
バーズ・オブ・パラダイス(L1) P.33
バイオレット・ウン・シンガポール(L1) P.33
フェアプライス・ファイネスト(B2) P.33
ハイナン・ストーリー(B2) P.32
文東記 P.54
スティーブンス
ノビナ
ゲイラン・バル
ブーン・ケン
アルジュニード
パヤ・レバ
ユーノス
ケンバンガン
MRT東西線
ベンデミール
ファーラー・パーク
カラン
ゲイラン
Geylang
カトン
Katong
カトン P.138
マウントバッテン・ロード
ビーチロード・プロウン・ミー・イーティングハウス P.57
タナ・メラ・フェリーターミナル
(TMFT)
ニュートン
ジャラン・ベサール
リトル・インディア
ラベンダー
ダコタ
マウントバッテン
ドービー・ゴート
ローチョー
スタジアム
ブギス
ニコルス・ハイウエイ
イースト・コースト・パークウェイ
East Coast Parkway
イースト・コースト・パーク
サマセット
ベンクーレン
ブラス・バサー
エスプラネード
プロムナード
フォート・カニング
シティ・ホール
クラーク・キー
MRT ダウンタウン線
ラッフルズ・プレイス
チャイナタウン
テロック・アヤ
マリーナベイ・サンズ P.10
ベイフロント
ガーデンズ・バイ・ザ・ベイ
ガーデンズ・バイ・ザ・ベイ P.16
ウトラム・パーク
ダウンタウン
シンガポール駅
タンジョン・パガー
マリーナ・ベイ
マリーナ・サウス・ピア
シンガポール中心部 P.124~125
国際クルーズ・ターミナル
ノーサインボード・シーフード P.55
オールドエアポート・ロード・フードセンター P.73
ブラニ島 Pulau Brani
ワールド・セントーサ P.43
ユニバーサル・スタジオ・シンガポール P.45
セントーサ島
Sentosa Island
クス島 Kusu Island
セント・ジョンズ島
St. John's Island
ラザルス島
Lazarus Island
Straits of Singapore
マレー半島
マレーシア
MALAYSIA
0
50km
ジョホール・バル
Johor Bahru
シンガポール
SINGAPORE
シンガポール海峡
Straits of Singapore
バタム島
Batam Island
ブラン島
Bulan Island
ビンタン島
Bintan Island
スギ島
Sugi Island
コンボル島
Combol Island
ルンパン島
Rempang Island
インドネシア
INDONESIA
スマトラ島
Sumatra Island
リンガ諸島
Kepulauan Lingga
赤道

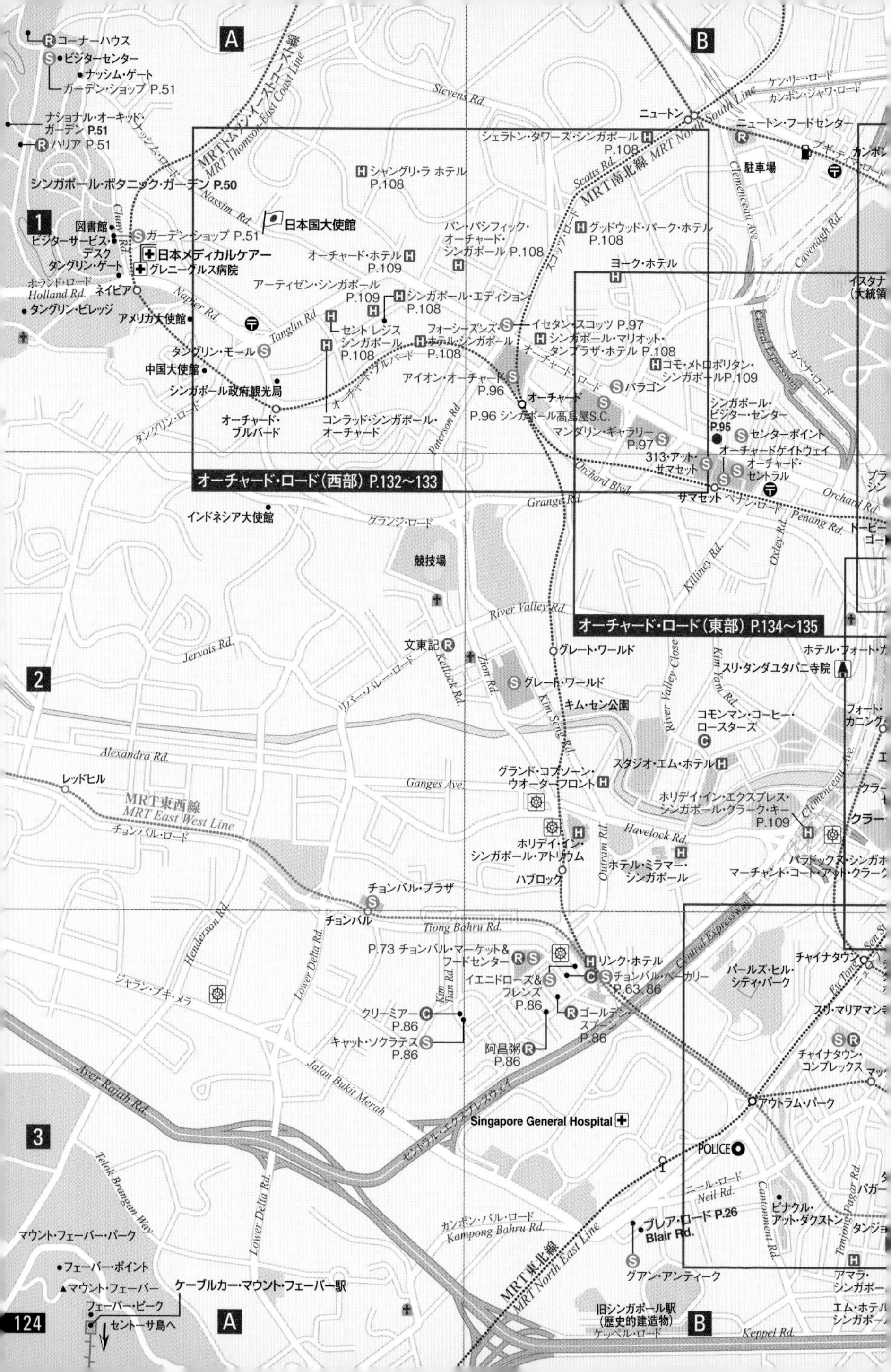

A
B
コーナーハウス
ビジターセンター
ナッシム・ゲート
ガーデン・ショップ P.51
ナショナル・オーキッド・ガーデン P.51
ハリア P.51
シンガポール・ボタニック・ガーデン P.50
1
図書館
ビジターサービス・デスク
タングリン・ゲート
ガーデン・ショップ P.51
日本メディカルケアー
グレニーグルス病院
ホランド・ロード Holland Rd.
ネイピア
タングリン・ビレッジ
アメリカ大使館
タングリン・モール
中国大使館
シンガポール政府観光局
オーチャード・ブルバード
コンラッド・シンガポール・オーチャード
日本国大使館
シャングリ・ラ ホテル P.108
オーチャード・ホテル P.109
アーティゼン・シンガポール P.109
シンガポール・エディション P.108
セント レジス シンガポール P.108
フォーシーズンズ・ホテル・シンガポール P.108
アイオン・オーチャード P.96
パン・パシフィック・オーチャード・シンガポール P.108
シェラトン・タワーズ・シンガポール P.108
グッドウッド・パーク・ホテル P.108
ヨーク・ホテル
イセタン・スコッツ P.97
シンガポール・マリオット・タンプラザ・ホテル P.108
コモ・メトロポリタン・シンガポール P.109
パラゴン
オーチャード
P.96 シンガポール髙島屋S.C.
マンダリン・ギャラリー P.97
313・アット・サマセット
シンガポール・ビジター・センター P.95
センターポイント
オーチャードゲイトウェイ
オーチャード・セントラル
サマセット
ニュートン
ニュートン・フードセンター
駐車場
ケン・リー・ロード
カンポン・ジャワ・ロード
イスタナ（大統領
MRT南北線 MRT North South Line
MRTトムソン・イーストコースト線 MRT Thomson-East Coast Line
Stevens Rd.
Nassim Rd.
Napier Rd.
Tanglin Rd.
Scotts Rd.
Clemenceau Ave.
Cavenagh Rd.
Central Expressway
Orchard Blvd.
Orchard Rd.
Penang Rd.
Paterson Rd.
Grange Rd.
オーチャード・ロード（西部） P.132～133
オーチャード・ロード（東部） P.134～135
インドネシア大使館
グランジ・ロード
競技場
Killiney Rd.
Oxley Rd.
River Valley Rd.
文東記
Jervois Rd.
Kellock Rd.
Zion Rd.
グレート・ワールド
キム・セン公園
Kim Seng Rd.
River Valley Close
Kim Yam Rd.
スリ・タンダユタパニ寺院
ホテル・フォート・カ
フォート・カニング
2
コモンマン・コーヒー・ロースターズ
スタジオ・エム・ホテル
Alexandra Rd.
レッドヒル
MRT東西線 MRT East West Line
チョンバル・ロード
Ganges Ave.
グランド・コプソーン・ウオーターフロント
ホリデイ・イン・エクスプレス・シンガポール・クラーク・キー P.109
ホリデイ・イン・シンガポール・アトリウム
Havelock Rd.
Outram Rd.
ホテル・ミラマー・シンガポール
ハブロック
パラドックス・シンガポ
マーチャント・コート・アット・クラーク
チョンバル・プラザ
チョンバル
Tiong Bahru Rd.
Henderson Rd.
Lower Delta Rd.
ジャラン・ブキ・メラ
P.73 チョンバル・マーケット＆フードセンター
リンク・ホテル
イエニドローズ＆フレンズ P.86
チョンバル・ベーカリー P.63, 86
ゴールデン・スプーン P.86
阿昌粥 P.86
クリーミアー P.86
キャット・ソクラテス P.86
Kim Tian Rd.
パールズ・ヒル・シティ・パーク
チャイナタウン
スリ・マリアマン
チャイナタウン・コンプレックス
アウトラム・パーク
Ayer Rajah Rd.
Jalan Bukit Merah
セントラル・エクスプレスウェイ
Singapore General Hospital
POLICE
3
Telok Blangah Way
ニール・ロード Neil Rd.
Cantonment Rd.
ピナクル・アット・ダクストン
Tanjong Pagar Rd.
ブレア・ロード P.26 Blair Rd.
カンポン・バル・ロード Kampong Bahru Rd.
マウント・フェーバー・パーク
フェーバー・ポイント
マウント・フェーバー
フェーバー・ピーク
ケーブルカー・マウント・フェーバー駅
セントーサ島へ
MRT東北線 MRT North East Line
グアン・アンティーク
アマラ・シンガポー
旧シンガポール駅（歴史的建造物）
ケッペル・ロード Keppel Rd.
エム・ホテル・シンガポー

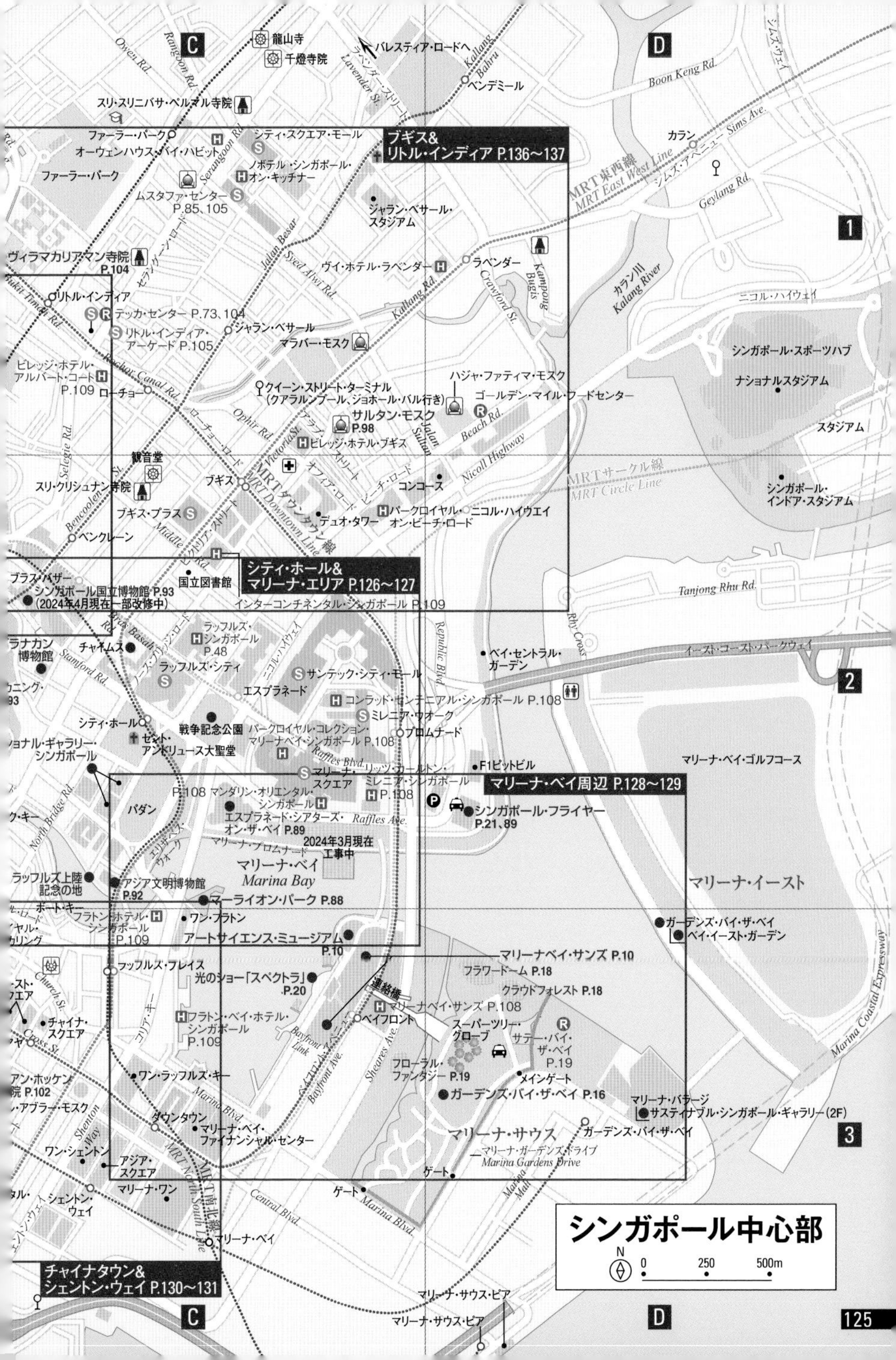

シンガポール中心部
N
0
250
500m
C
D
1
2
3
龍山寺
千燈寺院
バレスティア・ロードへ
ラベンダー・ストリート
Lavender St.
Kallang Bahru
ベンデミール
Boon Keng Rd.
シムズ・ウェイ
Owen Rd.
Rangoon Rd.
スリ・スリニバサ・ペルマル寺院
ファーラー・パーク
オーウェンハウス・バイ・ハビット
ファーラー・パーク
Serangoon Rd.
シティ・スクエア・モール
ノボテル・シンガポール・オン・キッチナー
ムスタファ・センター
P.85、105
セラングーン・ロード
ブギス&
リトル・インディア P.136〜137
ジャラン・ベサール・スタジアム
カラン
シムズ・アベニュー Sims Ave.
MRT東西線
MRT East West Line
Geylang Rd.
ヴィラマカリアマン寺院
P.104
Jalan Besar
Syed Alwi Rd.
ヴイ・ホテル・ラベンダー
ラベンダー
Crawford St.
Kampong Bugis
カラン川
Kalang River
ニコル・ハイウェイ
Bukit Timah Rd.
リトル・インディア
テッカ・センター P.73、104
リトル・インディア・アーケード P.105
Kallang Rd.
ジャラン・ベサール
マラバー・モスク
シンガポール・スポーツハブ
ナショナルスタジアム
ビレッジ・ホテル・アルバート・コート
P.109
ローチョー
Rochor Canal Rd.
クイーン・ストリート・ターミナル
(クアラルンプール、ジョホール・バル行き)
ハジャ・ファティマ・モスク
ゴールデン・マイル・フードセンター
サルタン・モスク
P.98
Jalan Sultan
Beach Rd.
スタジアム
Selegie Rd.
ローチョー・ロード
Ophir Rd.
Victoria St.
アラブ・ストリート
ビレッジ・ホテル・ブギス
Nicoll Highway
観音堂
スリ・クリシュナン寺院
ブギス
MRTダウンタウン線
MRT Downtown Line
オフィア・ロード
ビーチ・ロード
コンコース
MRTサークル線
MRT Circle Line
シンガポール・インドア・スタジアム
Bencoolen St.
ブギス・プラス
デュオ・タワー
パークロイヤル・オン・ビーチ・ロード
ニコル・ハイウエイ
ベンクーレン
Middle Rd.
ビクトリア・ストリート
シティ・ホール&
マリーナ・エリア P.126〜127
国立図書館
ブラス・バザー
シンガポール国立博物館 P.93
(2024年4月現在一部改修中)
インターコンチネンタル・シンガポール P.109
Tanjong Rhu Rd.
Bras Basah Rd.
ラッフルズ・シンガポール
P.48
ノース・ブリッジ・ロード
ニコル・ハイウェイ
Republic Blvd.
Rhu Cross
ペラナカン博物館
チャイムス
Stamford Rd.
ラッフルズ・シティ
サンテック・シティ・モール
ベイ・セントラル・ガーデン
イースト・コースト・パークウェイ
エスプラネード
コンラッド・センテニアル・シンガポール P.108
シティ・ホール
戦争記念公園
セント・アンドリュース大聖堂
ミレニア・ウオーク
ナショナル・ギャラリー・シンガポール
パークロイヤル・コレクション・マリーナベイ・シンガポール P.108
プロムナード
Raffles Blvd.
マリーナ・スクエア
リッツ・カールトン・ミレニア・シンガポール
P.108
F1ピットビル
マリーナ・ベイ・ゴルフコース
マリーナ・ベイ周辺 P.128〜129
P.108 マンダリン・オリエンタル・シンガポール
パダン
エスプラネード・シアターズ・オン・ザ・ベイ P.89
Raffles Ave.
シンガポール・フライヤー
P.21、89
North Bridge Rd.
エリザベス・ウォーク
マリーナ・プロムナード
2024年3月現在工事中
マリーナ・ベイ
Marina Bay
ラッフルズ上陸記念の地
アジア文明博物館
P.92
マーライオン・パーク P.88
マリーナ・イースト
ボート・キー
フラトン・ホテル・シンガポール
P.109
ワン・フラトン
アートサイエンス・ミュージアム
P.10
ガーデンズ・バイ・ザ・ベイ
ベイ・イースト・ガーデン
マリーナベイ・サンズ P.10
フラワードーム P.18
クラウドフォレスト P.18
ラッフルズ・プレイス
光のショー「スペクトラ」
P.20
連絡橋
マリーナベイ・サンズ P.108
Church St.
チャイナ・スクエア
Cross St.
フラトン・ベイ・ホテル・シンガポール
P.109
ベイフロント
スーパーツリー・グローブ
サテー・バイ・ザ・ベイ
P.19
Bayfront Link
Bayfront Ave.
Sheares Ave.
フローラル・ファンタジー P.19
メインゲート
ワン・ラッフルズ・キー
Marina Blvd.
ガーデンズ・バイ・ザ・ベイ P.16
マリーナ・バラージ
サスティナブル・シンガポール・ギャラリー(2F)
Marina Coastal Expressway
Shenton Way
ダウンタウン
マリーナ・ベイ・ファイナンシャル・センター
マリーナ・サウス
ガーデンズ・バイ・ザ・ベイ
マリーナ・ガーデンズ・ドライブ
Marina Gardens Drive
ワン・シェントン
アジア・スクエア
MRT North South Line
MRT南北線
ゲート
シェントン・ウェイ
マリーナ・ワン
Central Blvd.
ゲート
Marina Blvd.
Marina Mall
マリーナ・ベイ
チャイナタウン&
シェントン・ウェイ P.130〜131
マリーナ・サウス・ピア
マリーナ・サウス・ピア

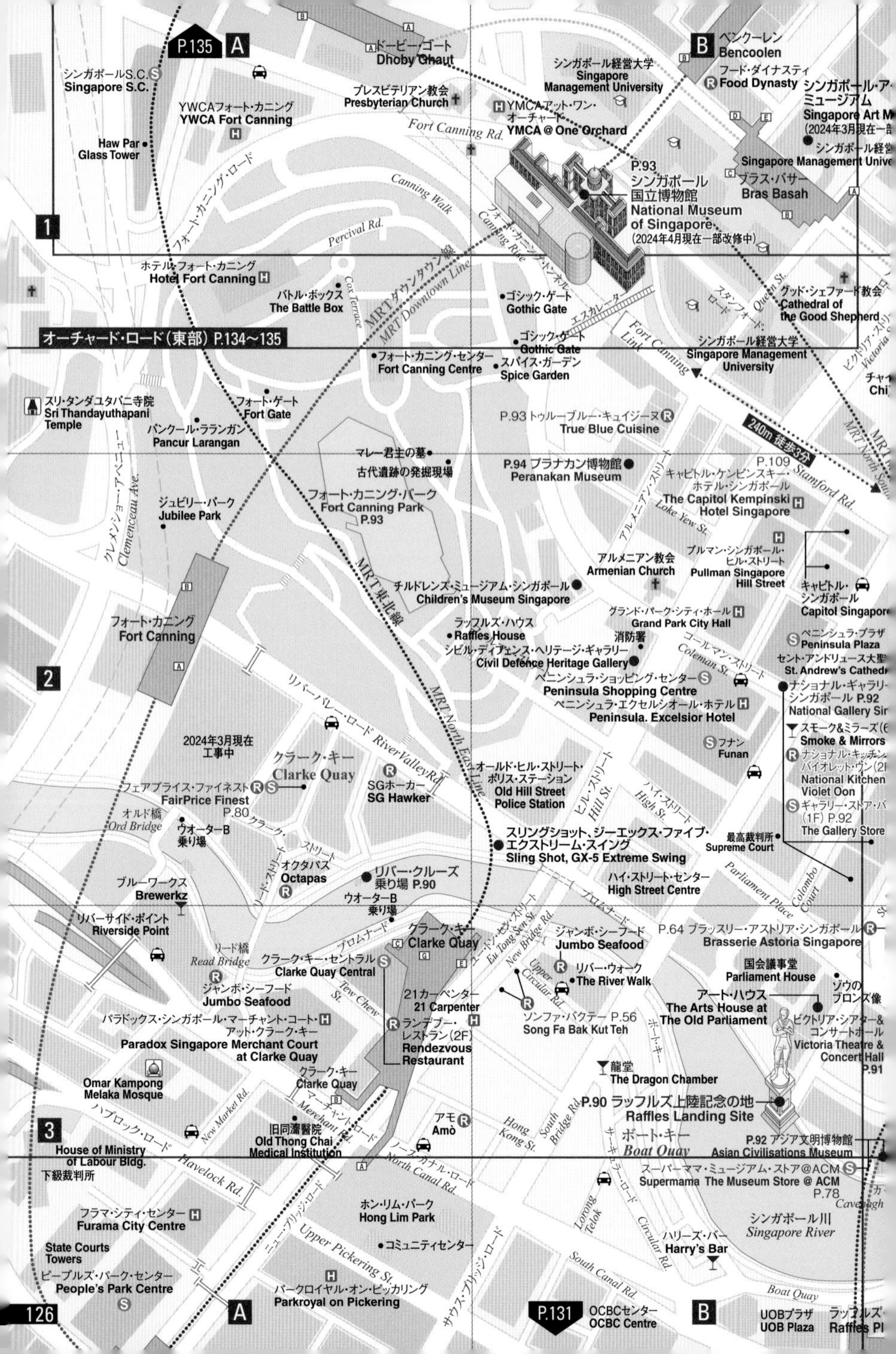

P.135 A
B ベンクーレン Bencoolen
ドービー・ゴート Dhoby Ghaut
シンガポールS.C. Singapore S.C.
プレスビテリアン教会 Presbyterian Church
シンガポール経営大学 Singapore Management University
フード・ダイナスティ Food Dynasty
シンガポール・アート・ミュージアム Singapore Art Museum (2024年3月現在一部
YWCAフォート・カニング YWCA Fort Canning
YMCAアット・ワン・オーチャード YMCA @ One Orchard
Fort Canning Rd.
Haw Par Glass Tower
フォート・カニング・ロード
Canning Walk
P.93 シンガポール国立博物館 National Museum of Singapore (2024年4月現在一部改修中)
シンガポール経営
Singapore Management Unive
ブラス・バサー Bras Basah
Percival Rd.
フォート・カニング・トンネル
Canning Rise
ホテル・フォート・カニング Hotel Fort Canning
MRTダウンタウン線 MRT Downtown Line
バトル・ボックス The Battle Box
Cox Terrace
ゴシック・ゲート Gothic Gate
エスカレーター
スタンフォード・ロード
Queen St.
グッド・シェファード教会 Cathedral of the Good Shepherd
オーチャード・ロード（東部）P.134～135
ゴシック・ゲート Gothic Gate
Fort Canning Link
シンガポール経営大学 Singapore Management University
ビクトリア・ストリート Victoria St.
フォート・カニング・センター Fort Canning Centre
スパイス・ガーデン Spice Garden
スリ・タンダユタパニ寺院 Sri Thandayuthapani Temple
フォート・ゲート Fort Gate
パンクール・ラランガン Pancur Larangan
P.93 トゥルーブルー・キュイジーヌ True Blue Cuisine
240m 徒歩3分
MRT North South Line
マレー君主の墓
古代遺跡の発掘現場
P.94 プラナカン博物館 Peranakan Museum
P.109 キャピトル・ケンピンスキー・ホテル・シンガポール The Capitol Kempinski Hotel Singapore
Stamford Rd.
クレメンショー・アベニュー Clemenceau Ave.
ジュビリー・パーク Jubilee Park
フォート・カニング・パーク Fort Canning Park P.93
アルメニアン・ストリート
Loke Yew St.
プルマン・シンガポール・ヒル・ストリート Pullman Singapore Hill Street
アルメニアン教会 Armenian Church
MRT東北線
チルドレンズ・ミュージアム・シンガポール Children's Museum Singapore
キャピトル・シンガポール Capitol Singapore
フォート・カニング Fort Canning
ラッフルズ・ハウス Raffles House
グランド・パーク・シティ・ホール Grand Park City Hall
消防署
ペニンシュラ・プラザ Peninsula Plaza
シビル・ディフェンス・ヘリテージ・ギャラリー Civil Defence Heritage Gallery
コールマン・ストリート Coleman St.
セント・アンドリュース大聖堂 St. Andrew's Cathedr
ペニンシュラ・ショッピング・センター Peninsula Shopping Centre
ナショナル・ギャラリー・シンガポール P.92 National Gallery Sin
ペニンシュラ・エクセルシオール・ホテル Peninsula. Excelsior Hotel
リバーバレー・ロード River Valley Rd.
MRT North East Line
スモーク&ミラーズ Smoke & Mirrors
2024年3月現在 工事中
フナン Funan
クラーク・キー Clarke Quay
ナショナル・キッチン・バイオレット・ウン National Kitchen Violet Oon
SGホーカー SG Hawker
オールド・ヒル・ストリート・ポリス・ステーション Old Hill Street Police Station
ヒル・ストリート Hill St.
ハイ・ストリート High St.
ギャラリー・ストア・バイ (1F) P.92 The Gallery Store
フェアプライス・ファイネスト FairPrice Finest P.80
オルド橋 Ord Bridge
ウオーターB 乗り場
クラーク・ストリート
スリングショット、ジーエックス・ファイブ・エクストリーム・スイング Sling Shot, GX-5 Extreme Swing
最高裁判所 Supreme Court
リード・ストリート
オクタパス Octapas
ブルーワークス Brewerkz
リバー・クルーズ乗り場 P.90
ハイ・ストリート・センター High Street Centre
Parliament Place
Colombo Court
ウオーターB 乗り場
リバーサイド・ポイント Riverside Point
プロムナード
ユートン・セン・ストリート Eu Tong Sen St.
New Bridge Rd.
ジャンボ・シーフード Jumbo Seafood
P.64 ブラッスリー・アストリア・シンガポール Brasserie Astoria Singapore
クラーク・キー Clarke Quay
リード橋 Read Bridge
クラーク・キー・セントラル Clarke Quay Central
Upper Circular Rd.
リバー・ウォーク The River Walk
国会議事堂 Parliament House
ジャンボ・シーフード Jumbo Seafood
Tew Chew St.
21カーペンター 21 Carpenter
ゾウのブロンズ像
アート・ハウス The Arts House at The Old Parliament
ランデブー・レストラン（2F） Rendezvous Restaurant
ソンファ・バクテー P.56 Song Fa Bak Kut Teh
ビクトリア・シアター&コンサートホール Victoria Theatre & Concert Hall P.91
パラドックス・シンガポール・マーチャント・コート・アット・クラーク・キー Paradox Singapore Merchant Court at Clarke Quay
ボート・キー
Omar Kampong Melaka Mosque
龍堂 The Dragon Chamber
クラーク・キー Clarke Quay
P.90 ラッフルズ上陸記念の地 Raffles Landing Site
マーチャント・ロード Merchant Rd.
ハブロック・ロード Havelock Rd.
New Market Rd.
旧同濟醫院 Old Thong Chai Medical Institution
アモ Amò
Hong Kong St.
South Bridge Rd.
ボート・キー Boat Quay
サーキュラー・ロード
P.92 アジア文明博物館 Asian Civilisations Museum
House of Ministry of Labour Bldg.
下級裁判所
ノース・カナル・ロード North Canal Rd.
スーパーママ・ミュージアム・ストア＠ACM Supermama The Museum Store @ ACM P.78
Cavenagh
フラマ・シティ・センター Furama City Centre
ホン・リム・パーク Hong Lim Park
Lorong Telok
Circular Rd.
シンガポール川 Singapore River
State Courts Towers
ニュー・ブリッジ・ロード
Upper Pickering St.
コミュニティセンター
ハリーズ・バー Harry's Bar
South Canal Rd.
ピープルズ・パーク・センター People's Park Centre
パークロイヤル・オン・ピッカリング Parkroyal on Pickering
サウス・ブリッジ・ロード
Boat Quay
A
P.131
OCBCセンター OCBC Centre
B
UOBプラザ UOB Plaza
ラッフルズ・プレイス Raffles Pl
1
2
3

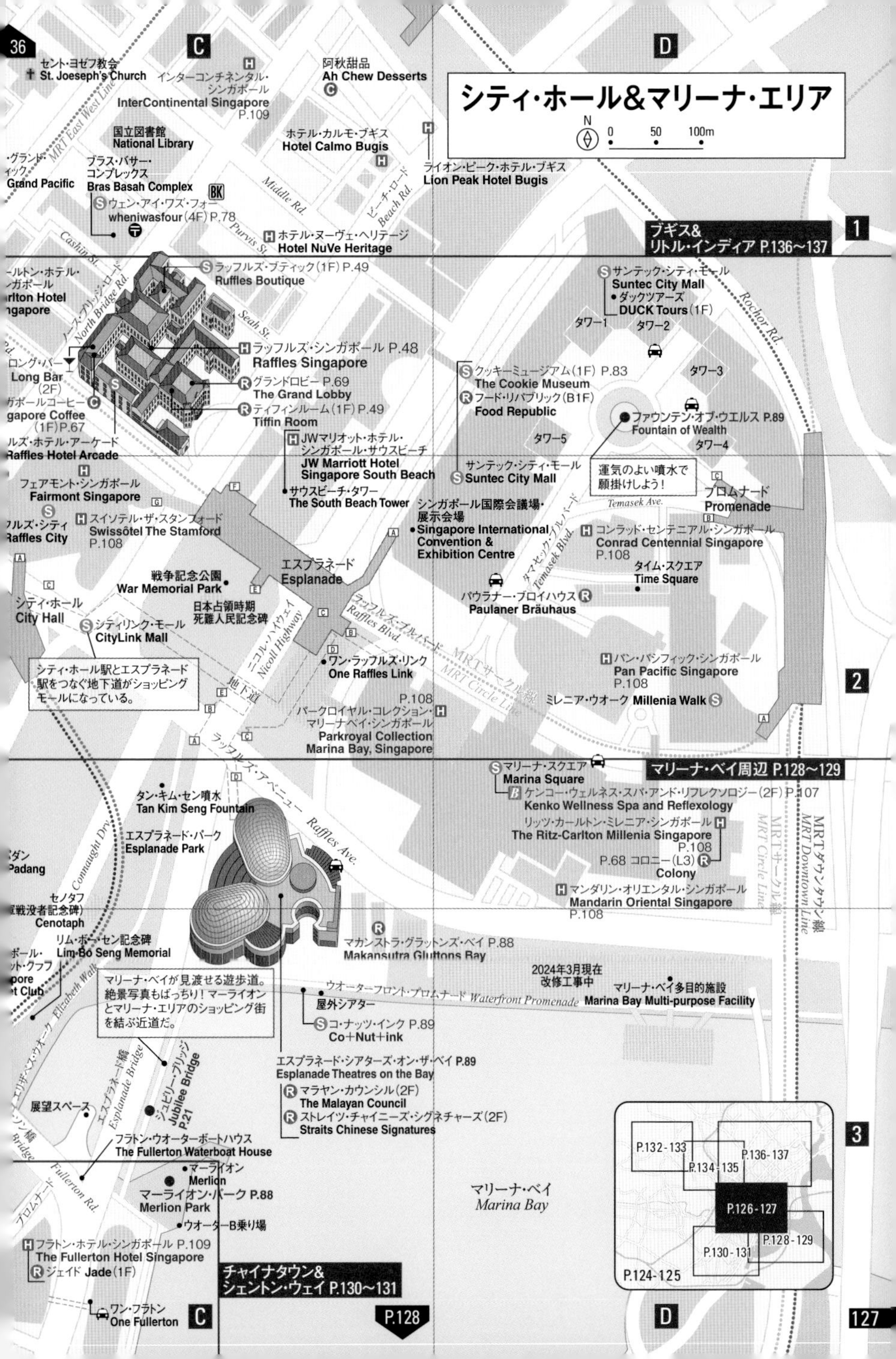

シティ・ホール&マリーナ・エリア
N
0 50 100m
C
D
セント・ヨゼフ教会
St. Joeseph's Church
インターコンチネンタル・シンガポール
InterContinental Singapore
P.109
阿秋甜品
Ah Chew Desserts
国立図書館
National Library
ホテル・カルモ・ブギス
Hotel Calmo Bugis
ブラス・バサー・コンプレックス
Bras Basah Complex
ウェン・アイ・ワズ・フォー
wheniwasfour（4F）P.78
ライオン・ピーク・ホテル・ブギス
Lion Peak Hotel Bugis
Middle Rd.
ビーチ・ロード
Beach Rd.
Purvis St.
ホテル・ヌーヴェ・ヘリテージ
Hotel NuVe Heritage
ブギス&
リトル・インディア P.136～137
1
ラッフルズ・ブティック（1F）P.49
Ruffles Boutique
Seah St.
ノース・ブリッジ・ロード
North Bridge Rd.
ラッフルズ・シンガポール P.48
Raffles Singapore
ロング・バー
Long Bar
(2F)
グランドロビー P.69
The Grand Lobby
ティフィンルーム（1F）P.49
Tiffin Room
(1F) P.67
Raffles Hotel Arcade
サンテック・シティ・モール
Suntec City Mall
ダックツアーズ
DUCK Tours（1F）
タワー1
タワー2
タワー3
タワー4
タワー5
Rochor Rd.
クッキーミュージアム（1F）P.83
The Cookie Museum
フード・リパブリック（B1F）
Food Republic
ファウンテン・オブ・ウエルス P.89
Fountain of Wealth
JWマリオット・ホテル・シンガポール・サウスビーチ
JW Marriott Hotel Singapore South Beach
サンテック・シティ・モール
Suntec City Mall
運気のよい噴水で願掛けしよう！
プロムナード
Promenade
フェアモント・シンガポール
Fairmont Singapore
サウスビーチ・タワー
The South Beach Tower
Temasek Ave.
シンガポール国際会議場・展示会場
Singapore International Convention & Exhibition Centre
タマセック・ブルバード
Temasek Blvd.
コンラッド・センテニアル・シンガポール
Conrad Centennial Singapore
P.108
スイソテル・ザ・スタンフォード
Swissôtel The Stamford
P.108
Raffles City
エスプラネード
Esplanade
タイム・スクエア
Time Square
戦争記念公園
War Memorial Park
パウラナー・ブロイハウス
Paulaner Bräuhaus
シティ・ホール
City Hall
日本占領時期死難人民記念碑
シティリンク・モール
CityLink Mall
ニコル・ハイウェイ
Nicoll Highway
ラッフルズ・ブルバード
Raffles Blvd.
MRTサークル線
MRT Circle Line
パン・パシフィック・シンガポール
Pan Pacific Singapore
P.108
シティ・ホール駅とエスプラネード駅をつなぐ地下道がショッピングモールになっている。
ワン・ラッフルズ・リンク
One Raffles Link
地下道
ミレニア・ウオーク Millenia Walk
2
P.108
パークロイヤル・コレクション・マリーナベイ・シンガポール
Parkroyal Collection Marina Bay, Singapore
ラッフルズ・アベニュー
Raffles Ave.
マリーナ・スクエア
Marina Square
マリーナ・ベイ周辺 P.128～129
ケンコー・ウェルネス・スパ・アンド・リフレクソロジー（2F）P.107
Kenko Wellness Spa and Reflexology
タン・キム・セン噴水
Tan Kim Seng Fountain
リッツ・カールトン・ミレニア・シンガポール
The Ritz-Carlton Millenia Singapore
P.108
エスプラネード・パーク
Esplanade Park
P.68 コロニー（L3）
Colony
MRTダウンタウン線
MRT Downtown Line
MRTサークル線
MRT Circle Line
Padang
Connaught Dr.
セノタフ
Cenotaph
マンダリン・オリエンタル・シンガポール
Mandarin Oriental Singapore
P.108
リム・ボー・セン記念碑
Lim Bo Seng Memorial
マカンストラ・グラットンズ・ベイ P.88
Makansutra Gluttons Bay
マリーナ・ベイが見渡せる遊歩道。絶景写真もばっちり！マーライオンとマリーナ・エリアのショッピング街を結ぶ近道だ。
2024年3月現在改修工事中
ウオーターフロント・プロムナード Waterfront Promenade
マリーナ・ベイ多目的施設
Marina Bay Multi-purpose Facility
屋外シアター
Elizabeth Walk
コ・ナッツ・インク P.89
Co+Nut+ink
エスプラネード・シアターズ・オン・ザ・ベイ P.89
Esplanade Theatres on the Bay
マラヤン・カウンシル（2F）
The Malayan Council
ストレイツ・チャイニーズ・シグネチャーズ（2F）
Straits Chinese Signatures
展望スペース
エスプラネード橋
Esplanade Bridge
ジュビリー・ブリッジ
Jubilee Bridge
P.21
フラトン・ウオーターボートハウス
The Fullerton Waterboat House
3
P.132-133
P.134-135
P.136-137
P.126-127
P.128-129
P.130-131
P.124-125
マーライオン
Merlion
マーライオン・パーク P.88
Merlion Park
マリーナ・ベイ
Marina Bay
Fullerton Rd.
ウオーターB乗り場
フラトン・ホテル・シンガポール P.109
The Fullerton Hotel Singapore
ジェイド Jade（1F）
チャイナタウン&
シェントン・ウェイ P.130～131
ワン・フラトン
One Fullerton
P.128

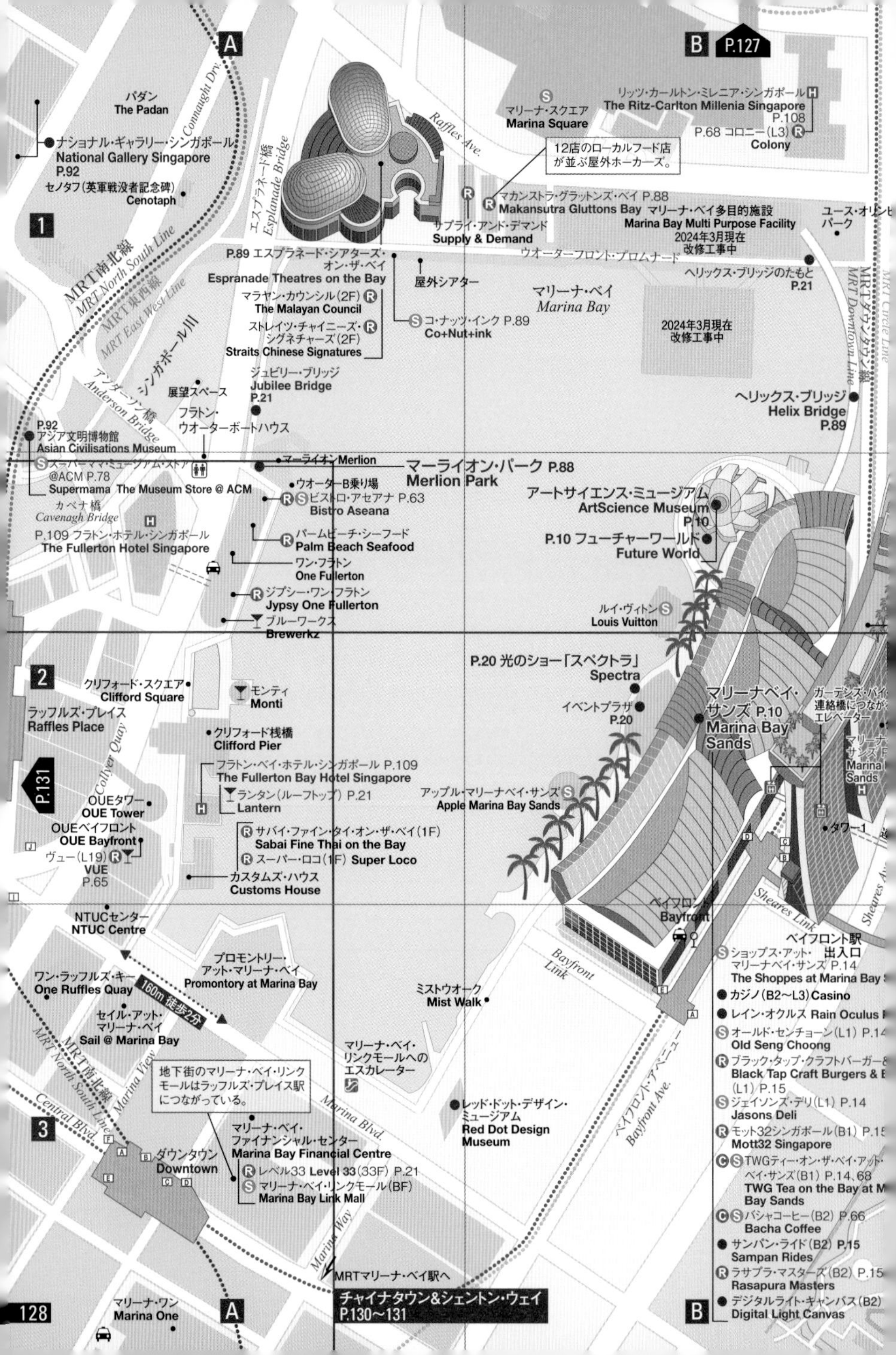

A
B
P.127
パダン
The Padan
ナショナル・ギャラリー・シンガポール
National Gallery Singapore
P.92
セノタフ(英軍戦没者記念碑)
Cenotaph
Connaught Dr.
エスプラネード橋
Esplanade Bridge
Raffles Ave.
マリーナ・スクエア
Marina Square
リッツ・カールトン・ミレニア・シンガポール
The Ritz-Carlton Millenia Singapore
P.108
P.68 コロニー(L3)
Colony
12店のローカルフード店が並ぶ屋外ホーカーズ。
マカンストラ・グラットンズ・ベイ P.88
Makansutra Gluttons Bay
マリーナ・ベイ多目的施設
Marina Bay Multi Purpose Facility
2024年3月現在改修工事中
ユース・オリンピック・パーク
サプライ・アンド・デマンド
Supply & Demand
ウオーターフロント・プロムナード
ヘリックス・ブリッジのたもと
P.21
MRT南北線
MRT North South Line
MRT東西線
MRT East West Line
P.89 エスプラネード・シアターズ・オン・ザ・ベイ
Espranade Theatres on the Bay
屋外シアター
マリーナ・ベイ
Marina Bay
マラヤン・カウンシル(2F)
The Malayan Council
ストレイツ・チャイニーズ・シグネチャーズ(2F)
Straits Chinese Signatures
コ・ナッツ・インク P.89
Co+Nut+ink
2024年3月現在改修工事中
MRTダウンタウン線
MRT Downtown Line
MRT Circle Line
シンガポール川
アンダーソン橋
Anderson Bridge
展望スペース
ジュビリー・ブリッジ
Jubilee Bridge
P.21
フラトン・ウオーターボートハウス
ヘリックス・ブリッジ
Helix Bridge
P.89
P.92
アジア文明博物館
Asian Civilisations Museum
スーパーママ・ミュージアム・ストア@ACM P.78
Supermama The Museum Store @ ACM
マーライオン Merlion
マーライオン・パーク P.88
Merlion Park
ウオーターB乗り場
ビストロ・アセアナ P.63
Bistro Aseana
アートサイエンス・ミュージアム
ArtScience Museum
P.10
P.10 フューチャーワールド
Future World
カベナ橋
Cavenagh Bridge
P.109 フラトン・ホテル・シンガポール
The Fullerton Hotel Singapore
パームビーチ・シーフード
Palm Beach Seafood
ワン・フラトン
One Fullerton
ジプシー・ワン・フラトン
Jypsy One Fullerton
ブルーワークス
Brewerkz
ルイ・ヴィトン
Louis Vuitton
1
2
3
P.20 光のショー「スペクトラ」
Spectra
クリフォード・スクエア
Clifford Square
モンティ
Monti
ラッフルズ・プレイス
Raffles Place
クリフォード桟橋
Clifford Pier
イベントプラザ
P.20
マリーナベイ・サンズ P.10
Marina Bay Sands
ガーデンズ・バイ・ザ・ベイ連絡橋につながるエレベーター
Collyer Quay
フラトン・ベイ・ホテル・シンガポール P.109
The Fullerton Bay Hotel Singapore
P.131
OUEタワー
OUE Tower
ランタン(ルーフトップ) P.21
Lantern
アップル・マリーナベイ・サンズ
Apple Marina Bay Sands
OUEベイフロント
OUE Bayfront
サバイ・ファイン・タイ・オン・ザ・ベイ(1F)
Sabai Fine Thai on the Bay
ヴュー(L19)
VUE
P.65
スーパー・ロコ(1F) Super Loco
カスタムズ・ハウス
Customs House
タワー1
Sheares Link
Sheares Ave.
NTUCセンター
NTUC Centre
ベイフロント
Bayfront
ベイフロント駅出入口
Bayfront Link
ワン・ラッフルズ・キー
One Ruffles Quay
プロモントリー・アット・マリーナ・ベイ
Promontory at Marina Bay
160m 徒歩2分
ショップス・アット・マリーナベイ・サンズ P.14
The Shoppes at Marina Bay Sands
カジノ(B2~L3) Casino
レイン・オクルス Rain Oculus
セイル・アット・マリーナ・ベイ
Sail @ Marina Bay
ミストウオーク
Mist Walk
オールド・センチョーン(L1)
Old Seng Choong
ブラック・タップ・クラフトバーガー&ビア(L1) P.15
Black Tap Craft Burgers & Beer
MRT南北線
MRT North South Line
Marina View
地下街のマリーナ・ベイ・リンクモールはラッフルズ・プレイス駅につながっている。
マリーナ・ベイ・リンクモールへのエスカレーター
Marina Blvd.
レッド・ドット・デザイン・ミュージアム
Red Dot Design Museum
ベイフロント・アベニュー
Bayfront Ave.
ジェイソンズ・デリ(L1) P.14
Jasons Deli
Central Blvd.
ダウンタウン
Downtown
マリーナ・ベイ・ファイナンシャル・センター
Marina Bay Financial Centre
レベル33 Level 33(33F) P.21
マリーナ・ベイ・リンクモール(BF)
Marina Bay Link Mall
モット32シンガポール(B1)
Mott32 Singapore
TWGティー・オン・ザ・ベイ・アット・マリーナベイ・サンズ(B1) P.14、68
TWG Tea on the Bay at Marina Bay Sands
バシャコーヒー(B2) P.66
Bacha Coffee
サンパン・ライド(B2) P.15
Sampan Rides
Marina Way
MRTマリーナ・ベイ駅へ
ラサプラ・マスターズ(B2) P.15
Rasapura Masters
チャイナタウン&シェントン・ウェイ P.130~131
マリーナ・ワン
Marina One
デジタルライト・キャンバス(B2)
Digital Light Canvas

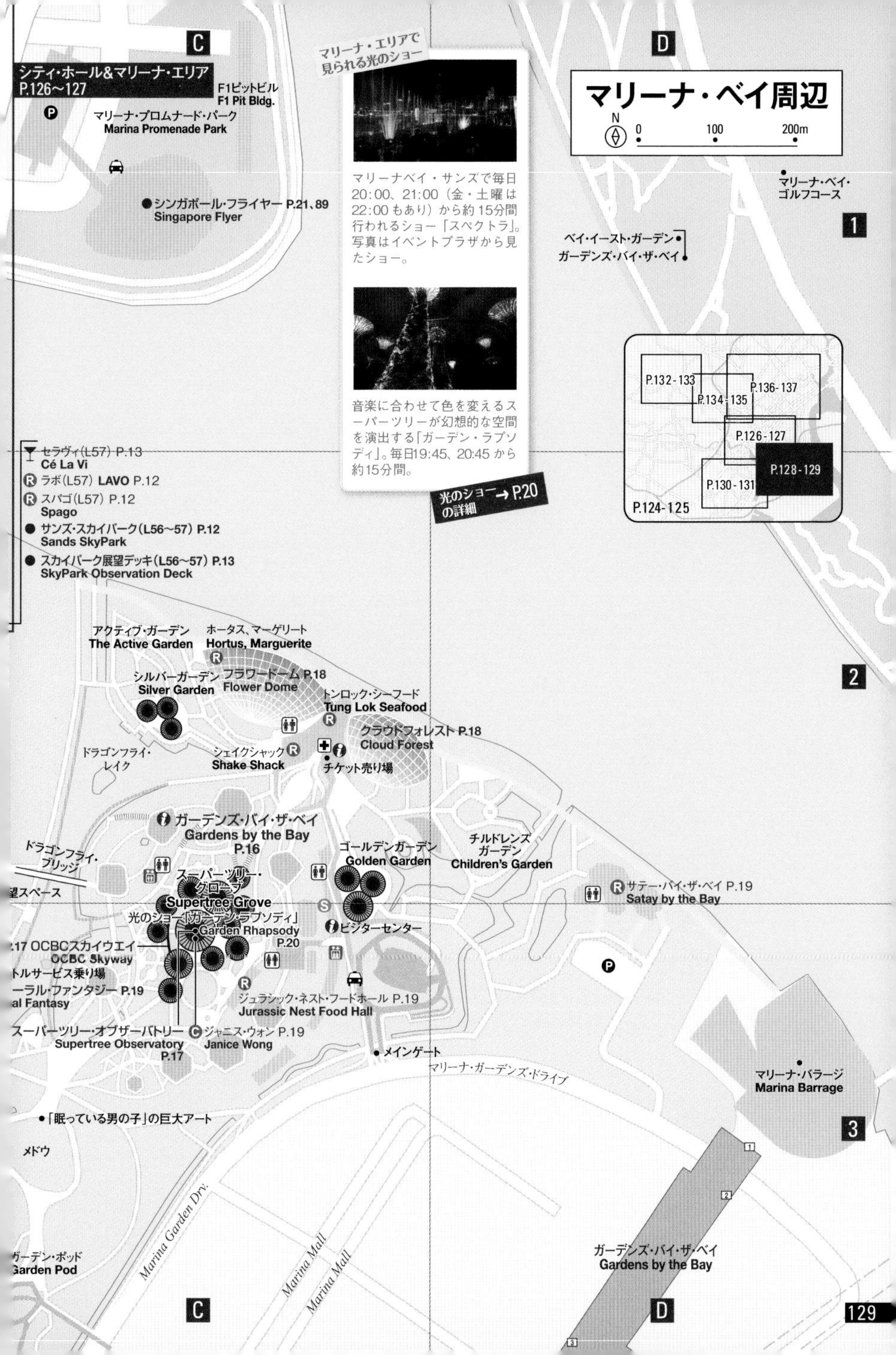

マリーナ・ベイ周辺
N
0
100
200m
シティ・ホール&マリーナ・エリア
P.126〜127
F1ピットビル
F1 Pit Bldg.
マリーナ・プロムナード・パーク
Marina Promenade Park
シンガポール・フライヤー P.21、89
Singapore Flyer
マリーナ・エリアで見られる光のショー
マリーナベイ・サンズで毎日20:00、21:00（金・土曜は22:00もあり）から約15分間行われるショー「スペクトラ」。写真はイベントプラザから見たショー。
音楽に合わせて色を変えるスーパーツリーが幻想的な空間を演出する「ガーデン・ラプソディ」。毎日19:45、20:45から約15分間。
光のショー→P.20の詳細
マリーナ・ベイ・ゴルフコース
ベイ・イースト・ガーデン
ガーデンズ・バイ・ザ・ベイ
P.132-133
P.134-135
P.136-137
P.126-127
P.128-129
P.130-131
P.124-125
セラヴィ(L57) P.13
Cé La Vi
ラボ(L57) LAVO P.12
スパゴ(L57) P.12
Spago
サンズ・スカイパーク(L56〜57) P.12
Sands SkyPark
スカイパーク展望デッキ(L56〜57) P.13
SkyPark Observation Deck
アクティブ・ガーデン
The Active Garden
ホータス、マーゲリート
Hortus, Marguerite
シルバーガーデン
Silver Garden
フラワードーム P.18
Flower Dome
トンロック・シーフード
Tung Lok Seafood
クラウドフォレスト P.18
Cloud Forest
ドラゴンフライ・レイク
シェイクシャック
Shake Shack
チケット売り場
ガーデンズ・バイ・ザ・ベイ
Gardens by the Bay
P.16
ドラゴンフライ・ブリッジ
望スペース
スーパーツリー・グローブ
Supertree Grove
ゴールデンガーデン
Golden Garden
チルドレンズ・ガーデン
Children's Garden
サテー・バイ・ザ・ベイ P.19
Satay by the Bay
光のショー「ガーデン・ラプソディ」
Garden Rhapsody
P.20
ビジターセンター
.17 OCBCスカイウエイ
OCBC Skyway
トルサービス乗り場
ーラル・ファンタジー P.19
al Fantasy
ジュラシック・ネスト・フードホール P.19
Jurassic Nest Food Hall
スーパーツリー・オブザーバトリー
Supertree Observatory
P.17
ジャニス・ウォン P.19
Janice Wong
メインゲート
マリーナ・ガーデンズ・ドライブ
マリーナ・バラージ
Marina Barrage
「眠っている男の子」の巨大アート
メドウ
Marina Garden Drv.
Marina Mall
Marina Mall
ガーデン・ポッド
Garden Pod
ガーデンズ・バイ・ザ・ベイ
Gardens by the Bay
C
D
1
2
3

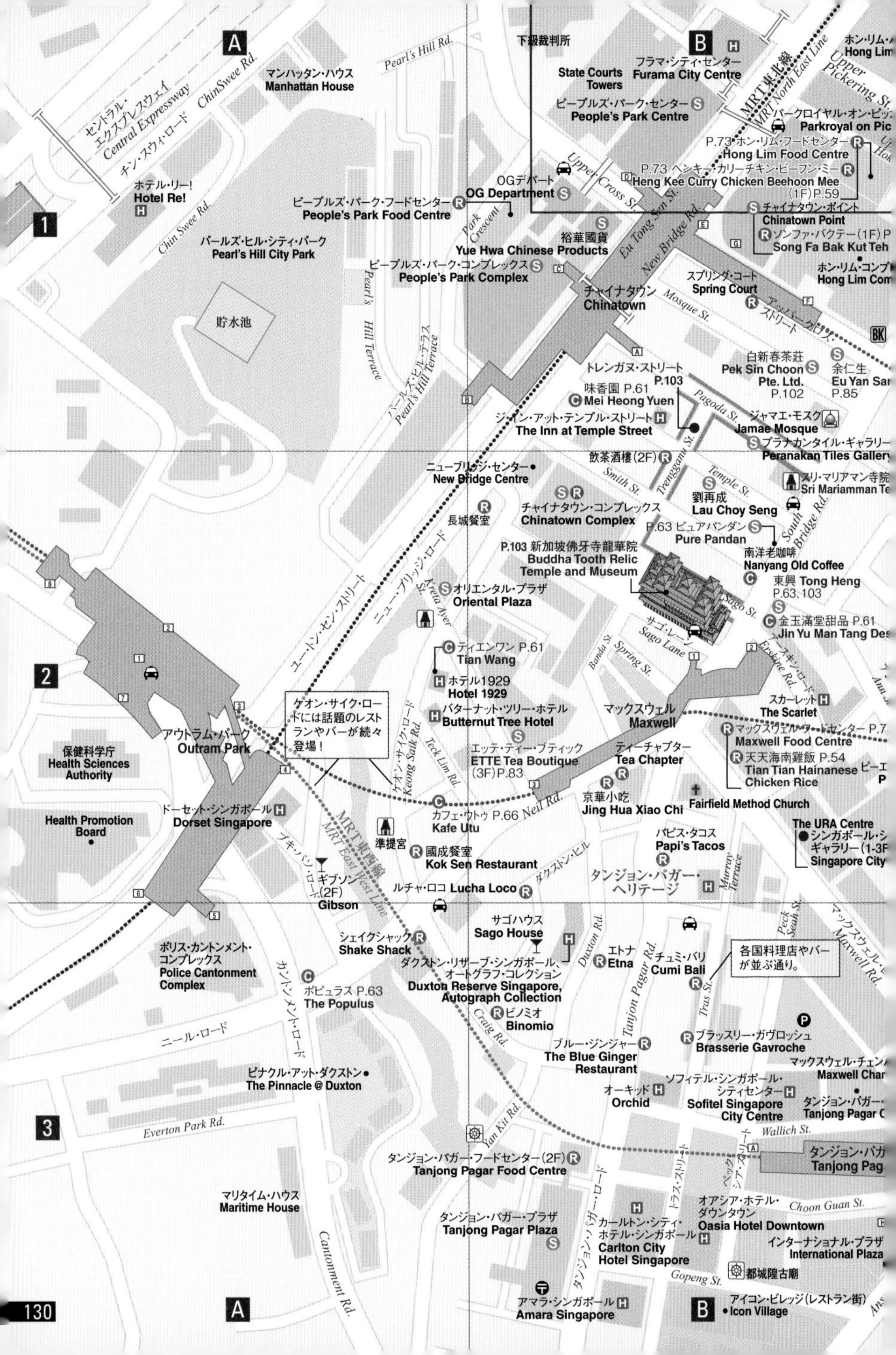
A
B
1
2
3
下級裁判所
State Courts
Towers
Pearl's Hill Rd.
マンハッタン・ハウス
Manhattan House
セントラル・
エクスプレスウェイ
Central Expressway
チン・スウィ・ロード
ChinSwee Rd.
ホテル・リー!
Hotel Re!
Chin Swee Rd.
パールズ・ヒル・シティ・パーク
Pearl's Hill City Park
貯水池
フラマ・シティ・センター
Furama City Centre
ピープルズ・パーク・センター
People's Park Centre
MRT東北線
MRT North East Line
Upper Pickering St.
ホン・リム・パーク
Hong Lim
パークロイヤル・オン・ピッカリング
Parkroyal on Pic
P.73 ホン・リム・フードセンター
Hong Lim Food Centre
P.73 ヘンキー・カリーチキン・ビーフン・ミー
Heng Kee Curry Chicken Beehoon Mee
(1F)P.59
OGデパート
OG Department
Upper Cross St.
ピープルズ・パーク・フードセンター
People's Park Food Centre
Park Crescent
裕華國貨
Yue Hwa Chinese Products
Eu Tong Sen St.
New Bridge Rd.
チャイナタウン・ポイント
Chinatown Point
ソンファ・バクテー(1F)P
Song Fa Bak Kut Teh
ピープルズ・パーク・コンプレックス
People's Park Complex
ホン・リム・コンプレックス
Hong Lim Com
チャイナタウン
Chinatown
スプリング・コート
Spring Court
Mosque St.
アッパー・クロス・ストリート
Pearl's Hill Terrace
パールズ・ヒル・テラス
Pearl's Hill Terrace
トレンガヌ・ストリート
P.103
白新春茶荘
Pek Sin Choon
Pte. Ltd.
P.102
余仁生
Eu Yan Sa
P.85
味香園 P.61
Mei Heong Yuen
Pagoda St.
ジ・イン・アット・テンプル・ストリート
The Inn at Temple Street
ジャマエ・モスク
Jamae Mosque
プラナカンタイル・ギャラリー
Peranakan Tiles Gallery
飲茶酒樓(2F)
ニューブリッジ・センター
New Bridge Centre
Smith St.
Trengganu St.
Temple St.
スリ・マリアマン寺院
Sri Mariamman Te
劉再成
Lau Choy Seng
チャイナタウン・コンプレックス
Chinatown Complex
長城餐室
South Bridge Rd.
P.63 ピュアパンダン
Pure Pandan
P.103 新加坡佛牙寺龍華院
Buddha Tooth Relic
Temple and Museum
南洋老咖啡
Nanyang Old Coffee
東興 Tong Heng
P.63、103
ユー・トン・セン・ストリート
ニュー・ブリッジ・ロード
Kreta Ayer St.
オリエンタル・プラザ
Oriental Plaza
Sago St.
金玉滿堂甜品 P.61
Jin Yu Man Tang Des
サゴ・レーン
Sago Lane
Banda St.
Spring St.
ティエンワン P.61
Tian Wang
ホテル1929
Hotel 1929
アースキン・ロード
Erskine Rd.
スカーレット
The Scarlet
マックスウェル
Maxwell
アウトラム・パーク
Outram Park
保健科学庁
Health Sciences
Authority
ケオン・サイク・ロードには話題のレストランやバーが続々登場!
ケオン・サイク・ロード
Keong Saik Rd.
バターナット・ツリー・ホテル
Butternut Tree Hotel
Teck Lim Rd.
エッテ・ティー・ブティック
ETTE Tea Boutique
(3F)P.83
ティーチャプター
Tea Chapter
マックスウェル・フードセンター P.7
Maxwell Food Centre
天天海南雞飯 P.54
Tian Tian Hainanese
Chicken Rice
Health Promotion
Board
ドーセット・シンガポール
Dorset Singapore
MRT東西線
MRT East West Line
カフェ・ウトゥ P.66
Kafe Utu
Neil Rd.
京華小吃
Jing Hua Xiao Chi
Fairfield Method Church
The URA Centre
シンガポール・シティ・ギャラリー(1-3F)
Singapore City
準提宮
國成餐室
Kok Sen Restaurant
ブキ・パソ・ロード
ダクストン・ヒル
パピス・タコス
Papi's Tacos
タンジョン・パガー・ヘリテージ
Murray Terrace
ギブソン
(2F)
Gibson
ルチャ・ロコ Lucha Loco
サゴハウス
Sago House
Peck Seah St.
マックスウェル・ロード
Maxwell Rd.
ポリス・カントンメント・コンプレックス
Police Cantonment
Complex
シェイクシャック
Shake Shack
ダクストン・リザーブ・シンガポール、オートグラフ・コレクション
Duxton Reserve Singapore,
Autograph Collection
Duxton Rd.
エトナ
Etna
チュミ・バリ
Cumi Bali
Tanjong Pagar Rd.
各国料理店やバーが並ぶ通り。
Tras St.
カントンメント・ロード
ポピュラス P.63
The Populus
ビノミオ
Binomio
Craig Rd.
ブラッスリー・ガヴロッシュ
Brasserie Gavroche
ニール・ロード
ブルー・ジンジャー
The Blue Ginger
Restaurant
ピナクル・アット・ダクストン
The Pinnacle @ Duxton
マックスウェル・チェンバーズ
Maxwell Char
オーキッド
Orchid
ソフィテル・シンガポール・シティセンター
Sofitel Singapore
City Centre
タンジョン・パガー・センター
Tanjong Pagar C
Everton Park Rd.
Yan Kit Rd.
Wallich St.
ペック・シア・ストリート
タンジョン・パガー
Tanjong Pag
タンジョン・パガー・フードセンター(2F)
Tanjong Pagar Food Centre
タンジョン・パガー・ロード
トラス・ストリート
マリタイム・ハウス
Maritime House
オアシア・ホテル・ダウンタウン
Oasia Hotel Downtown
Choon Guan St.
タンジョン・パガー・プラザ
Tanjong Pagar Plaza
カールトン・シティ・ホテル・シンガポール
Carlton City
Hotel Singapore
インターナショナル・プラザ
International Plaza
Cantonment Rd.
Gopeng St.
都城隍古廟
アマラ・シンガポール
Amara Singapore
アイコン・ビレッジ(レストラン街)
Icon Village

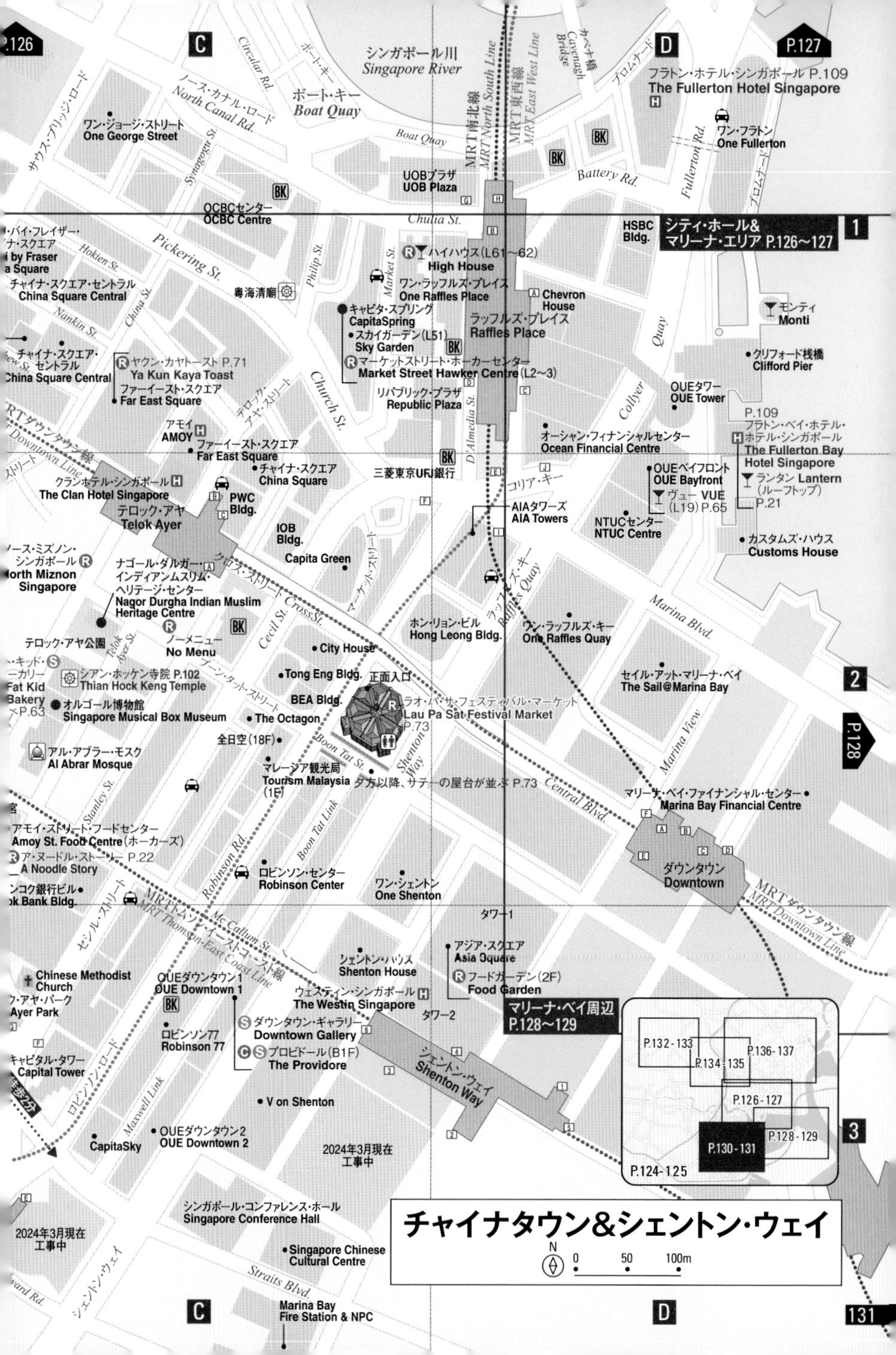

P.126
P.127
P.128

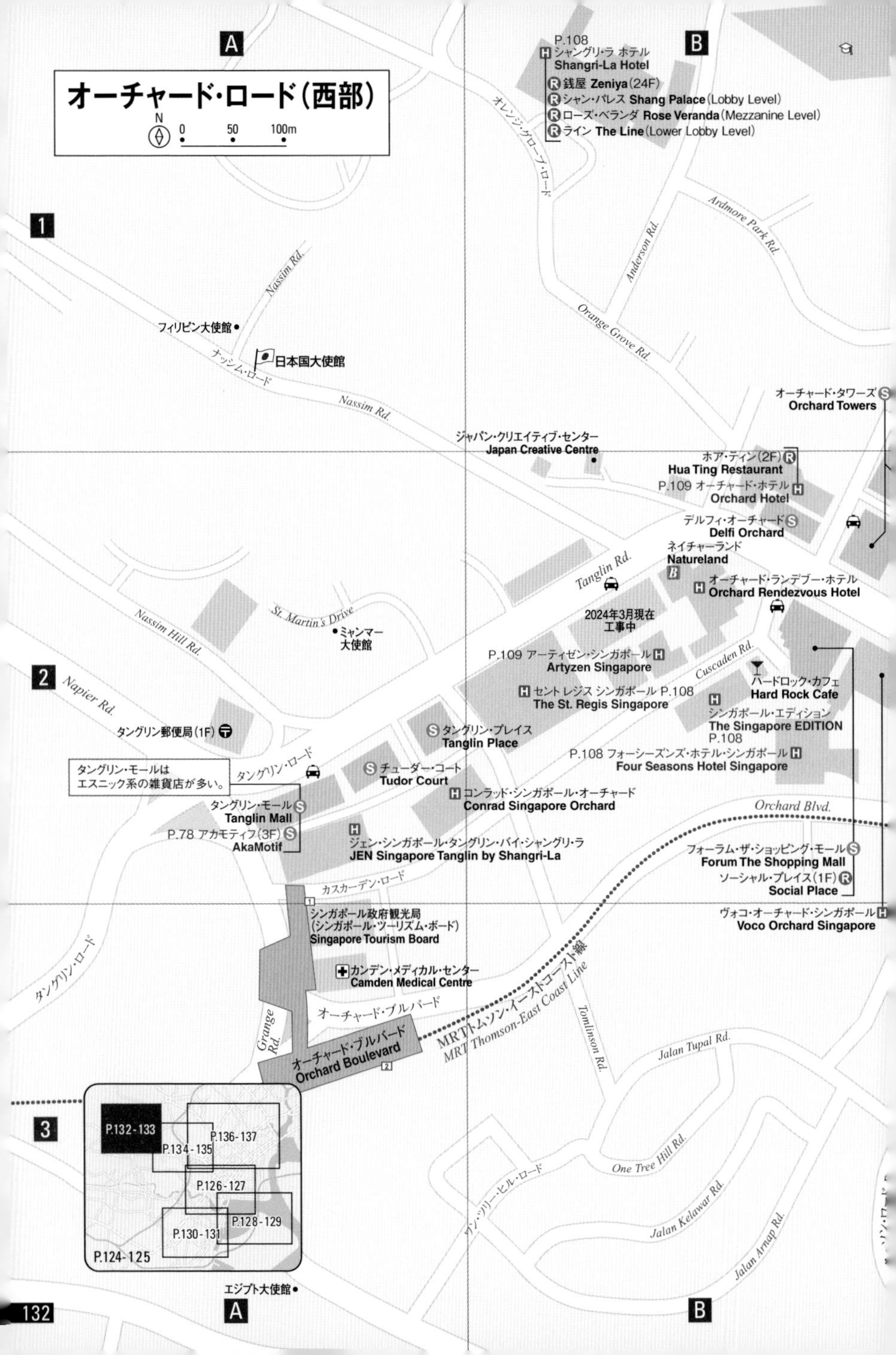
オーチャード・ロード(西部)
N
0 50 100m
A
B
1
2
3
P.108
シャングリ・ラ ホテル
Shangri-La Hotel
銭屋 Zeniya(24F)
シャン・パレス Shang Palace(Lobby Level)
ローズ・ベランダ Rose Veranda(Mezzanine Level)
ライン The Line(Lower Lobby Level)
オレンジ・グローブ・ロード
Ardmore Park Rd.
Anderson Rd.
Nassim Rd.
Orange Grove Rd.
フィリピン大使館
日本国大使館
ナッシム・ロード
Nassim Rd.
オーチャード・タワーズ
Orchard Towers
ジャパン・クリエイティブ・センター
Japan Creative Centre
ホア・ティン(2F)
Hua Ting Restaurant
P.109 オーチャード・ホテル
Orchard Hotel
デルフィ・オーチャード
Delfi Orchard
ネイチャーランド
Natureland
Tanglin Rd.
オーチャード・ランデブー・ホテル
Orchard Rendezvous Hotel
2024年3月現在
工事中
St. Martin's Drive
ミャンマー
大使館
Nassim Hill Rd.
P.109 アーティゼン・シンガポール
Artyzen Singapore
Cuscaden Rd.
ハードロック・カフェ
Hard Rock Cafe
セント レジス シンガポール P.108
The St. Regis Singapore
シンガポール・エディション
The Singapore EDITION
P.108
Napier Rd.
タングリン郵便局(1F)
タングリン・プレイス
Tanglin Place
P.108 フォーシーズンズ・ホテル・シンガポール
Four Seasons Hotel Singapore
タングリン・モールは
エスニック系の雑貨店が多い。
タングリン・ロード
チューダー・コート
Tudor Court
コンラッド・シンガポール・オーチャード
Conrad Singapore Orchard
タングリン・モール
Tanglin Mall
Orchard Blvd.
P.78 アカモティフ(3F)
AkaMotif
ジェン・シンガポール・タングリン・バイ・シャングリ・ラ
JEN Singapore Tanglin by Shangri-La
フォーラム・ザ・ショッピング・モール
Forum The Shopping Mall
カスカーデン・ロード
ソーシャル・プレイス(1F)
Social Place
シンガポール政府観光局
(シンガポール・ツーリズム・ボード)
Singapore Tourism Board
ヴォコ・オーチャード・シンガポール
Voco Orchard Singapore
タングリン・ロード
カンデン・メディカル・センター
Camden Medical Centre
オーチャード・ブルバード
MRTトムソン・イーストコースト線
MRT Thomson-East Coast Line
Tomlinson Rd.
Grange Rd.
オーチャード・ブルバード
Orchard Boulevard
Jalan Tupai Rd.
P.132-133
P.136-137
P.134-135
P.126-127
P.128-129
P.130-131
P.124-125
One Tree Hill Rd.
ワン・ツリー・ヒル・ロード
Jalan Kelawar Rd.
Jalan Arnap Rd.
エジプト大使館

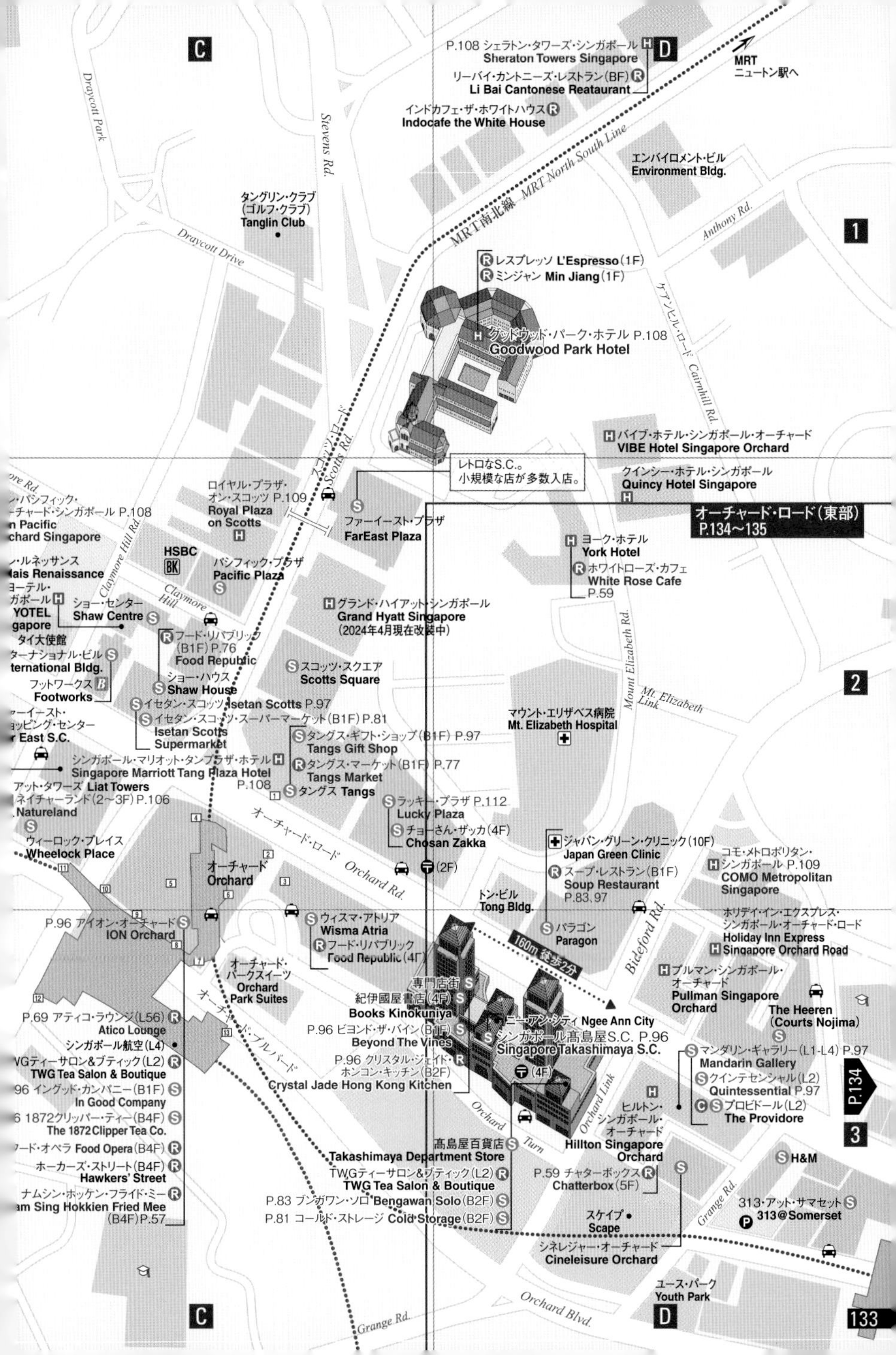
C
D
P.108 シェラトン・タワーズ・シンガポール
Sheraton Towers Singapore
リーバイ・カントニーズ・レストラン(BF)
Li Bai Cantonese Reataurant
インドカフェ・ザ・ホワイトハウス
Indocafe the White House
MRT
ニュートン駅へ
Draycott Park
Stevens Rd.
MRT南北線 MRT North South Line
エンバイロメント・ビル
Environment Bldg.
タングリン・クラブ
(ゴルフ・クラブ)
Tanglin Club
Draycott Drive
Anthony Rd.
1
レスプレッソ L'Espresso(1F)
ミンジャン Min Jiang(1F)
グッドウッド・パーク・ホテル P.108
Goodwood Park Hotel
ケアンヒル・ロード Cairnhill Rd.
スコッツ・ロード Scotts Rd.
バイブ・ホテル・シンガポール・オーチャード
VIBE Hotel Singapore Orchard
レトロなS.C.。
小規模な店が多数入店。
クインシー・ホテル・シンガポール
Quincy Hotel Singapore
ロイヤル・プラザ・オン・スコッツ P.109
Royal Plaza on Scotts
パン・パシフィック・オーチャード・シンガポール P.108
Pan Pacific Orchard Singapore
ファーイースト・プラザ
FarEast Plaza
オーチャード・ロード(東部)
P.134〜135
Claymore Hill Rd.
HSBC
BK
パシフィック・プラザ
Pacific Plaza
ヨーク・ホテル
York Hotel
ホワイトローズ・カフェ
White Rose Cafe
P.59
Claymore Hill
ショー・センター
Shaw Centre
YOTEL Singapore
タイ大使館
グランド・ハイアット・シンガポール
Grand Hyatt Singapore
(2024年4月現在改装中)
フード・リパブリック
(B1F) P.76
Food Republic
International Bldg.
Mount Elizabeth Rd.
スコッツ・スクエア
Scotts Square
フットワークス
Footworks
ショー・ハウス
Shaw House
2
Mt. Elizabeth Link
イセタン・スコッツ Isetan Scotts P.97
イセタン・スコッツ・スーパーマーケット(B1F) P.81
Isetan Scotts Supermarket
マウント・エリザベス病院
Mt. Elizabeth Hospital
Far East S.C.
タングス・ギフト・ショップ(B1F) P.97
Tangs Gift Shop
シンガポール・マリオット・タンプラザ・ホテル
Singapore Marriott Tang Plaza Hotel
P.108
タングス・マーケット(B1F) P.77
Tangs Market
タングス Tangs
リアット・タワーズ Liat Towers
ネイチャーランド(2〜3F) P.106
Natureland
ラッキー・プラザ P.112
Lucky Plaza
チョーさん・ザッカ(4F)
Chosan Zakka
ウィーロック・プレイス
Wheelock Place
オーチャード・ロード Orchard Rd.
オーチャード
Orchard
(2F)
ジャパン・グリーン・クリニック(10F)
Japan Green Clinic
スープ・レストラン(B1F)
Soup Restaurant
P.83、97
コモ・メトロポリタン・シンガポール P.109
COMO Metropolitan Singapore
トン・ビル
Tong Bldg.
ホリデイ・イン・エクスプレス・シンガポール・オーチャード・ロード
Holiday Inn Express Singapore Orchard Road
P.96 アイオン・オーチャード
ION Orchard
ウィスマ・アトリア
Wisma Atria
フード・リパブリック
Food Republic(4F)
パラゴン
Paragon
160m 徒歩2分
Bideford Rd.
オーチャード・パークスイーツ
Orchard Park Suites
専門店街
紀伊國屋書店(4F)
Books Kinokuniya
ブルマン・シンガポール・オーチャード
Pullman Singapore Orchard
The Heeren
(Courts Nojima)
P.69 アティコ・ラウンジ(L56)
Atico Lounge
シンガポール航空(L4)
P.96 ビヨンド・ザ・バイン(B1F)
Beyond The Vines
ニー・アン・シティ Ngee Ann City
シンガポール高島屋S.C. P.96
Singapore Takashimaya S.C.
オーチャード・ブルバード
TWGティーサロン&ブティック(L2)
TWG Tea Salon & Boutique
P.96 クリスタル・ジェイド・ホンコン・キッチン(B2F)
Crystal Jade Hong Kong Kitchen
(4F)
マンダリン・ギャラリー(L1-L4) P.97
Mandarin Gallery
クインテセンシャル(L2)
Quintessential P.97
プロビドール(L2)
The Providore
P.134
イングッド・カンパニー(B1F)
In Good Company
1872クリッパー・ティー(B4F)
The 1872 Clipper Tea Co.
Orchard Turn
Orchard Link
ヒルトン・シンガポール・オーチャード
Hillton Singapore Orchard
3
フード・オペラ Food Opera(B4F)
髙島屋百貨店
Takashimaya Department Store
ホーカーズ・ストリート(B4F)
Hawkers' Street
TWGティーサロン&ブティック(L2)
TWG Tea Salon & Boutique
P.59 チャターボックス(5F)
Chatterbox(5F)
H&M
ナムシン・ホッケン・フライド・ミー
Nam Sing Hokkien Fried Mee
(B4F) P.57
P.83 ブンガワン・ソロ Bengawan Solo(B2F)
P.81 コールド・ストレージ Cold Storage(B2F)
スケイプ
Scape
Grange Rd.
313・アット・サマセット
313@Somerset
シネレジャー・オーチャード
Cineleisure Orchard
ユース・パーク
Youth Park
Orchard Blvd.
Grange Rd.

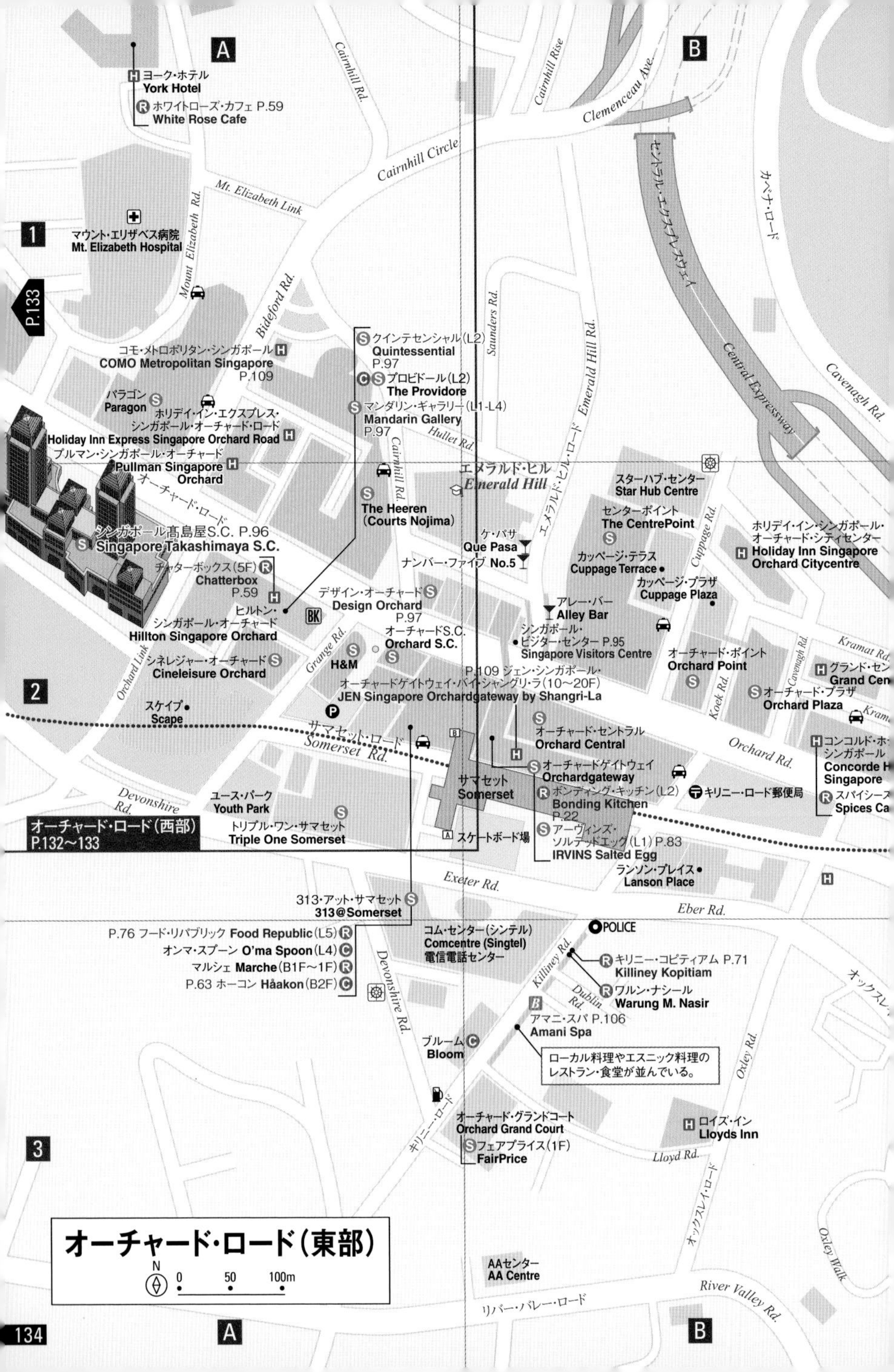

オーチャード・ロード（東部）
N
0
50
100m
A
B
1
2
3
P.133
ヨーク・ホテル
York Hotel
ホワイトローズ・カフェ P.59
White Rose Cafe
Cairnhill Rd.
Cairnhill Rise
Clemenceau Ave.
Cairnhill Circle
Mt. Elizabeth Link
Mount Elizabeth Rd.
マウント・エリザベス病院
Mt. Elizabeth Hospital
セントラル・エクスプレスウェイ
Central Expressway
カベナ・ロード
Cavenagh Rd.
Bideford Rd.
Saunders Rd.
Emerald Hill Rd.
エメラルド・ヒル・ロード
コモ・メトロポリタン・シンガポール
COMO Metropolitan Singapore
P.109
クインテセンシャル（L2）
Quintessential
P.97
プロビドール（L2）
The Providore
マンダリン・ギャラリー（L1-L4）
Mandarin Gallery
P.97
Hullet Rd.
パラゴン
Paragon
ホリデイ・イン・エクスプレス・シンガポール・オーチャード・ロード
Holiday Inn Express Singapore Orchard Road
プルマン・シンガポール・オーチャード
Pullman Singapore Orchard
オーチャード・ロード
Cairnhill Rd.
The Heeren
（Courts Nojima）
エメラルド・ヒル
Emerald Hill
スターハブ・センター
Star Hub Centre
センターポイント
The CentrePoint
ホリデイ・イン・シンガポール・オーチャード・シティセンター
Holiday Inn Singapore Orchard Citycentre
シンガポール高島屋S.C. P.96
Singapore Takashimaya S.C.
チャターボックス（5F）
Chatterbox
P.59
ケ・パサ
Que Pasa
ナンバー・ファイブ No.5
カッページ・テラス
Cuppage Terrace
Cuppage Rd.
カッページ・プラザ
Cuppage Plaza
デザイン・オーチャード
Design Orchard
P.97
ヒルトン・シンガポール・オーチャード
Hillton Singapore Orchard
BK
アレー・バー
Alley Bar
シンガポール・ビジター・センター P.95
Singapore Visitors Centre
オーチャードS.C.
Orchard S.C.
Grange Rd.
Orchard Link
シネレジャー・オーチャード
Cineleisure Orchard
H&M
オーチャード・ポイント
Orchard Point
Kramat Rd.
Cavenagh Rd.
グランド・セン
Grand Cen
P.109 ジェン・シンガポール・オーチャードゲイトウェイ・バイ・シャングリ・ラ（10～20F）
JEN Singapore Orchardgateway by Shangri-La
Koek Rd.
オーチャード・プラザ
Orchard Plaza
スケイプ
Scape
サマセット・ロード
Somerset Rd.
オーチャード・セントラル
Orchard Central
Orchard Rd.
コンコルド・ホ
シンガポール
Concorde H
Singapore
オーチャードゲイトウェイ
Orchardgateway
サマセット
Somerset
ボンディング・キッチン（L2）
Bonding Kitchen
P.22
キリニー・ロード郵便局
スパイシーズ
Spices Ca
Devonshire Rd.
ユース・パーク
Youth Park
トリプル・ワン・サマセット
Triple One Somerset
オーチャード・ロード（西部）
P.132～133
アーヴィンズ・ソルテッドエッグ（L1）P.83
IRVINS Salted Egg
スケートボード場
ランソン・プレイス
Lanson Place
Exeter Rd.
Eber Rd.
313・アット・サマセット
313@Somerset
P.76 フード・リパブリック Food Republic（L5）
オンマ・スプーン O'ma Spoon（L4）
マルシェ Marche（B1F～1F）
P.63 ホーコン Håakon（B2F）
コム・センター（シンテル）
Comcentre (Singtel)
電信電話センター
POLICE
Killiney Rd.
キリニー・コピティアム P.71
Killiney Kopitiam
Dublin Rd.
ワルン・ナシール
Warung M. Nasir
オックスレイ
Devonshire Rd.
アマニ・スパ P.106
Amani Spa
ブルーム
Bloom
ローカル料理やエスニック料理のレストラン・食堂が並んでいる。
Oxley Rd.
キリニー・ロード
オーチャード・グランドコート
Orchard Grand Court
フェアプライス（1F）
FairPrice
ロイズ・イン
Lloyds Inn
Lloyd Rd.
オックスレイ・ロード
Oxley Walk
AAセンター
AA Centre
River Valley Rd.
リバー・バレー・ロード

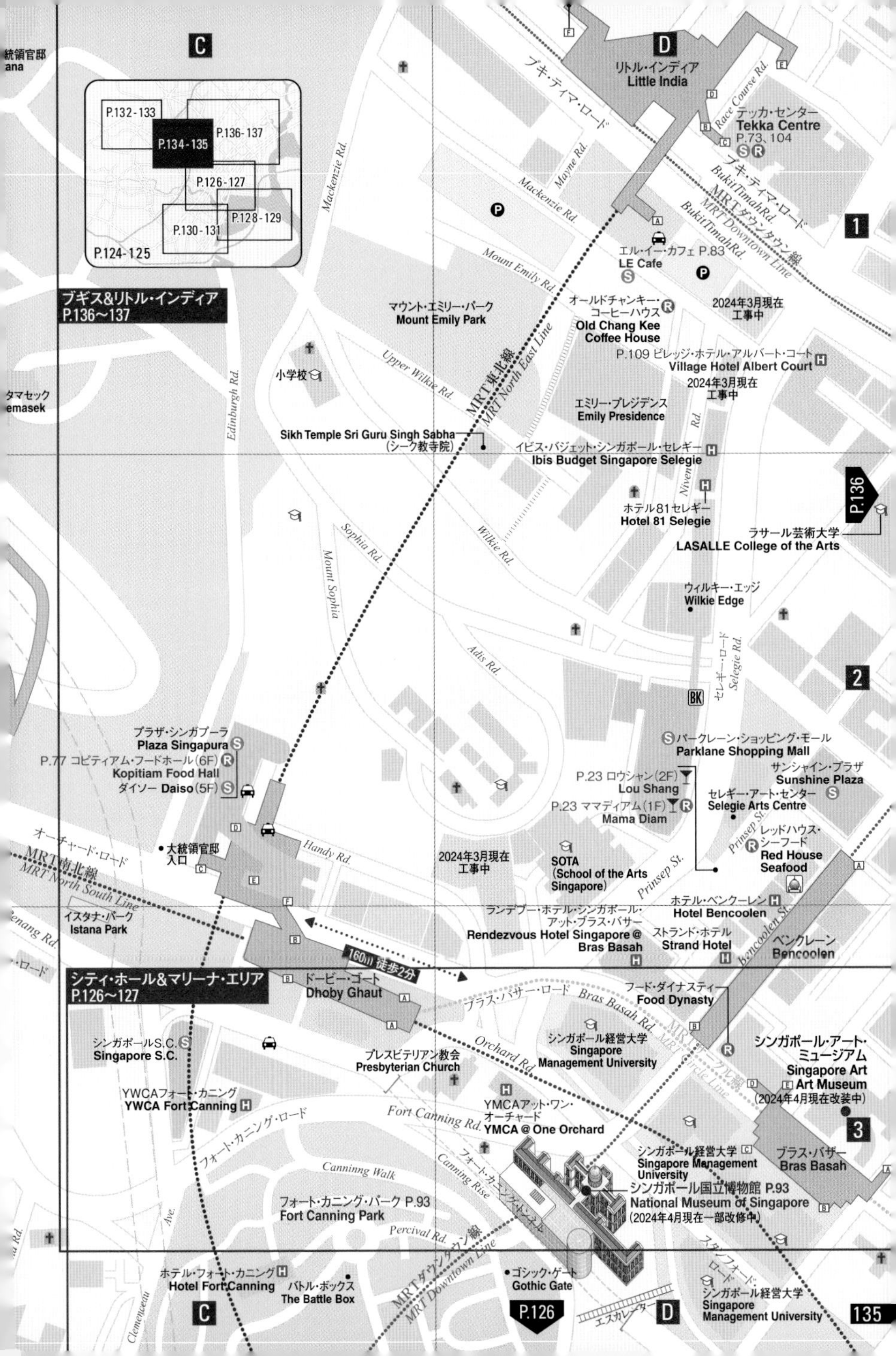
C
D
P.132-133
P.134-135
P.136-137
P.126-127
P.128-129
P.130-131
P.124-125
ブギス&リトル・インディア
P.136〜137
リトル・インディア
Little India
ブキ・ティマ・ロード
Race Course Rd.
テッカ・センター
Tekka Centre
P.73、104
ブキ・ティマ・ロード
Bukit Timah Rd.
MRTダウンタウン線
MRT Downtown Line
Mayne Rd.
Mackenzie Rd.
Mount Emily Rd.
エル・イー・カフェ P.83
LE Cafe
マウント・エミリー・パーク
Mount Emily Park
オールドチャンキー・コーヒーハウス
Old Chang Kee Coffee House
2024年3月現在工事中
P.109 ビレッジ・ホテル・アルバート・コート
Village Hotel Albert Court
Upper Wilkie Rd.
MRT東北線
MRT North East Line
小学校
Edinburgh Rd.
タマセック
emasek
統領官邸
ana
エミリー・プレジデンス
Emily Presidence
Sikh Temple Sri Guru Singh Sabha
(シーク教寺院)
イビス・バジェット・シンガポール・セレギー
Ibis Budget Singapore Selegie
Niven Rd.
ホテル81セレギー
Hotel 81 Selegie
P.136
ラサール芸術大学
LASALLE College of the Arts
Sophia Rd.
Mount Sophia
Wilkie Rd.
ウィルキー・エッジ
Wilkie Edge
Adis Rd.
セレギー・ロード
Selegie Rd.
BK
プラザ・シンガプーラ
Plaza Singapura
P.77 コピティアム・フードホール(6F)
Kopitiam Food Hall
ダイソー Daiso(5F)
パークレーン・ショッピング・モール
Parklane Shopping Mall
サンシャイン・プラザ
Sunshine Plaza
P.23 ロウシャン(2F)
Lou Shang
セレギー・アート・センター
Selegie Arts Centre
P.23 ママディアム(1F)
Mama Diam
レッドハウス・シーフード
Red House Seafood
Prinsep St.
オーチャード・ロード
MRT南北線
MRT North South Line
大統領官邸入口
Handy Rd.
2024年3月現在工事中
SOTA
(School of the Arts Singapore)
イスタナ・パーク
Istana Park
ランデブー・ホテル・シンガポール・アット・ブラス・バサー
Rendezvous Hotel Singapore @ Bras Basah
ホテル・ベンクーレン
Hotel Bencoolen
ストランド・ホテル
Strand Hotel
ベンクーレン
Bencoolen
Bencoolen St.
160m 徒歩2分
シティ・ホール&マリーナ・エリア
P.126〜127
ドービー・ゴート
Dhoby Ghaut
ブラス・バサー・ロード
Bras Basah Rd.
フード・ダイナスティ
Food Dynasty
MRTサークル線
MRT Circle Line
シンガポール・アート・ミュージアム
Singapore Art Museum
(2024年4月現在改装中)
シンガポールS.C.
Singapore S.C.
シンガポール経営大学
Singapore Management University
Orchard Rd.
プレスビテリアン教会
Presbyterian Church
YWCAフォート・カニング
YWCA Fort Canning
YMCAアット・ワン・オーチャード
YMCA @ One Orchard
Fort Canning Rd.
フォート・カニング・ロード
Canninng Walk
Canning Rise
フォート・カニング・トンネル
シンガポール経営大学
Singapore Management University
ブラス・バサー
Bras Basah
シンガポール国立博物館 P.93
National Museum of Singapore
(2024年4月現在一部改修中)
フォート・カニング・パーク P.93
Fort Canning Park
Percival Rd.
Ave.
スタンフォード・ロード
ホテル・フォート・カニング
Hotel Fort Canning
バトル・ボックス
The Battle Box
ゴシック・ゲート
Gothic Gate
エスカレーター
シンガポール経営大学
Singapore Management University
Clemenceau
P.126
1
2
3

オーチャード・ロード（東部）
P.134〜135
ファーラー・パーク
Farrer Park
カンポン・ジャワ・パーク
Kampong Java Park
KKウイミンズ&チルドレンズ病院
KK Women's & Children's Hospital
MRTダウンタウン線
MRT Downtown Line
P.107 アーユッシュ・アーユルヴェディック
Ayush Ayurvedic
ムトゥース・カリー
Muthu's Curry Restaurant
ヒルトン・ガーデン・イン・シンガポール・セラングーン
Hilton Garden Inn Singapore Serangoon
シンガポール・モビリティ・ギャラリー
Singapore Mobility Gallery
P.58 バナナリーフ・アポロ
The Banana Leaf Apolo
スリ・ラクシュミー・ナラヤン寺院
Sri Lakshmi Narayan Temple
P.104 スリ・ヴィラマカリアマン寺院
Sri Veeramakaliamman Temple
アングリア・モスク
Anglllia Mosque
セントリウム・スクエア
Centrium Square
オーウェンハウス・バイ・ハビット
Owen House by Habyt
青空市場
160m 徒歩2分
タン・テンニア邸
Residence of Tan Teng Niah
リトル・インディア
Little India
カンポン・カポール・メソジスト教会
Kampong Kapor Methodist Church
P.105 マドラス・ニュー・ウッドランズ
Madras New Woodlands
テッカ・センター
Tekka Centre
P.73、104
インディアン・ヘリテージ・センター P.105
Indian Heritage Centre
P.85 ジョティ・ストア&フラワーショップ
Jothi Store & Flower Shop
P.105 リトル・インディア・アーケード
Little India Arcade
P.78 セレブレーション・オブ・アーツ
Celebration of Arts
P.83 エル・イー・カフェ
LE Cafe
P.105 セルヴィズ Selvi's
ホテル81ディクソン
Hotel 81 Dickson
マウント・エミリー・パーク
Mount Emily Park
工事中
テッカ・プレイス
Tekka Place
シタディーン・ローチョー・シンガポール（3F）
Citadines Rocho Singapore
P.109 ビレッジ・ホテル・アルバート・コート
Village Hotel Albert Court
ペラ・ホテル
Perak Hotel
ローチョー
Rochor
マスジッド・アブドゥル・ガフール
Masjid Abdul Gafoor
ハイシン
Haising
シム・リム
Sim Lim
小学校
MRT東北線
MRT North East Line
イビス・スタイルズ・シンガポール・アルバート
Ibis Styles Singapore Albert
ミー・ホテル・ローチョー
Mi Hotel Rochor
Sikh Temple Sri Guru Singh Sabha
（シーク教寺院）
ラサール芸術大学
LASALLE College of the Arts
シム・リム・スクエア
Sim Lim Square
ウィルキー・エッジ
Wilkie Edge
P.134
サマー・ビュー・ホテル
Summer View Hotel
プラザ・シンガプーラ
Plaza Singapura
コピティアム・フードホール
Kopitiam Food Hall
（6F）P.77
ダイソー（5F）
Daiso
パークレーン・ショッピング・モール
Parklane Shopping Mall
エコノミーホテルが建ち並ぶ
ベンクーレン・ストリート。
イビス・シンガポール・オン・ベンクーレン P.109
Ibis Singapore on Bencoolen
フルショウ・コンプレックス
Fu Lu Shou Complex
P.23 ロウシャン Lou Shang（2F）
P.23 ママディアム Mama Diam（1F）
ホテル・ジン・ブギス・シンガポール
Hotel Gin Bugis Singapore
観音堂
Kwan Yin Tang
スリ・クリシュナン寺院
Sri Krishnan Temple
サンシャイン・プラザ
Sunshine Plaza
フォーチュン・センター
Fortune Centre
ブギス・ストリート
Bugis Street
大統領官邸入口
SOTA
（School of the Arts Singapore）
2024年3月現在
工事中
南洋藝術學院
MRT南北線
MRT North South Line
ランデブー・ホテル・シンガポール・アット・ブラス・バサー
Rendezvous Hotel Singapore @ Bras Basah
ヴィ・ホテル・ベンクーレン
V Hotel Bencoolen
ブギス・プラス
Bugis+
160m 徒歩2分
ベンクレーン
Bencoolen
ウオータールー・センター
Waterloo Centre
ドービー・ゴート
Dhoby Ghaut
ナショナル・デザイン・センター
National Design Centre
プレスビテリアン教会
Presbyterian Church
シンガポール経営大学
Singapore Management University
フード・ダイナスティ
Food Dynasty
セント・ヨゼフ教会
St. Joeseph's Church
インターコンチネンタル・シンガポール
InterContinental Singapore
YWCAフォート・カニング
YWCA Fort Canning
シンガポール国立博物館 P.93
National Museum of Singapore
（2024年4月現在一部改修中）
シンガポール・アート・ミュージアム
Singapore Art Museum
（2024年3月現在改装中）
サム・アット・エイトキュー
SAM at 8Q
国立図書館
National Library
ブラス・バサー・コンプレックス
Bras Basah Complex
ウェン・アイ・ワズ・フォー
wheniwasfour
（4F）P.78
フォート・カニング・パーク
Fort Canning Park P.93
ブラス・バサー
Bras Basah
P.126

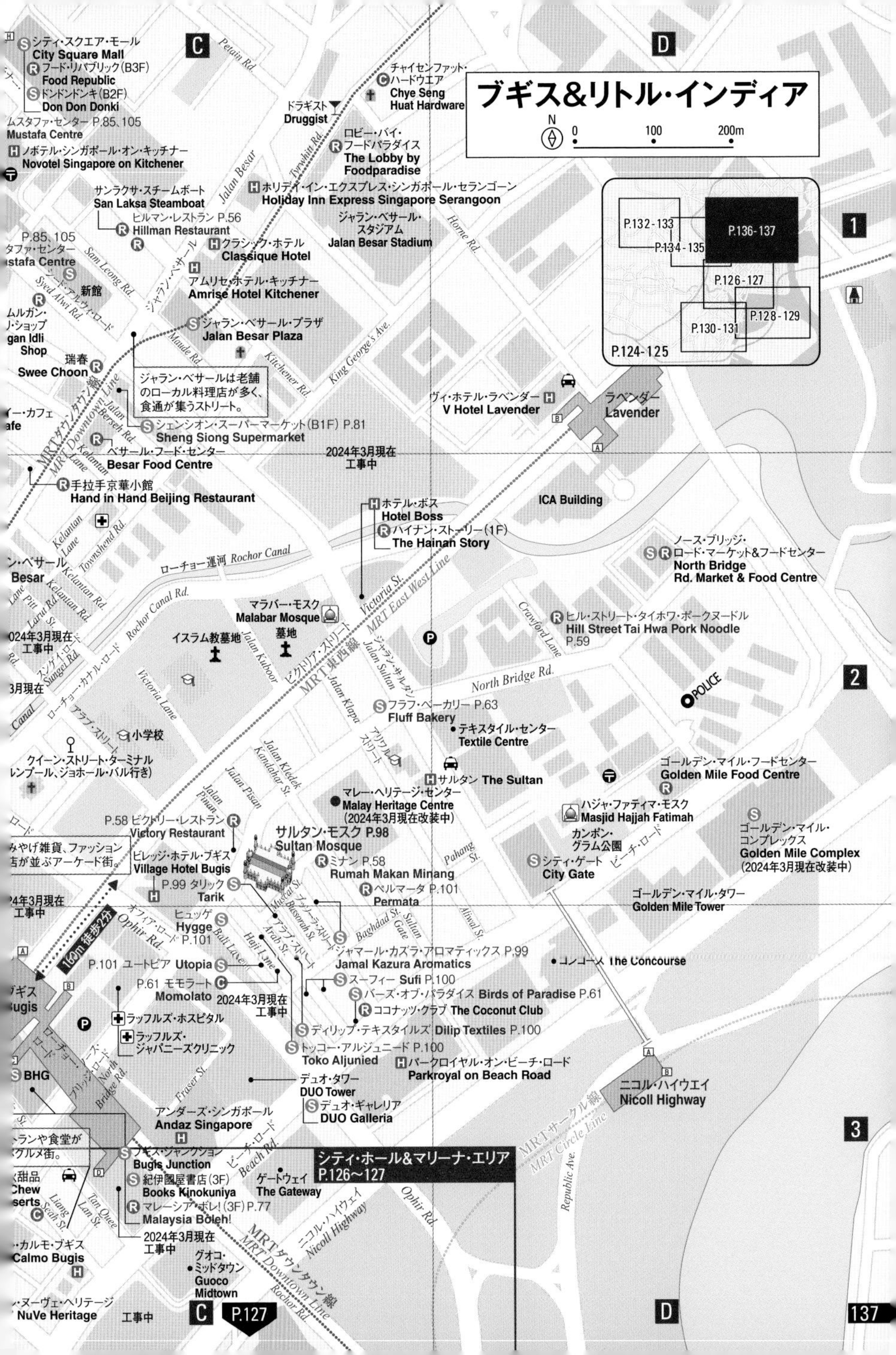
ブギス&リトル・インディア
N 0 100 200m
C
D
1
2
3
P.132-133
P.134-135
P.136-137
P.126-127
P.128-129
P.130-131
P.124-125
シティ・スクエア・モール
City Square Mall
フード・リパブリック(B3F)
Food Republic
ドンドンドンキ(B2F)
Don Don Donki
ムスタファ・センター P.85、105
Mustafa Centre
ノボテル・シンガポール・オン・キッチナー
Novotel Singapore on Kitchener
サンラクサ・スチームボート
San Laksa Steamboat
ヒルマン・レストラン P.56
Hillman Restaurant
クラシック・ホテル
Classique Hotel
アムリセ・ホテル・キッチナー
Amrise Hotel Kitchener
ジャラン・ベサール・プラザ
Jalan Besar Plaza
チャイセンファット・ハードウエア
Chye Seng Huat Hardware
ドラギスト
Druggist
ロビー・バイ・フードパラダイス
The Lobby by Foodparadise
ホリデイ・イン・エクスプレス・シンガポール・セラングーン
Holiday Inn Express Singapore Serangoon
ジャラン・ベサール・スタジアム
Jalan Besar Stadium
瑞春
Swee Choon
ジャラン・ベサールは老舗のローカル料理店が多く、食通が集うストリート。
シェンシオン・スーパーマーケット(B1F) P.81
Sheng Siong Supermarket
ベサール・フード・センター
Besar Food Centre
手拉手京華小館
Hand in Hand Beijing Restaurant
2024年3月現在 工事中
ヴィ・ホテル・ラベンダー
V Hotel Lavender
ラベンダー
Lavender
ICA Building
ホテル・ボス
Hotel Boss
ハイナン・ストーリー(1F)
The Hainan Story
ノース・ブリッジ・ロード・マーケット&フードセンター
North Bridge Rd. Market & Food Centre
ローチョー運河 Rochor Canal
マラバー・モスク
Malabar Mosque
墓地
イスラム教墓地
ヒル・ストリート・タイホワ・ポークヌードル
Hill Street Tai Hwa Pork Noodle P.59
フラフ・ベーカリー P.63
Fluff Bakery
テキスタイル・センター
Textile Centre
小学校
クイーン・ストリート・ターミナル
(クアラルンプール、ジョホール・バル行き)
サルタン The Sultan
ゴールデン・マイル・フードセンター
Golden Mile Food Centre
マレー・ヘリテージ・センター
Malay Heritage Centre
(2024年3月現在改装中)
ハジャ・ファティマ・モスク
Masjid Hajjah Fatimah
カンポン・グラム公園
P.58 ビクトリー・レストラン
Victory Restaurant
サルタン・モスク P.98
Sultan Mosque
ミナン P.58
Rumah Makan Minang
シティ・ゲート
City Gate
ゴールデン・マイル・コンプレックス
Golden Mile Complex
(2024年3月現在改装中)
みやげ雑貨、ファッション店が並ぶアーケード街。
ビレッジ・ホテル・ブギス
Village Hotel Bugis
P.99 タリック
Tarik
ペルマータ P.101
Permata
ゴールデン・マイル・タワー
Golden Mile Tower
ヒュッゲ
Hygge P.101
160m 徒歩2分
ジャマール・カズラ・アロマティックス P.99
Jamal Kazura Aromatics
コンコース The Concourse
P.101 ユートピア Utopia
P.61 モモラート
Momolato
2024年3月現在 工事中
スーフィー Sufi P.100
バーズ・オブ・パラダイス Birds of Paradise P.61
ココナッツ・クラブ The Coconut Club
ディリップ・テキスタイルズ Dilip Textiles P.100
トッコー・アルジュニード P.100
Toko Aljunied
パークロイヤル・オン・ビーチ・ロード
Parkroyal on Beach Road
ブギス
Bugis
ラッフルズ・ホスピタル
ラッフルズ・ジャパニーズクリニック
BHG
デュオ・タワー
DUO Tower
デュオ・ギャレリア
DUO Galleria
ニコル・ハイウエイ
Nicoll Highway
アンダーズ・シンガポール
Andaz Singapore
ブギス・ジャンクション
Bugis Junction
紀伊國屋書店(3F)
Books Kinokuniya
マレーシア・ボレ!(3F) P.77
Malaysia Boleh!
ゲートウェイ
The Gateway
シティ・ホール&マリーナ・エリア P.126〜127
2024年3月現在 工事中
グオコ・ミッドタウン
Guoco Midtown
カルモ・ブギス
Calmo Bugis
ヌーヴェ・ヘリテージ
NuVe Heritage
工事中
MRTダウンタウン線 MRT Downtown Line
MRT東西線 MRT East West Line
MRTサークル線 MRT Circle Line
Jalan Besar
North Bridge Rd.
Beach Rd.
Victoria St.
Rochor Canal Rd.
Ophir Rd.
Republic Ave.
P.127

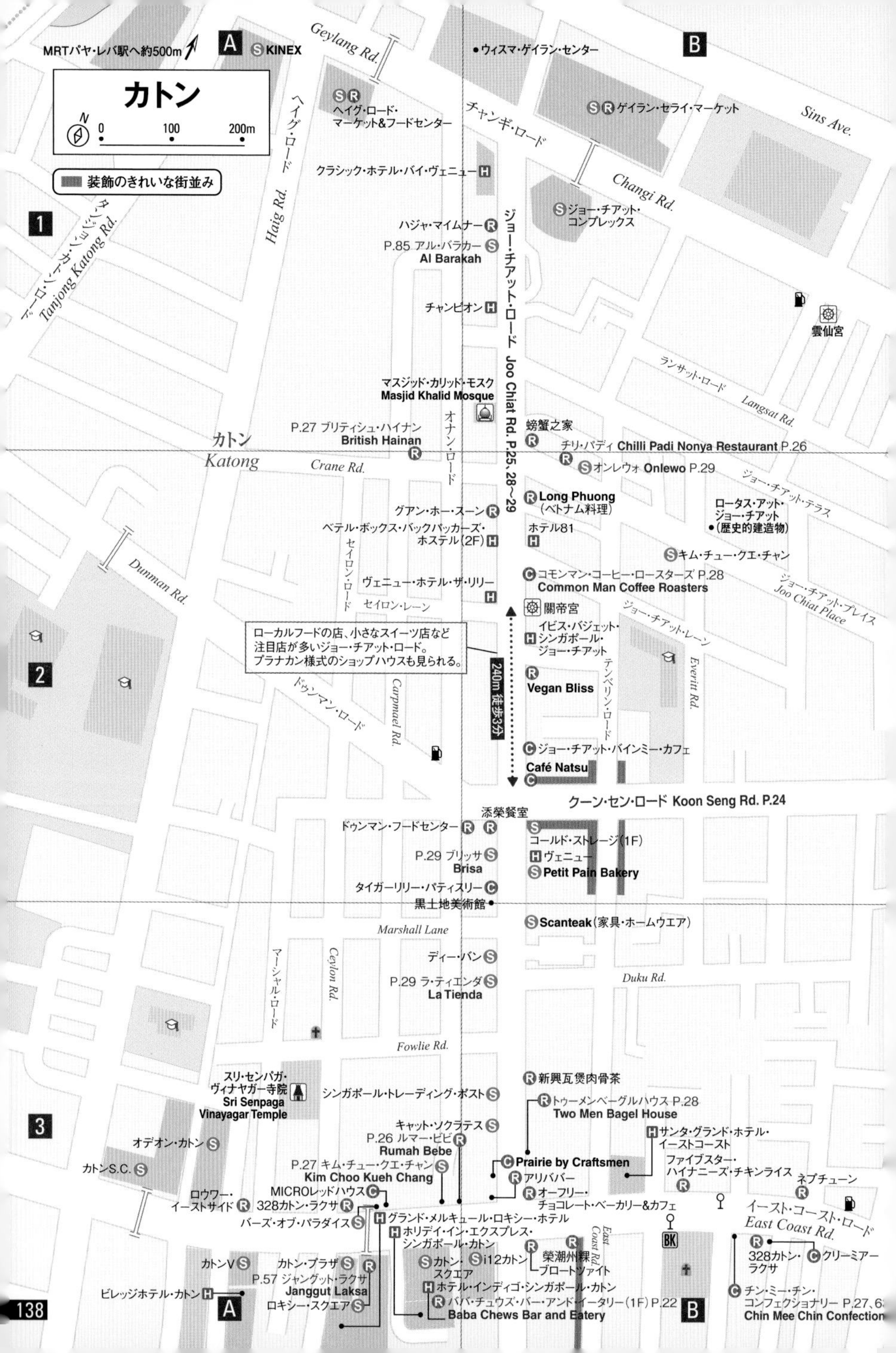

カトン
0
100
200m
N
装飾のきれいな街並み
MRTパヤ・レバ駅へ約500m
A
B
1
2
3
KINEX
Geylang Rd.
●ウィスマ・ゲイラン・センター
ヘイグ・ロード・マーケット&フードセンター
ヘイグ・ロード
Haig Rd.
タンジョン・カトン・ロード
Tanjong Katong Rd.
チャンギ・ロード
Changi Rd.
ゲイラン・セライ・マーケット
Sims Ave.
クラシック・ホテル・バイ・ヴェニュー
ジョー・チアット・コンプレックス
ハジャ・マイムナー
P.85 アル・バラカー
Al Barakah
ジョー・チアット・ロード Joo Chiat Rd. P.25、28～29
チャンピオン
雲仙宮
ランサット・ロード
Langsat Rd.
マスジッド・カリッド・モスク
Masjid Khalid Mosque
オナン・ロード
P.27 ブリティシュ・ハイナン
British Hainan
螃蟹之家
チリ・パディ Chilli Padi Nonya Restaurant P.26
カトン
Katong
Crane Rd.
オンレウォ Onlewo P.29
ジョー・チアット・テラス
Long Phuong
（ベトナム料理）
ロータス・アット・ジョー・チアット
●（歴史的建造物）
グアン・ホー・スーン
ベテル・ボックス・バックパッカーズ・ホステル（2F）
ホテル81
キム・チュー・クエ・チャン
セイロン・ロード
コモンマン・コーヒー・ロースターズ P.28
Common Man Coffee Roasters
ジョー・チアット・プレイス
Joo Chiat Place
Dunman Rd.
ヴェニュー・ホテル・ザ・リリー
セイロン・レーン
關帝宮
ジョー・チアット・レーン
イビス・バジェット・シンガポール・ジョー・チアット
ローカルフードの店、小さなスイーツ店など注目店が多いジョー・チアット・ロード。プラナカン様式のショップハウスも見られる。
240m 徒歩3分
Vegan Bliss
テンペリン・ロード
Everitt Rd.
ドゥンマン・ロード
Carpmael Rd.
ジョー・チアット・バインミー・カフェ
Café Natsu
クーン・セン・ロード Koon Seng Rd. P.24
添榮餐室
ドゥンマン・フードセンター
コールド・ストレージ（1F）
ヴェニュー
P.29 ブリッサ
Brisa
Petit Pain Bakery
タイガーリリー・パティスリー
黒土地美術館●
Scanteak（家具・ホームウエア）
Marshall Lane
マーシャル・ロード
Ceylon Rd.
ディー・バン
P.29 ラ・ティエンダ
La Tienda
Duku Rd.
Fowlie Rd.
新興瓦煲肉骨茶
スリ・センパガ・ヴィナヤガー寺院
Sri Senpaga Vinayagar Temple
シンガポール・トレーディング・ポスト
トゥーメンベーグルハウス P.28
Two Men Bagel House
キャット・ソクラテス
P.26 ルマー・ビビ
Rumah Bebe
サンタ・グランド・ホテル・イーストコースト
オデオン・カトン
P.27 キム・チュー・クエ・チャン
Kim Choo Kueh Chang
Prairie by Craftsmen
ファイブスター・ハイナニーズ・チキンライス
カトンS.C.
アリババー
ネプチューン
MICROレッドハウス
オーフリー・チョコレート・ベーカリー&カフェ
ロウワー・イーストサイド
328カトン・ラクサ
イースト・コースト・ロード
East Coast Rd.
バーズ・オブ・パラダイス
グランド・メルキュール・ロキシー・ホテル
ホリデイ・イン・エクスプレス・シンガポール・カトン
BK
カトンV
カトン・プラザ
カトン・スクエア
i12カトン
榮潮州粿
ブロートツァイト
East Coast Rd.
328カトン・ラクサ
クリーミアー
P.57 ジャングット・ラクサ
Janggut Laksa
ビレッジホテル・カトン
ホテル・インディゴ・シンガポール・カトン
ロキシー・スクエア
ババ・チュウズ・バー・アンド・イータリー（1F）P.22
Baba Chews Bar and Eatery
チン・ミー・チン・コンフェクショナリー P.27、63
Chin Mee Chin Confection

C
D
1
2
3
ケッペル島
Pulau Keppel
マリーナ・アット・ケッペル・ベイ
ハーバーフロント・タワー2
ケーブルカー・
ハーバーフロント・ステーション
MRTハーバーフロント駅
ビボ・シティ
Vivo City
ハーバーフロント・センター
P.76 フード・リパブリック
Food Republic（L3）
RWS8（リゾート・ワールド・セントーサ行きバス）
セントーサ・ステーション
P.43
セントーサ・エクスプレス
セントーサ・ゲートウエイ
Sentosa Gateway
ケーブルカー
セントーサ・ボードウオーク
アドベンチャー・コーブ・ウオーターパーク P.44
Adventure Cove Waterpark
スカイ・ウオークへのエレベーター
シロソ砦
Fort Siloso
シロソ砦
スカイ・ウオーク
シー・アクアリウム
S.E.A. Aquarium
P.44
エクアリアス・ヴィラ
Equarius Villas
ドルフィン・アイランド
Dolphin Island
P.44
ホテル・オラ
Hotel Ora
リゾート・ワールド・セントーサ P.43
Resorts World Sentosa
エクアリアス・ホテル
Equarius Hotel
シロソ・ポイント・ステーション
シロソ・ロード
マレーシアン・フードストリート
Malaysian Food Street
P.44
シャングリ・ラ ラサ・セントーサ・シンガポール
Shangri-La's Rasa Sentosa Singapore
P.109
メガ・アドベンチャー・パーク
Mega Adventure Park
P.47
Imbiah Hill Rd.
スカイヘリックス・セントーサ P.47
SkyHelix Sentosa
クロックフォード・タワー
Crockfords Tower
Siloso Rd.
インビア・ルックアウト・ステーション
セントーサ・ステーション（ケーブルカー駅）
リゾート・ワールド・カジノ
リゾート・ワールド・セントーサへ
セントーサへ
メガジップ
シロソ・ビーチ・ウオーク
P.46 シロソ・ビーチ
Siloso Beach
メガジップ・チケット・カウンター
リゾート・ワールド・ステーション
ユニバーサル・スタジオ・シンガポール
Universal Studios Singapore
P.45
スカイパーク・セントーサ・バイ・AJハケット
Skypark Sentosa by AJ Hackett
P.46
セントピア
スカイライン・リュージュ・セントーサ
Skyline Luge Sentosa
メガジップ着地点
シロソ・ビーチ・リゾート
Siloso Beach Resort
マーライオン・ステーション
ホテル・マイケル
Hotel Michael
イメージ・オブ・シンガポール・ライブ
Images of Singapore LIVE
マダム・タッソー
Madame Tussauds
オラ・ビーチクラブ
Ola Beach Club
P.46
2024年3月現在「セントーサ・センソリースケープ」建設工事中
インビア・ステーション
オアシア・リゾート・セントーサ
Oasia Resort Sentosa
P.109
ゲートウェイ・アベニュー
セントーサ・ガントリー（料金所）
ゴーグリーン・エコ・アドベンチャー
Gogreen Eco Adventure
アイフライ・シンガポール
i Fly Singapore
P.46
ビレッジ・ホテル・セントーサ
Village Hotel Sentosa
アーティラリー・アベニュー
ビキニ・バー
スカイライン・リュージュのスカイライド乗り場
グッドオールドデイズ（フードコート）
Good Old Days
ビーチ・ステーション
アウトポスト・ホテル・セントーサ
The Outpost Hotel Sentosa
P.109
アマラ・サンクチュアリー・リゾート・セントーサ
Amara Sanctuary Resort Sentosa
P.47 ウイングス・オブ・タイム
Wings of Time
ウルトラゴルフ
Ultra Golf
ハイドロダッシュ P.47
HydroDash
カペラ・シンガポール
Capella Singapore
セントラル・ビーチ・バザール
Central Beach Bazaar
P.47 ハイパードライブ
HyperDrive
スプラッシュ・ドライブ
パラワン・ビーチ・ウオーク
+Twelve
セブン-イレブン
パラワン島
Palawan Island
パラワン・ビーチ P.47
Palawan Beach
つり橋
アジア大陸最南端の地
アランブルーク・ロード
N
0
0.5
1km
ブラニ島
リゾート・ワールド・セントーサ
P.43
ユニバーサル・スタジオ・シンガポール P.45
シロソ・ビーチ
P.46
パラワン・ビーチ
P.47
ソフィテル・シンガポール・セントーサ・リゾート＆スパ
Wシンガポール・セントーサ・コーブ
タンジョン・ビーチ
セントーサ島主要部
セントーサ島主要部
N
0
250
500m

MRT/LRT路線図

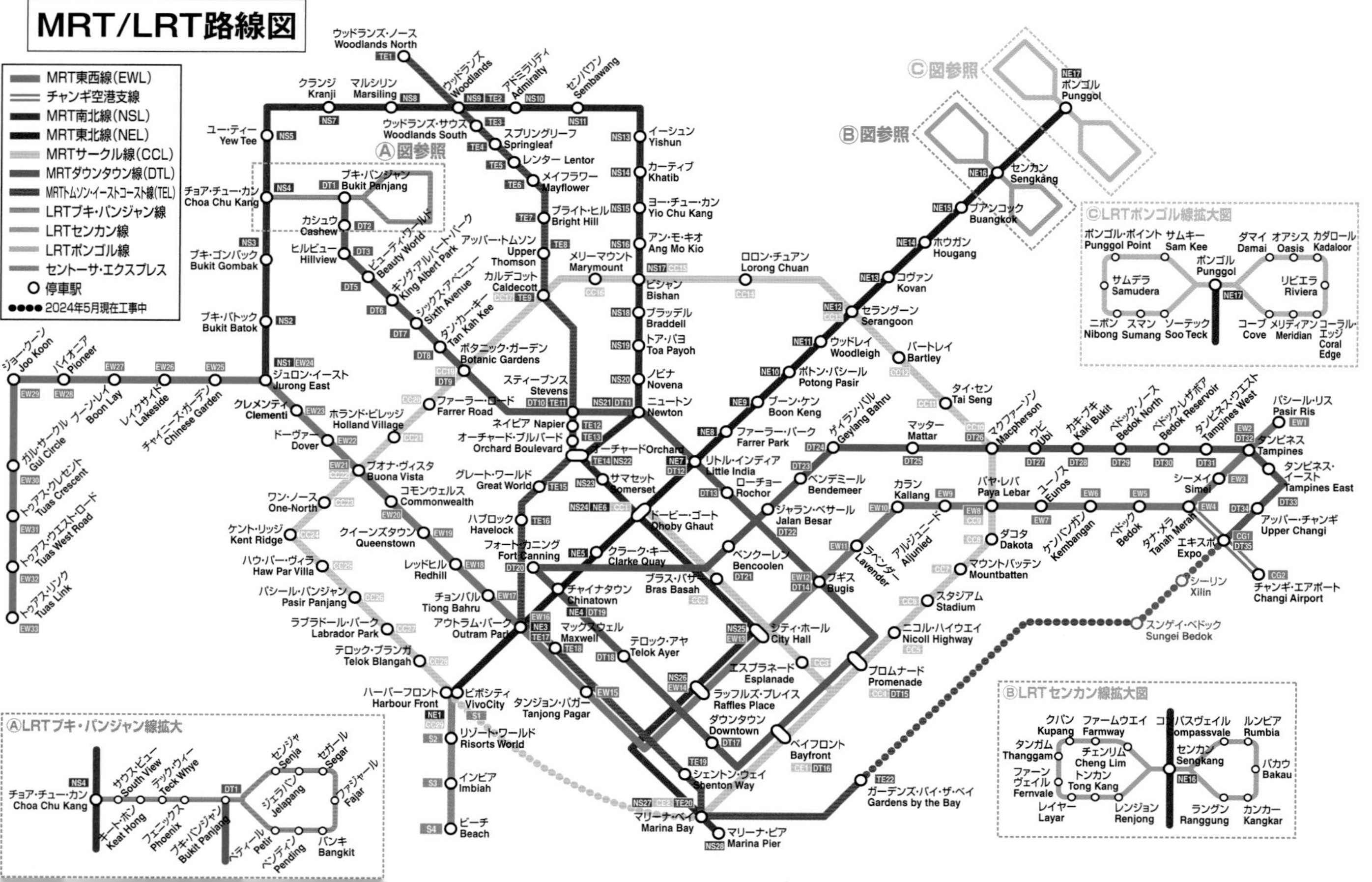
MRT東西線(EWL)
チャンギ空港支線
MRT南北線(NSL)
MRT東北線(NEL)
MRTサークル線(CCL)
MRTダウンタウン線(DTL)
MRTトムソン・イーストコースト線(TEL)
LRTブキ・パンジャン線
LRTセンカン線
LRTポンゴル線
セントーサ・エクスプレス
停車駅
2024年5月現在工事中
Ⓐ図参照
Ⓑ図参照
Ⓒ図参照
ウッドランズ・ノース Woodlands North
ウッドランズ Woodlands
アドミラルティ Admiralty
センバワン Sembawang
クランジ Kranji
マルシリン Marsiling
ユー・ティー Yew Tee
ウッドランズ・サウス Woodlands South
スプリングリーフ Springleaf
レンター Lentor
メイフラワー Mayflower
ブライト・ヒル Bright Hill
アッパー・トムソン Upper Thomson
カルデコット Caldecott
イーシュン Yishun
カーティブ Khatib
ヨー・チュー・カン Yio Chu Kang
アン・モ・キオ Ang Mo Kio
ビシャン Bishan
ブラッデル Braddell
トア・パヨ Toa Payoh
ノビナ Novena
ニュートン Newton
チョア・チュー・カン Choa Chu Kang
ブキ・パンジャン Bukit Panjang
カシュウ Cashew
ヒルビュー Hillview
ビューティ・ワールド Beauty World
キング・アルバート・パーク King Albert Park
シックス・アベニュー Sixth Avenue
タン・カー・キー Tan Kah Kee
ボタニック・ガーデン Botanic Gardens
ブキ・ゴンバック Bukit Gombak
ブキ・バトック Bukit Batok
ジュロン・イースト Jurong East
メリーマウント Marymount
ロロン・チュアン Lorong Chuan
スティーブンス Stevens
ファーラー・ロード Farrer Road
ホランド・ビレッジ Holland Village
ネイピア Napier
オーチャード・ブルバード Orchard Boulevard
オーチャード Orchard
ジョー・クーン Joo Koon
パイオニア Pioneer
ブーン・レイ Boon Lay
レイクサイド Lakeside
チャイニーズ・ガーデン Chinese Garden
クレメンティ Clementi
ドーヴァー Dover
ブオナ・ヴィスタ Buona Vista
コモンウェルス Commonwealth
クイーンズタウン Queenstown
レッドヒル Redhill
チョンバル Tiong Bahru
アウトラム・パーク Outram Park
タンジョン・パガー Tanjong Pagar
ガル・サークル Gul Circle
トゥアス・クレセント Tuas Crescent
トゥアス・ウエスト・ロード Tuas West Road
トゥアス・リンク Tuas Link
ワン・ノース One-North
ケント・リッジ Kent Ridge
ハウ・パー・ヴィラ Haw Par Villa
パシール・パンジャン Pasir Panjang
ラブラドール・パーク Labrador Park
テロック・ブランガ Telok Blangah
ハーバーフロント Harbour Front
ビボシティ VivoCity
リゾート・ワールド Resorts World
インビア Imbiah
ビーチ Beach
グレート・ワールド Great World
ハブロック Havelock
フォート・カニング Fort Canning
サマセット Somerset
ドービー・ゴート Dhoby Ghaut
クラーク・キー Clarke Quay
チャイナタウン Chinatown
マックスウェル Maxwell
テロック・アヤ Telok Ayer
ブラス・バサー Bras Basah
ベンクーレン Bencoolen
シティ・ホール City Hall
エスプラネード Esplanade
ラッフルズ・プレイス Raffles Place
ダウンタウン Downtown
シェントン・ウェイ Shenton Way
マリーナ・ベイ Marina Bay
マリーナ・ピア Marina Pier
ベイフロント Bayfront
ガーデンズ・バイ・ザ・ベイ Gardens by the Bay
プロムナード Promenade
ニコル・ハイウエイ Nicoll Highway
スタジアム Stadium
マウントバッテン Mountbatten
ダコタ Dakota
ブギス Bugis
ラベンダー Lavender
アルジュニード Aljunied
カラン Kallang
ジャラン・ベサール Jalan Besar
ベンデミール Bendemeer
ゲイラン・バル Geylang Bahru
ローチョー Rochor
リトル・インディア Little India
ファーラー・パーク Farrer Park
ブーン・ケン Boon Keng
ポトン・パシール Potong Pasir
ウッドレイ Woodleigh
セラングーン Serangoon
バートレイ Bartley
タイ・セン Tai Seng
コヴァン Kovan
ホウガン Hougang
ブアンコック Buangkok
センカン Sengkang
ポンゴル Punggol
マッター Mattar
マクファーソン Macpherson
ウビ Ubi
カキ・ブキ Kaki Bukit
ベドック・ノース Bedok North
ベドック・レザボア Bedok Reservoir
タンピネス・ウエスト Tampines West
タンピネス Tampines
パシール・リス Pasir Ris
タンピネス・イースト Tampines East
シーメイ Simei
アッパー・チャンギ Upper Changi
タナ・メラ Tanah Merah
エキスポ Expo
チャンギ・エアポート Changi Airport
シーリン Xilin
スンゲイ・ベドック Sungei Bedok
ベドック Bedok
ケンバンガン Kembangan
ユーノス Eunos
パヤ・レバ Paya Lebar
ⒸLRTポンゴル線拡大図
ポンゴル・ポイント Punggol Point
サムキー Sam Kee
ダマイ Damai
オアシス Oasis
カダロール Kadaloor
サムデラ Samudera
ポンゴル Punggol
リビエラ Riviera
ニボン Nibong
スマン Sumang
ソーテック Soo Teck
コーブ Cove
メリディアン Meridian
コーラル・エッジ Coral Edge
ⒷLRTセンカン線拡大図
クパン Kupang
ファームウエイ Farmway
コンパスヴェイル Compassvale
ルンビア Rumbia
タンガム Thanggam
チェンリム Cheng Lim
センカン Sengkang
バカウ Bakau
ファーンヴェイル Fernvale
トンカン Tong Kang
レイヤー Layar
レンジョン Renjong
ランガン Ranggung
カンカー Kangkar
ⒶLRTブキ・パンジャン線拡大
チョア・チュー・カン Choa Chu Kang
サウス・ビュー South View
キート・ホン Keat Hong
テック・ウィー Teck Whye
フェニックス Phoenix
ブキ・パンジャン Bukit Panjang
センジャ Senja
セガール Segar
ジェラパン Jelapang
ファジャール Fajar
ペティール Petir
ペンディン Pending
バンキ Bangkit

INDEX

● 観光

● グルメ

● ショップ